# 散户克庄

## 庄家出货手法与实录

麻道明/著

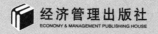
经济管理出版社
ECONOMY & MANAGEMENT PUBLISHING HOUSE

图书在版编目（CIP）数据

散户克庄——庄家出货手法与实录/麻道明著. —北京：经济管理出版社，2019.7
ISBN 978-7-5096-6630-2

Ⅰ. ①散⋯　Ⅱ. ①麻⋯　Ⅲ. ①股票投资—经验—中国　Ⅳ. ①F832.51

中国版本图书馆 CIP 数据核字（2019）第 101473 号

组稿编辑：勇　生
责任编辑：勇　生　詹　静
责任印制：黄章平
责任校对：张晓燕

出版发行：经济管理出版社
　　　　　（北京市海淀区北蜂窝 8 号中雅大厦 A 座 11 层　100038）
网　　址：www. E-mp. com. cn
电　　话：(010) 51915602
印　　刷：三河市延风印装有限公司
经　　销：新华书店
开　　本：787mm×1092mm/16
印　　张：17.5
字　　数：342 千字
版　　次：2019 年 10 月第 1 版　2019 年 10 月第 1 次印刷
书　　号：ISBN 978-7-5096-6630-2
定　　价：68.00 元

# 前　言
## 让庄家为你裸奔

在诱惑的股市中，不少散户由于不知道庄家在高位出货，受金钱利诱而盲目地在高位入场接单，结果庄家在高位顺利离场后，股价大幅下跌而深套其中，甚至出现爆仓，造成不可挽回的经济损失。

大家知道，庄家将股价炒高了之后，必然要在高位出货，兑现手中获利筹码。如果散户在庄家出货之前，先庄家一步纷纷选择离场，那么庄家动用大资金拉升股价的成果将付诸东流，一切的努力将为你裸奔。那么，庄家如何在高位抛出手中获利筹码？由于庄家生性狡猾奸诈，出货手法多变，盘面动作隐蔽，形态扑朔迷离，走势捉摸不定，一般散户很难发现庄家出货行为。

在实盘操作中，经常有人这样问：这股票涨到什么位置庄家开始出货？庄家是不是已经出货了？出货和洗盘有哪些区别？是继续拉升还是反弹出货？等等。基于此，本书详细介绍了庄家出货的基本流程和出货手法，让散户通过盘面现象、盘口语言、量价关系的分析，掌握庄家高位出货的诱多阴谋和骗术，及早发现庄家出货动机，尽快在庄家出货之前选择高位和反弹高点清仓，以规避股价下跌风险。

全书分为八个章节，重点讲述庄家出货阶段盘面背后的运行逻辑、坐庄意图以及虚假信号，并结合30年A股市场的运行规律和特点，精心提炼出可供散户实盘操作的各种克庄技巧、操作策略、实盘经验，以全面提高散户的看盘技巧和克庄能力，让庄家拉升股价为你的财富增长裸奔。

本书也是研究中国A股市场庄家运行规律的重要参考依据，对思索未来股市庄家动向将产生十分深远的影响。

# 目　录

# 第一章 庄家如何出货

## 第一节 关于出货和反弹

### 一、关于出货问题

经常听到有人这样问：该股庄家是不是已经开始出货了？股价拉到什么位置庄家开始出货？在股市里，一些散户包括不少老股民都这样认为，庄家只有将股价拉升到目标价位后，才在高位开始慢慢出货；也有的散户认为，庄家出货就是在高位将手中的获利筹码不断抛出，让散户接盘，自己实现全身而退。

其实不然，庄家在整个坐庄过程中，筹码始终处于滚动状态。没有只进不出，也没有只出不进的阶段，只不过仓位有时重（集中）一些、有时轻（分散）一些。庄家出货是一个大概的减仓时段，没有明确的开始时间，更没有结束时间（后市不可预料），因此只是一个风险释放的过程。比如，一只股票从5元炒到15元左右时，庄家不可能在15元附近才想到出货，其实从12元、13元、14元就一路拉高减仓，后面的上涨就是庄家欺骗散户的诱多阴谋，然后当股价回落很低时，庄家又开始补仓，股价再次上涨，庄家再次出货，最后全面清仓退出。

庄家出货过程通常可以分为高位减仓、集中出仓、低点补仓、拉高再出和全面清仓这几个阶段。总体上整个坐庄过程，就是一个低位筹码集中到高位筹码分散的过程，这就是筹码的集中和分散问题，也叫筹码移动。但短线庄家可能没有那么复杂，这方面的内容将在出货手段章节里详细讲解。因此，散户必须改变对"出货时间"的看法，应认识到出货是一个减仓过程，且庄家有提前释放风险的前瞻性，这样对于散户防范风险意识大有裨益。

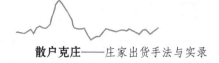
## 二、关于反弹问题

有很多散户认为反弹是庄家出货的另一种方式，这是庄家最后的派发行为，当庄家派发结束后股价再次下跌或创新低。如果股价处于高位这种可能性较大，但如果在中低位时，有很多时候反弹是一波独立行情，跟原来的行情或庄家没有任何联系。比如，庄家在高位顺利撤退后，股价出现大幅下跌，这时炒作空间出现，新的短线庄家逢低介入，成功地做一波短线反弹行情，然后庄家快速撤退，那么这就是一波独立的行情。这样的短线行情在低迷的 C 浪里以及牛市初期经常出现。因此在分析时应当与前面的行情独立开来，以免受先前的技术形态困扰，这样有利于正确判断行情。

庄家在坐庄过程中，"高抛低吸"贯穿于整个坐庄始终，以赚取差价为重点。无论是建仓、洗盘、拉升还是出货、反弹，所持筹码始终处于滚动状态。也就是说，筹码从分散—集中—再分散—再集中……不断循环往复。如同一个雪球，从低点滚到高点，然后再从高点滚到低点，接着又从低点滚到高点……只要存在交易，筹码就在不停地滚动。庄家通过筹码的集中与分散获取差价，赚取盈利，因此投资者必须改变过去的一些老观点，及时掌握庄家的新手法、新内涵。中国证券市场是一个新兴的资本市场，在发展过程中不断地出现新问题、新现象，在实践中应不断地去发现、接受和适应这个市场，这样才能始终傲立于市场的最前沿。

# 第二节　庄家出货的三大要素

如果说庄家吸筹、洗盘和拉升都是手段的话，那么，派发手中筹码就是目的。出货是坐庄的关键阶段，任何一个庄家，只有将筹码派发出去，才能使账面盈利变成钞票。若筹码派发不出去，永远只能是"纸上富贵"。出货阶段在坐庄流程中，是必经阶段，只有出货才能实现利润。因此，在时机成熟时庄家出货是十分坚决的。

当前，A 股市场处于庄家盛行时代，没有庄家就没有持续上涨的股票，也就没有投资者获利的机会。庄家在建仓阶段时，需要时间、价格、数量这三大要素，同样，庄家将股票炒高后，出货时也必须具备这三大要素，但意义和目的不同。

1. 时间

时间，要天时、地利、人和。

出货阶段中的时间，说白了就是庄家出货的最佳时机。庄家出货时同样需要天时、地利、人和。天时，从大的方面讲宏观经济转淡，政策面要求股市调整。最好的出货

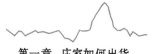
时机应当在宏观经济运行至高峰而有回落迹象之时，此时的股市已经过了漫长的上涨，渐近牛市尾声。从本质上来讲，庄家只是大规模的投资者，他们的出庄行为也顺应市场趋势。

地利，个股题材已经全面被挖掘，股价已经涨到了尽头。

人和，庄家在炒作过程中一呼百应，八面来风，市场人气高涨。

当天时、地利、人和时，庄家就毫不犹豫地离场，出货没商量。如上证指数从998.22 点起步，一路高歌上涨。2007 年 10 月 16 日，上证指数创出了 6124.04 点的顶峰，涨幅超过 5 倍，两市市值达到 32.71 万亿元。此时，炒股热潮一浪高过一浪，市场投机气氛高涨，这时正是庄家出货的大好时机。然后，股指从高位回落，经过 7 年的调整，从 2014 年下半年开始起步上行，到 2018 年 6 月 12 日，短线 11 个月里股指上涨到了 5179.19 点。此时，市场投机气氛又一次沸腾，在大家争先恐后地涌向市场的时候，庄家开始渐渐撤退，将散户留守在高位。

2. 价格

价格，要卖得尽可能高的筹码。

价格高度比较好理解，庄家不拉高怎么获利？但问题是拉到多高时才到目标，有的庄家拉了 30% 还不满足，可投资者无法知道庄家的计划，这就需要投资者根据数量、时间、价格三个因素来判断。一般情况下，庄家要获利出局，拉升 20% 的涨幅是不够的，这时关键是看成交量。另外，庄家尽可能地维持在高价位出货，以实现利润最大化，于是在高位形成"久盘不跌"的走势，久而久之，在高位出现各种各样的形态，如横线、M 头、头肩顶等。

3. 数量

数量，尽可能地在高位多出货。

在庄家出货的时候，不会在盘面上告诉大家在集中出货，放量的个股走势反而不好判断，是持筹不稳、换庄还是集中派发？相反，倒是稀少的换手率可以告诉你庄家正在锁仓，他们不想做出货动作。成交量的计算是从庄家的成本区之上，而且经过反复之后开始向上拉升之日算起。另外，庄家持筹量较高的股票一般不会超跌，道理很简单，因为庄家在里面，过度的下跌会给自己套上枷锁。

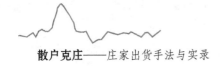
# 第三节　庄家出货的盘面征兆

## 一、股价见顶的市场特征

当股价持续上升一段时间后，进入一个疯狂期，市场上的获利筹码越来越多，获利回吐性的抛盘就会不断增加，就会遇到相反的力量，物极必反，股价回落，这时就形成头部。但在顶部形成之前，这种回吐所造成的股价回档的幅度是有限的。在一个升势中，成交量的逐渐增长是很重要的，一旦成交量跟不上去则越来越多的获利盘就会被抛出，于是造成股价的回档整理，当这种回档在一定限度之内时投资大众的心态仍能保持"逢低吸纳"的状态。如果股价出现较大的跌幅，就会唤醒一部分投资者的风险意识，使之产生获利平仓、落袋为安的想法，而这种想法又势必导致股价的进一步受压，从而唤醒更多的投资者，如此循环使大众心态得以转变，大市即会见顶。因此，时刻保持清醒，冷静地看待股价的波动，有助于及时看到即将见顶的征兆，从而避开风险，保住盈利。

根据操盘经验，涨势即将见顶时的市场特征为：

（1）劣股走强。一线股表现呆滞、垃圾股轮番上升，这一迹象是预示升势即将见顶的最早出现的征兆，起初一般一线绩优股原地踏步，稍后才会出现一线股价表现沉重，有欲支乏力，摇摇欲坠之态，而与此同时，三、四线垃圾股却会轮流大幅上升，有一种鸡犬升天的感觉。这一市场特征出现时，虽然意味着升势即将见顶，但也不见得会很快见顶，垃圾股轮跳会持续一段时间，在这段时间里，大市仍然会艰难地上升，但已是夕阳余晖，临近黄昏。最后的晚餐虽美味，但不可贪吃。

（2）K线大阴。在升势之中，市场上人气很旺，大家都不惜追高买入，一旦股价有回落稍显便宜，理所当然地会被抢购的入市者承接住。因此，升势在延续过程当中一般不会出现大的阴线，如果有一天K线图上出现较大的阴线，说明市场上的人心有变，买与卖的力量正在形成新的对比。所以，大阴线的出现预示着市场已好景不长了。

（3）震幅加大。股价大幅上下震荡，在升势顶部多空双方的正规力量相遇的区域里，看多者买入勇气未减，看空者忙于大量出货。因此必然造成股价上下剧烈波动，并且这种波动的高点和低点都不断地降低，这种状态制造了许多很好的短线机会。但是，由于是在顶部区域，这类短线的风险性也应当重视。

（4）击穿支撑。重大支持位被击穿。一般来说，这里指的重大支持位是总升幅回落

0.382 处的价位，只要这个重要位置被击穿，甚至只要日 K 线的下影线穿过此位，就足以说明市场上投资大众的信心已被动摇。因此，在大升特升之后，只要股价有力量向下穿透支撑位，往往意味着走势已经出现问题了。

（5）目标达到。目标达到就是股价达到了坐庄目标价位，这一点应该属于庄家坐庄的商业秘密，一般投资者不可能知道，但投资者可以根据股价涨幅进行大致推断。简单地说，当我们买进一只股票后，用几种不同的分析测算方法获得的都是某一个点位的时候，那么在这个点位上就是目标价位。故当股价接近或超过所预测的目标位置时，就是庄家可能出货的时候了。

（6）该涨不涨。在技术面、基本面都向好的情况下，股价却不涨，这就是出货的前兆。而且，不管在什么情况下，只要是放量不涨，就基本可确认是庄家准备出货。但是，有时成交量减少也是股价近顶的明显表现，不过升势中的第二浪及第四浪调整也会出现成交量的大幅减小。因此，成交量下降不是判断顶部形成的绝对依据，还要结合其他因素综合分析。

（7）消息增多。正道的消息增多，报刊、电视、广播和互联网上的消息多了，这时候就要准备出货。上涨过程中，媒体上一般见不到多少消息，但是如果正面的宣传开始增加，说明庄家已经萌生退意，要出货了。大多数股票的上涨是悄无声息的，让投资者莫名其妙，可是股价高高在上时却利好频传，比如重大资产重组或置换、优良的分配方案、业绩大幅增长或向高科技生物制药转型等闪亮登场。为什么？目的只有一个，配合庄家出货赚钱。此外，市场舆论出现较严重的分歧也是出货的市场征兆。市场舆论是投资者信心的反映，如果在对市场的信心上产生严重分歧，升势很难长时间维持下去。因此，舆论的严重分歧也是大市处于顶部区域的一大特征。

（8）脱离价值。股价涨幅过大，个股股价翻倍，甚至达到十几倍、几十倍，价格明显脱离其内在价值，未来价值被严重透支，股价上涨到了极限区，有强烈的价值回归之势。成交量明显放大，甚至出现天量，但有个别个股成交量开始出现萎缩现象。有了这些现象，说明离头部不会太远了，散户的炒作思路应以出货和减仓为主。

在实盘中，如果有了上述这些征兆，一旦出现了股价跌破关键价位的时候，不管成交量是不是放大，都应该考虑出货。因为对很多庄家来说，出货的早期是不需要成交量的。

## 二、股价见顶的十大信号

当股价经过充分的炒作后，庄家获得如意的利润，盘面即将进入休整阶段。投资者在发现庄家将要离场时，抢在庄家之前退出就能保住胜利的果实或回避下跌的风险。那么股价见顶有哪些信号？不少散户并不掌握，甚至感到困惑。根据多年实盘经验，

股价见顶有以下十大信号：

（1）股价累计涨幅较大，在高位出现震荡走势，或者短期出现快速拉升后，在高位出现大幅震荡走势。

（2）K线在高位收出单日或组合的看空信号，如长上影线、高位十字星、大阴线等，均是风险征兆。

（3）技术指标出现见顶信号，比如MACD指标高位死叉、顶背离，KDJ指标呈现两极形态，RSI指标高位死叉、顶背离等，这些都是从技术指标上发出见顶信号。

（4）在高位震荡过程中，构筑双头、多头、头肩顶等形态，为头部结构。

（5）均线系统上行乏力，为警戒信号；均线系统空头排列，为风险信号。

（6）股价向下击破重要的均线、形态颈线、箱体下沿、通道下轨等，为警惕变盘信号。

（7）第二波出现弱势反弹时，反弹一旦结束就是重要的顶部形态。

（8）在高位平台整理过程中，出现放量向上突破后，股价不能维持高位运行，而是出现快速回落，并击穿平台整理支撑，此为假突破行为。

（9）一个重要的支撑位，已经面临多次（一般3~4次）的技术考验而产生不同力度的回升走势，当股价再次回落到该位置时，伴随短暂的缩量盘整，意味着头部形态基本已经构成，股价将很快破位下跌。

（10）在高位持续放量，股价涨幅却不大，形成放量滞涨现象，此为量价背离走势。当放量和滞涨两者同时形成时，见顶信号更加强烈，应及时逢高离场。

在大幅上涨的高位，只要出现上述之一信号时，即可构成见顶信号，投资者可以据此卖出操作，无须等待其他信号验证。如果出现三种以上信号时，则见顶信号更加明确，应果断离场，不得犹豫。

图1-1，合肥城建（002208）：该股在2018年3月出现一波比较大的上涨行情，股价短期涨幅超过130%，获利非常丰厚的庄家在高位不断兑现获利筹码后，股价渐渐走弱，进入中期调整走势。

那么散户在该股头部构筑之前，是否能够发现股价见顶的信号？通过盘面认真分析，至少可以发现这样几个见顶信号（对照图1-1中的编号）：

（1）连续多日在高位收出长上影线K线，说明庄家拉高减仓。

（2）RSI、KDJ等技术指标高位出现死叉、顶背离形态，说明技术指标不支持股价继续走高。

（3）短期均线上行乏力，表明股价上涨动力减弱。

（4）3月27日，股价再次放量突破时，无法在高位站稳，次日出现快速回落，构成假突破信号。

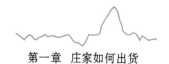

（5）在高位出现放量滞涨，构成量价背离现象，说明庄家在对敲出货。

在股价累计涨幅较大的前提下，盘面出现上述现象时，表明股价已经发出明显的见顶信号。这几个信号从图面上就能够看出来，投资者应及时离场观望。

图 1-1　合肥城建（002208）日 K 线走势

# 第四节　庄家出货的三个阶段

庄家吸筹、拉升的目的都是为了最后出货获利。出货是庄家操盘最关键的一环。出货顺利，则能享受胜利果实。不能顺利出货，则前功尽弃。

短线庄家的派发并不困难，由于其手中所持的筹码并不多，通常派发可以在一两天甚至一两个钟头内完成，而且战术也相对简单，而中、长线庄家比较讲究派发的艺术，尽可能做到让投资者认为他并不是在出货，而是打压。这是因为他们手中筹码较多，派发起来不可能像短线庄家那样可以在高位迅速抛光，通常需要分阶段派货的方式来完成，即高位派发、中位派发和低位派发三个阶段。

## 一、高位派发阶段

高价位区域是庄家最理想的派发区，庄家将股价炒高后，极力营造乐观气氛，激发市场人气，趁着散户买盘的积极涌入，庄家不断地在暗中出货，使股价出现回落走势。然后，庄家停止沽售，反手做多，创造强势反弹行情，设计美丽的技术陷阱，市

场仍维持十分乐观的状态，诱导买盘介入，庄家可以在更高的价位继续进行派发。这时成交量大增，将大部分筹码在这一区域集中进行套现，交投十分活跃，形成密集成交区，并创下近期甚至是历史天量。当庄家基本完成派发任务后，股价步入下跌不归路，在日K线图上形成顶部形态。

图1-2，蓝丰生化（002513）：该股借利好出现一轮飙升行情，股价连拉10个涨停板，庄家获利极其丰厚，这时庄家在高位放量出货，股价出现横盘震荡走势。当庄家基本完成出货计划后，股价出现大幅下跌，回到了起涨点。这类个股涨得猛跌得凶，涨高了的个股还是不参与为好。

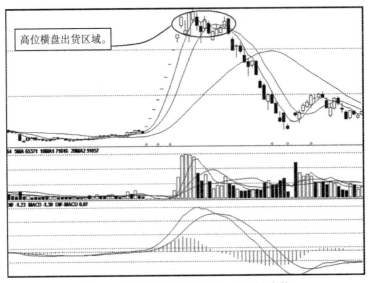

图1-2　蓝丰生化（002513）日K线走势

这种出货方式的坐庄意图，就是由于股价的大幅上涨，散户沉浸在获利的喜悦之中，这时庄家悄然出货，使股价滞涨回落。当股价回落到一定位置时，庄家发现有不少买盘介入，就将股价重新拉起。这时散户发现股价再次拉升，而纷纷介入做多，由于买盘不断增加，盘面十分活跃，庄家的筹码就可以在高位得到兑现。

散户的主要操作策略：对股价已经被炒高的个股，投资者要格外小心，特别是涨幅超过一倍甚至几倍的，更要谨防庄家出逃。在高位出现异常波动或异常图形时，应立即果断退出。如果在第一高点没有来得及退出的投资者，可以在反弹时坚决抛出，不要心存幻想。持币者不碰为好，场外观望，吸取别人的教训。

## 二、中位派发阶段

中位派发阶段可以分为峰前派发和峰后派发两种。

（1）峰前派发。庄家在拉升过程中，股价尚未见顶时就边拉边派。庄家比散户优势得多，能体会到盘面的许多情况，当感觉到股价继续上行压力重重时，就随时进行派发，减轻仓位；或者股价将要达到目标价位时，就提前实施派发计划。因此在技术上制造许多假象，如向上突破、放量阳线、黄金交叉等，股价并没有出现持续性上涨，只是保持盘面活跃和维持市场气氛而已。

图1-3，康泰生物（300601）：该股庄家大幅炒高后，运用一切手法兑现手中获利筹码。2018年5、6月，股价在高位构筑一个蓄势整理小平台，然后向上突破这个整理平台，上涨势头强劲，K线组合完好，均线系统多头排列，不少散户因此跟风而入。谁知，股价马上反转向下大幅跳水，将追涨散户套牢在高位。其实，在股价见顶之前，庄家已在峰前派发了大量的筹码，股价向上突破完全是一个假突破动作。

在实盘操作中，对于峰前整理平台到底是蓄势整理平台还是出货整理平台实在难以确认，只有结合K线及K线组合、价位高低、大盘环境等进行分析才能做好客观的判断。就该股而言，股价处于高价区域这一点无须解释，而K线组合就有问题，属于典型的滞涨型K线结构，均线系统也渐渐走平，30日均线斜率转为平坦，意味着多头已处于强弩之末。所以在7月19日出现"断头锄"大阴线时，就是一个见顶转势信号。

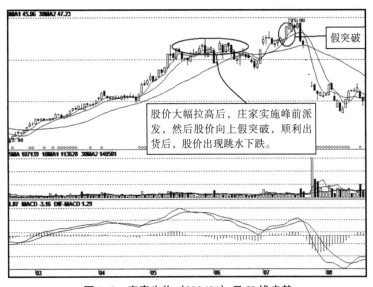

**图1-3　康泰生物（300601）日K线走势**

这种出货方式的坐庄意图，就是由于庄家手中筹码相对比较集中，无法保证可以在高位全部派光，或者由于市场不稳定的因素较多，使庄家有时无法完成预定目标，因而庄家预先就在拉升过程中逐步减仓，以便在突发因素来袭时可以尽快将仓尾货尽

数抛光，降低坐庄风险。

散户的主要操作策略：持股者遇到股价在高位滞涨时，不管后面市场变化如何，以先抛出观望为好，这样可以很好地降低市场风险。持币者对股价已经涨高的股票，就不要找买入理由了，还是在其他股票中寻找投资机会，这样可以回避盲目操作。

（2）峰后派发。庄家经过高位派发之后，手中仍有不小筹码，此时股价已下跌了一个或几个台阶，这时庄家会再度将形态做好，吸引在高位介入的投资者进行回补及场外资金入场。在技术上稳住重要的技术关口，一方面停止抛售，另一方面积极护盘，让投资者感到股价已经止跌，同时做出一些典型的箱形、圆弧形走势，误导投资者以为股价结束调整，即将展开又一轮升势，从而盲目杀入，使庄家的派发活动得以继续进行。

这是一种最简单的出货方法，庄家完成拉抬后，股价站稳在高位，随着时间的推移，市场会慢慢承认这个股价。庄家不必刻意制造买盘，就可以保持股价稳定，达到从容出货的目的。如果股价在高位站不住时，庄家会把股价拉高，再让股价下跌一段，然后在次高位上站稳。由于股价前面有过一个高点，次高位比较容易被人们接受，价格容易稳住。然后庄家让股价长期横盘，在这个位置上慢慢把货出掉。高位和次高位横盘出货，都是股价在高位重新定位，带有价值发现的色彩，所以利用峰后横盘出货，操作手法上最简单，也最温和。

图1-4，亨通光电（600487）：该股进入上升通道后，股价逐波上涨，不断创出上涨新高，庄家获利非常丰厚，兑现获利筹码是当务之急。由于股价处于高位，散户接盘较少，庄家出货相当困难，于是就将股价放下一个台阶，形成一个虚假的蓄势整理

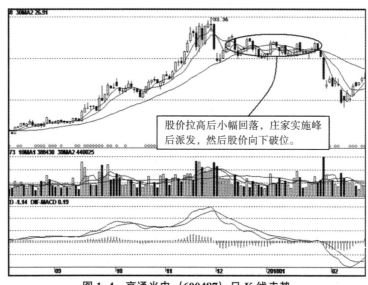

图1-4 亨通光电（600487）日K线走势

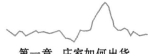

平台，欺骗散户入场接单。当散户纷纷介入后，股价于 2018 年 1 月 29 日一根放量跌停大阴线向下突破，将在整理平台区域介入的散户全部套牢。在实盘操作中，峰后派发比峰前派发容易判断，因为前面已经出现一个高峰，它对股价上涨构成重大压力，有经验的投资者一般不会轻易介入此种形态的个股。

这种出货方式的坐庄意图，就是股价经过前面的大幅拉升，吸引了不少的跟风盘，市场人气较高，盘面较活跃。这时庄家停止拉升股价，悄悄向外出货，使股价出现回落。由于庄家掌握了大量的筹码，还没有全部派光，因此封堵股价大幅下跌，将股价维持在高位走势，构筑新的技术图形。许多散户以为技术形态完好而继续持股不动，或继续买进做多。庄家在散户不知不觉中，基本完成出货任务后，就放任股价下跌，使股价出现熊市走势。

散户的主要操作策略：持股者如果错过在高位卖出的机会，那么此时应当逢高退出，以避免市场带来的风险。持币者保持场外观望，不要在这些股票中寻找机会。因为，此时机会与风险已不能相等，风险远远大于机会。

### 三、低位派发阶段

如果庄家手中的筹码非常集中，在进行了高位和中位两个阶段的派发之后，手中仍有一小部分筹码，这时由于庄家的预定目标已基本完成，获利非常丰厚，常常会将最后的一些仓底货不计成本地大甩卖，以求资金的尽快套现。从盘面上看，出货特征十分明显，以大手笔的抛单明目张胆地显现，股价下跌的幅度非常快，有时甚至以跌停板的形式大肆贱卖。有时庄家利用手中最后的筹码极力压低股价，将股价打回原形，为下一次卷土重来做准备。

图 1-5，赣锋锂业（002460）：该股大幅炒高后小幅回落，庄家在峰后派发了大量的获利筹码，然后股价下一个台阶形成盘整走势。此时庄家继续派发剩余获利筹码，当庄家手中筹码所剩无几时，2018 年 1 月 15 日股价再次向下破位。通常盘区破位后，该位置将成为日后反弹的一个重要阻力位，没有退出的散户在此后股价回升到该位置附近时，就是一个较好的卖出机会。历史多次证明，真正的大底需要时间构筑，股价在低位会有所反复，通常有二次探底过程，所以庄家在低位出货并非稀奇之事，况且该股在反弹时尚无力度，没有力度的反弹就是无为的挣扎，也就意味着还有低点，这也证实了"股价下跌没有底"的说法。

这种出货方式的坐庄意图，就是庄家拉高股价，目的是想在高位出货，以获得利润最大化。那庄家为什么在低位派发呢？原因可能是由于庄家实力不大，在高位难以维持股价走势，不得不将股价向下放；或者操盘手法粗鲁，在高位出货时，被散户察觉，惊动了散户，使散户先于庄家出局；或者因外部因素出现变化，导致股价下跌。

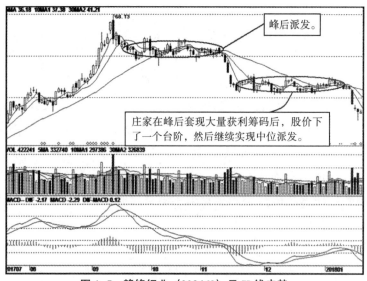

峰后派发。

庄家在峰后套现大量获利筹码后，股价下了一个台阶，然后继续实现中位派发。

图 1-5　赣锋锂业（002460）日 K 线走势

需要说明的是，这里所讲的"低位"，是相对当时股价所处的位置而言的，当股价真正下跌后，这个位置又是中高位。

散户的主要操作策略：下降趋势一旦形成，就有助跌效果，反转需要很大的力度。因此，投资者遇到下降趋势时，应逢高斩仓出局，以免越套越深，造成资本大幅缩水，当市场真正出现底部时却因缺乏资金而错过机会。持币者不要在趋势扭转之前贸然介入，应等待趋势明朗之后择低跟进。

# 第五节　庄家出货的六大骗术

随着证券市场的向前发展，庄家的操盘技术也快速地发展，这样造成了投资者的追涨杀跌，最终结果是以庄家的盈利而告终。很多投资者都知道 K 线是庄家画出来的，但是哪些是庄家出货 K 线的形态？一般而言，当庄家已经获得足够的利润时，如何骗取散户接盘便是庄家下一步的重点所在。

随着证券市场的发展，庄家的各种骗术可谓层出不穷，日新月异，引得一批又一批追涨杀跌的冤大头前赴后继地伸手去接这高悬的屠刀，而庄家自己则悠然地全身而退。作为弱势的散户，学会识别庄家的骗术，并懂得在庄家出货时及时出逃，就显得尤为重要。

从技术面的角度看，总结整理了庄家出货的六大骗术。"骗"能够形成"术"，这就

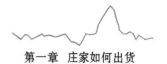

说明有规律可言，是有一定套路的。下面就股市中庄家的出货骗术进行揭秘，希望能对大家有所帮助。

### 一、尾市拉高，真出假进

一些庄家心知肚明，知道自己实力较弱，资金不充裕，就只能摇旗呐喊、虚张声势。刻意在尾盘拉高股价，在收盘前的几分钟时间，用几笔大单放量拉升，刻意做出股价即将再涨的迹象。给散户一种庄家拉升在即的假象，使散户连挂单的时间都没有，只能等到第二天一开盘才能跟进。

这种现象在周五时最为常见，庄家把图形做好，吸引分析师的技术点评，诱骗投资者以为庄家拉升在即，在周一开市时，散户大胆冒进。这类操盘手法证明庄家实力较弱，资金不充裕，只敢打游击战，不敢正面进攻。尾市拉高，投资者连挂单的时间都没有，庄家图的就是这个。

图 1-6，宝德股份（300023）：该股在 2018 年 6 月 22 日盘面出现戏剧性一幕，股价延续跌势从跌停价开盘，封盘 34 分钟后，巨量打开封盘。股价小幅上冲后，全天一直维持弱势震荡，成交量保持较高水平，显示庄家愿意以较低的价格出售。在临近收盘前最后 1 分钟，盘面出现戏剧性变化，一笔 2145 手的大单，将股价从 7.65 元拉到 8.67 元，从下跌 2.86% 一笔大单拉至涨停。全天股价从跌停到涨停，当天收出一根实体长达 20% 的大阳线。这种盘面现象大多是庄家减仓行为的表现，次日股价低开 9.92% 后弱势震荡，之后股价出现阴跌走势，直到 9 月 11 日迎来报复性反弹行情，股价连拉 6 个涨停后临时停牌。

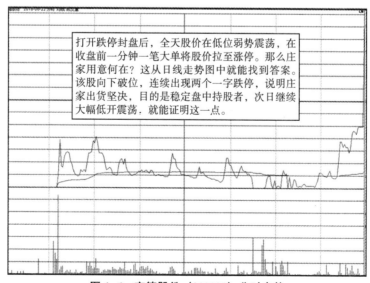

图 1-6　宝德股份（300023）分时走势

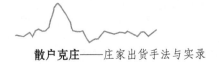

## 二、巨量涨停，偷偷出货

庄家发力把股价拉到涨停板上，然后在涨停价上封几十万的买单。这种情况下，由于买单封得不大，于是各路短线游资跟风盘蜂拥而来，你一千股，我一千股，有一两百的跟风盘后，庄家就把自己的买单逐步撤下来，在涨停板上偷偷地出货。当下面买盘渐少时，庄家又封上几十万的买单，再次吸引下一批跟风盘追涨，然后故伎重演又撤单，再次派发。可见，放巨量涨停的，十之八九是庄家在出货。

图1-7，市北高新（600604）：该股庄家悄然收集了大量的低价筹码后，在2018年11月5日向上拔地而起，一根涨停大阳线开启了一波暴涨行情，股价连拉10个"一"字涨停。11月20日，打开"一"字板后震荡，盘中巨量封板，说明庄家暗中大量出货。在高位震荡两天后，股价开始大幅下跌。

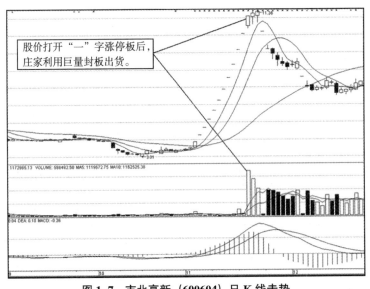

图1-7　市北高新（600604）日 K 线走势

## 三、高位突破，巨大换手

在有了一定涨幅后的高位，以超过10%的换手率向上突破。这种突破走势，十有八九是假突破。既然在高位，那么庄家获利颇丰，为何突破会有这么大的换手率，这个量是从哪里来的？很明显，这是短线跟风盘扫货以及庄家边拉边派共同造成的结果。放量上攻是庄家在欺骗散户。当庄家减仓了，那么这只股票的价格自然就长久不了。所以，这种放量只是说明筹码的锁定程度已经很低了。

图1-8，绿庭投资（600695）：股价经过一波拉升后，在高位出现放量滞涨现象，这说明庄家已经在暗中大量减仓。经过一段时间的震荡整理后，2018年11月19日放

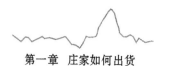

量涨停，股价创出上涨新高，看起来庄家洗盘结束后，展开新一波上涨行情，这时跟风盘不断涌进，而庄家却利用涨停板在暗中不断出货，尾盘开板后股价大幅回落，当天收出长长的上影线。说明股价上方压力重重，创新高是一种欺骗散户的假动作。

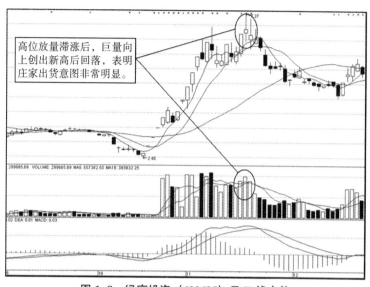

图 1-8　绿庭投资（600695）日 K 线走势

## 四、盘口委托，制造假象

在交易系统中，庄家最喜欢在五个委买委卖盘口中作表演，当五个委买单都是三位数的大买单，而委卖盘则是两位数的小卖单时，一般人都会以为庄家要往上拉升了。这就是庄家要达到的目的：引导投资者去买货。

庄家若想出货，挂单中虽然买盘大于卖盘，但小单拉升后，大单就会出来砸跟风盘。随后买盘挂单不断后撤，卖一、卖二小单会不断增加，且一旦被吃掉又迅速补上，等跟风单子多起来时，大单就砸盘，这其实就是庄家在偷偷出货的表现。

## 五、盘口异动，引人接盘

庄家在盘中突然用一笔或几笔大单把股价大幅砸低，然后立刻又复原或快速回升。这时低位买进的人以为捡了便宜，没有买进的人则以为值得去捡这个便宜，所以积极在刚才那个低价位上挂单。然后庄家再次往下砸，甚至砸得比前一次还低，把所有下档买盘的单子全都打掉，从而达到"皆大欢喜"的结局：散户以为捡了便宜很开心，庄家则为出了一大批筹码而高兴。这是庄家打压出货的一种变异手法。

图 1-9，电广传媒（000917）：2018 年 6 月 19 日，股价低开 4.07%，震荡几分钟后，在 9：34 连续几笔大单把股价压低到 6.23 元，然后快速向上回升到当日均价线附

近震荡。这时低位买进的人，以为捡了便宜，没有买进的人也在震荡中买入。可是，午后股价渐渐向下走低，直至跌停收盘，把当天介入的筹码全线套牢。

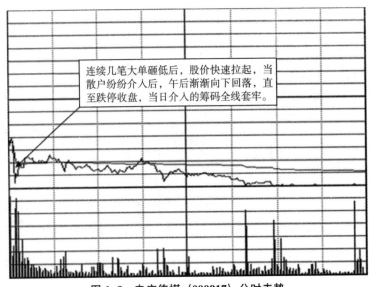

图 1-9 电广传媒（000917）分时走势

## 六、除权之后，放量上攻

这种情况大多是庄家对倒拉升派发，庄家利用除权之后，使股票的绝对价位会有所降低，从而使投资者的警惕性降低。

由于投资者对强庄股的印象极好，因此在除权后低价位放量拉高时，都以为庄家再起一波做填权行情。以这种方式吸引大量跟风盘介入，庄家边拉边派，并且只是小幅拉升，这样已进场的没有很多利润不会出局。未进场的散户，觉得升幅不大仍可以跟进。再加上技术分析师的吹捧，庄家在散户的积极配合下，把股票兑现为钞票，顺利出逃。

图 1-10，凯伦股份（300715）：2018 年 4 月 17 日，该股 10 转 8 股派 2 元，在除权日之前股价出现了一定幅度的涨幅，除权后股价从 50 多元回落到 26 元附近，相比之下便宜了许多，容易让人接受。然后，庄家通过拉升，形成填权之势，吸引场外资金介入，而庄家可以借机出货。4 月 27 日，股价低开放量跌停，K 线组合形成"倾盆大雨"形态，之后股价进入弱势调整。

除了上述几种骗术外，庄家还可以利用交易软件来欺骗散户，目前多数交易系统把小单成交看成是散户的自由换手，而不当作庄家的出货数量。于是，有的庄家每次只卖出 2000~8000 股，不超过万股，这样别人就看不出庄家在出货。

如果一个操盘手按卖一上的委卖价买进 100 股，另一个操盘手在另一台电脑上按

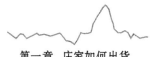

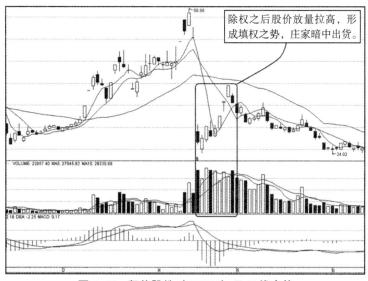

除权之后股价放量拉高，形成填权之势，庄家暗中出货。

图 1-10　凯伦股份（300715）日 K 线走势

买三的价格卖出 9900 股，然后两个人同时下单，那么显示出来的结果是按委卖单成交万股，分析系统认为这是主动性买盘。其实，这就是一笔假买盘、真卖盘。

还有一种出货手法就是台阶拉升，庄家先在每一个买单上挂上几百手的买单，再在五个委卖盘上挂上几十手的卖单，一个价位一个价位地往上推，虽然软件分析系统显示出来的都是大笔的主动性买盘，但其实这上面的卖单都是庄家自己的，为的就是吸引跟风盘跟进。庄家用此拉升手法，表明股价基本见顶了，随时都有可能跳水。

识别骗术，既没有灵丹妙药，也没有一成不变的准则，只有多听、多看、多想，在得与失中积累经验。这些 K 线形态、量能以及换手率等，都是大家需要观察的，从各个周期看看，希望好好学习，然后举一反三，在实盘中灵活掌握，才能提升识破骗术的能力和水平。

# 第二章 庄家出货流程

## 第一节 出货五个环节

无论是哪一种类型的庄家，只有将获利筹码在高位兑现后，才能实现真正的利润，否则还是"纸上富贵"，但是庄家出货相对建仓来说，要难得多。从选股逻辑上讲，建仓可以从众多的股票中选取看中的个股，有较大的选择范围；出货只能从已经持有的个股中抛售，没有选择的余地。所以，在股价高、仓量大的时候，庄家想顺利出货是一件非常难的事。

庄家出货没有散户那么简单容易，有一个极其复杂的过程，也是坐庄最关键的阶段。对于庄家来说，出货既是一种操盘技术，更是一种操盘艺术。出货顺利，则能享受丰收的喜悦；不能如期出货，就有可能前功尽弃。散户了解庄家的出货过程，可以更好地与庄同行，获取更大的利润。

一个完整的庄家出货过程，大致需要经历这样五个环节：高位减仓—集中出仓—低点加仓—拉高再出—全面清仓，如图 2-1 所示，这也是庄家出货的基本流程。经过这五个环节的出货过程，庄家基本上能够把手中的筹码全部派发出去。

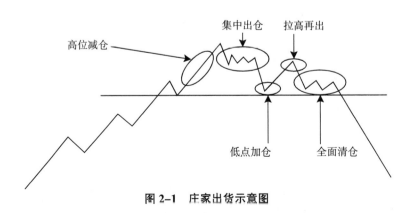

**图 2-1 庄家出货示意图**

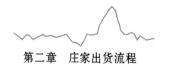

图 2-2，蒙草生态（300355）：该股经过几轮炒作后，股价累计涨幅超过 250%，庄家获利非常丰厚。当然，涨幅大的个股出货就比较烦琐，该股在 2017 年 10 月以后的盘头走势，经历了一段比较长的出货过程，大体上经历了出货的五个环节。其实，从该股的价位、形态、能量等方面分析，投资者很容易发现庄家的运作逻辑，摸准了庄家的脉络，就可以轻松与庄家说再见。

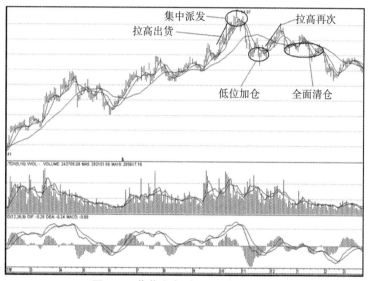

图 2-2　蒙草生态（300355）日 K 线

从该股盘面分析，股价已经处在高价位，这一点毋庸置疑。在形态上，构筑复合性头部结构，呈现 M 头形态。特别是在量价方面更加突出，在庄家没有完成撤退之前，成交量始终保持较大状态，当庄家全面清仓后，成交量马上萎缩下来，说明庄家筹码已经派发差不多了，之后股价出现缩量阴跌走势。

庄家出货是否顺利，更多的因素取决于市场环境的好坏，庄家持筹量的大小，股价位置的高低，以及操盘手法的运用。如果大盘环境火热，庄家持仓又不大，价位又被市场所接受，操盘手法也得当，那么就可以缩短出货时间，也可以省掉其中许多环节。庄家一路拉升一路出货，一边震荡一边派发，到了高位手中获利筹码基本已经兑现，在风险来临之前轻松撤退；反之，庄家出货就要复杂一些，时间也会有所延长，有的出货环节还要多次使用。

图 2-3，贵州茅台（600519）：该股的知名度，已经家喻户晓，人人皆知。股价从几十元炒高到了 800 多元，几年间股价炒上了天，庄家获利非常丰厚。那么这样的价位能否被市场所接受？想必大家心理自有答案。在如此高的价位，庄家出货要煞费心机了。所以，它的出货过程比起前面的蒙草生态要复杂得多，需要足够的时间和耐心，

而且其中的出货环节多次使用，反复震荡才能达到效果。直到 2018 年 10 月之后，股价才脱离头部区域。

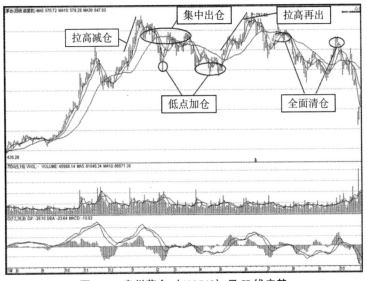

图 2-3　贵州茅台（600519）日 K 线走势

这是中长线庄家的出货流程，短线庄家相对简单，这里需要强调以下三点：

第一，庄家的坐庄风格千姿百态，不是所有的庄家都是这样出货的，也不是每个庄家都需要经历这五个出货环节，可以根据自身特点缺少其中的某些环节，而且，这五个环节也没有时间先后顺序上的安排，可以相互穿插，位置调换。

图 2-4，亚夏汽车（002607）：该股庄家大幅炒高后，运用一切手法兑现手中获利

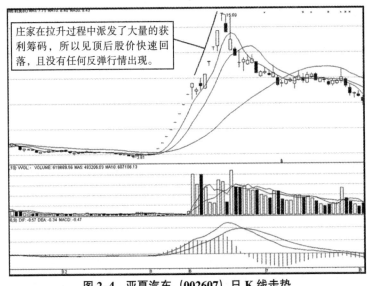

图 2-4　亚夏汽车（002607）日 K 线走势

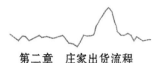

筹码。在打开"一"字板后，经过两天的快速调整，股价继续强劲拉升，再次拉出 5 个涨停。2018 年 6 月 13 日股价创出了 15.09 元，但第二天庄家突然反手做空，此后股价一路走低。在下跌过程中，没有任何像样的反弹走势，把抢反弹或指望第二波行情的散户全线套牢。

其实，在股价见顶之前，庄家已经在拉高过程中着手出货，兑现了大量的获利筹码，所以也就没有后面的"低点补仓"和"拉高再出"这样的出货环节了。这样的个股一旦见顶，股价往往快速脱离顶部，形成倒"V"型反转走势。

第二，不是每一只个股的庄家都需要经历这五个环节，有的短线庄家特别是游资行为，仓位本身就不重，出货也很方便，可以短期时间就完成出货计划。比如，下面这个实例就是短线游资行为。

图 2-5，斯太尔（000760）：该股庄家成功吸纳了大量的低价筹码后，2018 年 7 月 17 日涨停收阳，开启一波暴力拉升行情。不难看出，庄家在盘中通过对倒手法顽强向上拉高，盘面气势磅礴，拉升一气呵成，连收 8 个涨停板。股价一步到位后，庄家在高位快速派发，后期不计成本出货，完成快进快出的过程，这是典型的短线游资操盘手法。

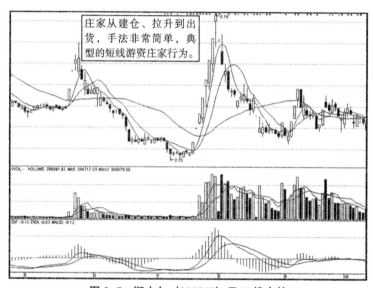

图 2-5　斯太尔（000760）日 K 线走势

这类个股就其盘面走势来说，"涨也妖""跌也妖"，涨得让你不敢相信，跌得让你难以接受。当你认为不应该再涨的时候，股价偏偏强势上涨，而当你认为应该企稳反弹的时候，股价偏偏又跌一截。细细品味这样的盘面走势，一定会有很多的启发和感受。

这类个股建仓、拉升、出货等操盘手法都非常简单，出货不需要经历上述这五个环节。这种盘面走势毫无章法，庄家不跟市场讲什么道理，凭的是自己雄厚的资金实力，可称为海盗式坐庄模式。

第三，庄家在拉高减仓阶段里，出货量的多少，直接关系到后面的走势。如果在这一阶段里，庄家出货比较充分的话，那么后面往往是快速回落见顶；如果庄家在此阶段出货不顺利的话，那么后面的走势就比较复杂，容易出现反复震荡走势。

图 2-6，泰禾集团（000732）：该股长时间处于底部盘整状态，庄家在低位吸纳了大量的低价筹码。2017 年 12 月 25 日开始向上脱离底部区域，股价出现猛烈的拉升行情。2018 年 1 月 17 日，在大幅上涨的高位收出一根大阴线，这显然是一个见顶信号。随后几天继续推高股价，庄家趁着火热的市场，大量派发获利筹码，见顶后股价出现快速回落。

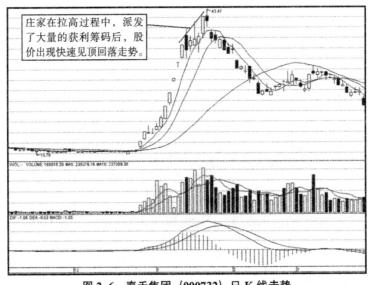

图 2-6　泰禾集团（000732）日 K 线走势

# 第二节　高位减仓阶段

## 一、高位减仓特征

任何一只个股，当拉升有了一定的幅度后，庄家都在拉升过程中不断地减仓，只是普通散户看不出庄家在出货。

短线庄家出货比较容易，由于所持筹码并不多，可以在较短的时间内完成出货计划，且战术也相对简单，而中、长线庄家比较讲究出货的技巧，散户完全感觉不到庄家已经在出货，所以在股价真正见顶之前，庄家已经逐步开始减仓了，以减少后面的风险，这时股价依然强劲地上涨，而且，在出货过程中视盘面情况而定，如果前面是一个明显的阻力区，就提前实施出货计划，减轻仓位；如果散户追涨积极，则减少出货数量，等待更高价位的出现，获取更大的利润。通过高位减仓后，当股价真正顶部出现时，庄家所持筹码并不多，可以进退自如，逃之夭夭。这种出货方式的优点是降低风险，先期盈利得到确保；缺点是大势火热时，丧失财富膨胀机会。

高位减仓的坐庄手段在于，庄家手中的筹码相对比较集中，无法确保以后可以在高位全部派发，或因市场不确定因素所致，使庄家无法完成预订出货计划，因而在拉升过程中逐步减仓，以便在突发因素来袭时可以尽快将仓尾货悉数抛光，降低坐庄风险，确保前期盈利。而事实上，庄家也不可能把所有的筹码拿到最高价位再处理，这样等于让庄家自己坐以待毙。因此散户了解掌握庄家出货过程，对其防范风险有着不可忽视的作用。

高位减仓阶段的盘面特征：

（1）前期股价有过大涨，盘面出现多波拉升，大多属于冲刺行情。或者，近期出现涨幅较大的快速拉升行情，洗盘后再次强势上涨。

（2）股价处于上涨趋势或加速上涨状态，趋势行情没有改变。

（3）成交量持续放大，除涨停惜售外，有时候出现明显的量价背离现象。

（4）股价远离均线系统，特别是离 30 日均线较远。

（5）出现高位见顶 K 线，如大阴线、长上影线、十字星等。

图 2-7，大众公用（600635）：该股盘面走势完全符合上述几个特征（见相应序号）。股价从"股灾"前的最高 16.70 元开始逐波下跌，直到股价跌破 4 元后，才开始出现一波反弹行情。反弹结束后，股价再次回落到 4 元附近。可以说，该股是市场凉透了心的冷门股，已经到了跌无可跌的境地，投资价值和投机机会显现。

庄家悄然介入低吸了大量的低价筹码，2018 年 11 月 5 日开始向上突破，连拉 2 个涨停后，对突破的有效性进行确认。然后，出现一波新的快速拉升行情，11 月 21 日开盘后强势拉升，股价一波式涨停，但封盘半个小时后，被巨大的卖单砸开封盘，股价震荡回落，当天在收出一根带长上影线的"倒锤头"线。此时股价涨幅已经较大，且远离 30 日均线，成交量大幅放大，因此"倒锤头"线是一个见顶信号。

图 2-8，创业环保（600874）：该股从 8 元附近启动后，股价三波拉升，大幅炒高，2017 年 5 月 16 日股价创出了 24.84 元高点，累计涨幅超过 200%，随后股价见顶回落。其实，在股价见顶回落之前，庄家已在峰前趁市场火爆之机派发了大量的筹码。在散

户的簇拥下股价节节拔高，而庄家在其中步步撤退。当股价真正见顶时，庄家手中筹码已经不多了，该股庄家坐庄十分成功。

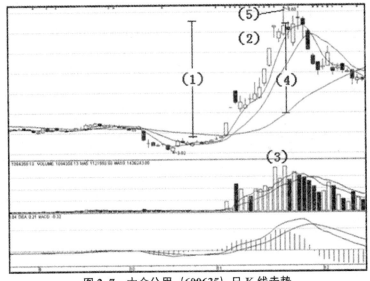

图 2-7　大众公用（600635）日 K 线走势

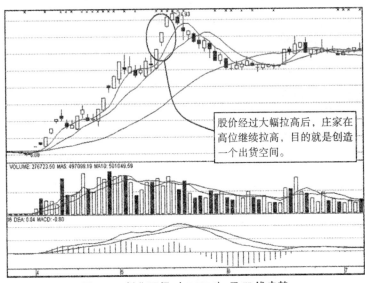

图 2-8　创业环保（600874）日 K 线走势

　　图 2-9，贵州燃气（600903）：该股上市后，在良好的基本面配合下，股价连拉 13 个"一"字涨停，然后经过短暂的洗盘调整，再次展开第二波拉升行情。在第二波拉升过程中，连拉 8 个涨停后，仅仅调整了 4 天，接着又拉出 5 个涨停，成为两市的年度妖股之一。

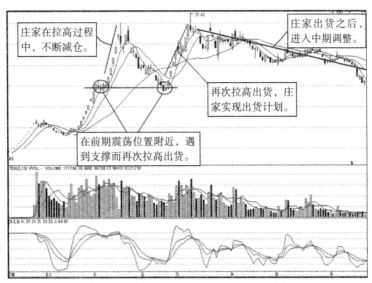

图 2-9　贵州燃气（600903）日 K 线走势

该股整个盘面走势怪异、奇特、独立，K 线组合、成交量极其妖艳，拉升疯狂，毫无章法，不受大盘涨跌影响。其实，从 2018 年 1 月 10 日开板之后的疯狂拉升，庄家就是凭借该股基本面良好和上市不久的次新股的优势，使用边拉边出的操作手法，到了高位手中筹码已经不多。后来，股价回落到开板位置附近时，庄家利用该位置的技术支撑作用，新的短线资金重新介入，使股价重新回升到前期盘区附近震荡。庄家在震荡中不断派发筹码后，股价进入中级调整走势。

## 二、散户克庄技巧

在股价大幅上涨的高位，市场已经聚集较大的回落风险，此时风险与收益已不是对等关系，风险远远大于收益。投资者在这一阶段的主要操作策略和技巧：

（1）冲动是魔鬼，财富容易冲昏头脑。持币者应拒绝利诱，保持平静的心态，观看庄家的拉升表演。

（2）持股者在没有出现明显的顶部信号时，可以继续持有，让利润奔跑。

（3）在快速上涨的高位，当出现第一根见顶 K 线时，应迅速离场。此时 K 线是最敏感的信号，它能够在第一时间对市场作出反应，无须考虑指标、形态、趋势和波浪等技术状态如何，也不必斟酌成交量的大小。

总体操作原则：放弃其他所有的技术分析方法，唯 K 线单一信号操作，即"K 线唯一论"，把握逢高离场机会。

图 2-10，光洋股份（002708）：该股庄家在长时间的下跌过程中，吸纳了大量的低价筹码。当股价回升到前期成交密集区附近时，庄家故意制造大幅震荡走势，让前期

套牢的散户解套退出。当散户纷纷离场后，2018 年 11 月 8 日股价放量涨停，开启一轮飙升行情，连拉 9 个涨停。

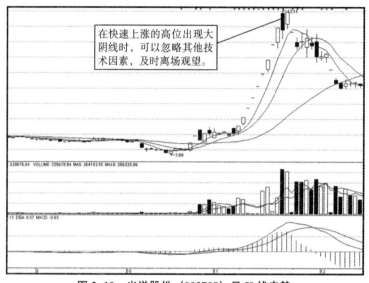

图 2-10　光洋股份（002708）日 K 线走势

11 月 21 日，股价跳空高开 8.05% 后，盘中出现秒停，但封盘不久被巨量打开，股价渐渐震荡走低，日线收出高开低走的大阴线。这是快速上涨行情后出现的第一根大阴线，如果个股没有重大基本面利好支持的话，在这样的位置收出这样的大阴线，显然多空双方产生严重的分歧，不管后面庄家如何拉升，作为普通散户来讲，应逢高离场观望。其实，庄家在拉升过程中，不断减仓获利筹码，股价的上涨只是短线游资的跟风和惯性的上冲而已，行情不会持续太久。

图 2-11，绿庭投资（600695）：该股成功构筑一个空头陷阱后，股价连拉 4 板，快速向上突破前期盘区的压力，然后开板震荡，经过一个交易日的回落洗盘后，释放了短期做空能量。接着，展开第二轮拉升行情，股价又连拉 4 板。

2018 年 11 月 5 日，小幅高开 2.37% 后，盘中股价强势上涨，一度摸到涨停板，但未能成功封盘，随后股价渐渐震荡走低，当日收出一根"倒锤头"线。

这是股价拉升到高位之后，出现的第一根具有见顶意义的 K 线，此时其他技术指标、形态、趋势以及波浪均没有发出见顶信号，那么散户应该如何操作？

作为普通持股散户来说，在股价经过两轮拉升后，看到高位收出这样的"倒锤头"线时，不要考虑后面股价是否还会继续上涨，而是做好逢高离场的操作策略。对于持币者来说，也不要关注这里是否蓄势调整，或者分析是否会产生第二波拉升行情，而是继续保持观望是最好的操作策略。

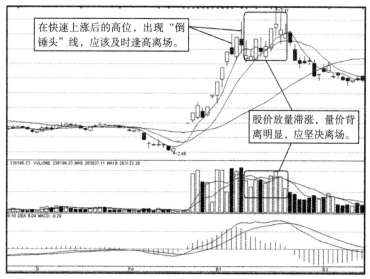

图 2-11 绿庭投资（600695）日 K 线走势

在快速上涨后的高位，出现"倒锤头"线，应该及时逢高离场。

股价放量滞涨，量价背离明显，应坚决离场。

其实，此时的庄家也非常着急兑现手中的获利筹码，拉高减仓自然是庄家需要考虑的问题，此后的盘面走势很好地证明了这一点。2018 年 11 月 8 日，股价先探底回升，后是冲高回落，盘面大起大落，在高位出现这样的波动，显然是庄家暗中出货。之后，股价虽然创出了上涨新高，但明显出现了放量滞涨现象，形成量价背离走势。前期没有来得及离场的散户，此时应做好逢高获利离场准备。很快，再次出现冲高回落后，股价渐行渐弱，进入弱势调整格局。

新股、次新股的拉高减仓相对来说比较简单，庄家趁着火热的市场，快速完成减仓计划后，股价进入中期调整。

图 2-12，阿石创（300706）：该股庄家从一级市场中获得了大量的筹码，上市后连拉 18 个 "一" 字涨停，然后开板完成快速整理，接着趁市场对次新股的钟爱，庄家乘势出击，再次拉高股价，通过边拉边出的手法大量减持手中的筹码，当庄家目的基本达到之后，股价回落形成中期头部。

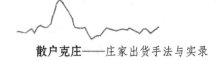
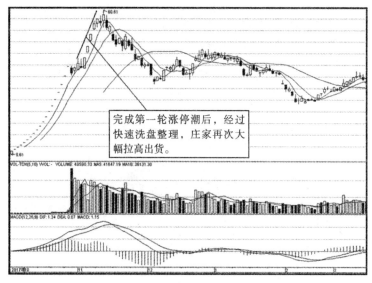

完成第一轮涨停潮后，经过快速洗盘整理，庄家再次大幅拉高出货。

图 2-12　阿石创（300706）日 K 线走势

# 第三节　集中出仓阶段

## 一、集中出仓特征

庄家在拉升过程中，逐步开始在高位减仓，但并不是庄家出货的主要手段，只是其中的一种出货方式，或者是防范风险的有效方法，真正的出货还是在高位集中大规模出仓阶段。

高价位区域是庄家最理想的派发区，庄家将股价大幅炒高后，极力营造乐观气氛，激发市场人气，趁着散户买盘的积极涌入，庄家不断地在暗中出货，使股价出现震荡或小幅回落走势。

当股价回落到一个相对低点后，庄家停止抛售，且反手做多，极力创造强势反弹行情，在此设计美丽的技术陷阱，使市场维持乐观气势，诱导新的买盘介入，将股价继续维持在较高价位，这样庄家可以在暗中不断派发获利筹码。这阶段成交量大增，大部分筹码在这一区域集中进行套现，交投十分活跃，从而形成密集成交区，并创下近期甚至是历史天量。当庄家基本完成派发任务后，股价步入下跌不归路，在日 K 线图上形成顶部形态。

集中出仓阶段的优点是可以使筹码卖个好价钱，利润达到最大化；缺点是获利筹码一时难以兑现，一旦不慎往往功亏一篑。

这阶段的庄家意图在于，由于股价的大幅上涨，散户沉浸在获利的喜悦之中，这时庄家悄然出货，使股价出现滞涨震荡，而散户却把这种震荡当作蓄势整理而介入，这样庄家的获利筹码就可以顺利地在高位得到兑现。

集中出仓阶段的盘面特征：

（1）股价累计涨幅较大，有多波拉升行情，或者，近期出现涨幅较大的快速拉升行情。

（2）盘面已经出现冲刺行情，并产生一个显著的高点。也就是说，前面出现过明显的拉高减仓迹象。

（3）成交量仍然保持较大水平，庄家有明显的对敲动作。

（4）有一个明显的短期头部盘整区域，此时股价大起大落，K线大阴大阳，盘面震荡幅度较大。

（5）短期均线形成横向移动，5日均线与10日均线交叉频繁，30日均线上升速率放缓，或出现平走状态。

（6）MACD、RSI、KDJ等技术指标，可能形成顶背离状态。

图2-13，万兴科技（300624）：该股盘面走势完全符合上述几个特征（见相应序号）。上市后经过第一轮涨停潮后，出现短期的横向震荡，2018年3月1日开始再次展开拉升行情，连拉9个涨停，然后开板震荡。经过短暂的调整后，又连拉3个涨停。很显然，后面的拉高是典型的拉高减仓行为，4月10日高位收出大阴线，形成一个显著的冲高回落高点。同期的成交量仍然较大，说明庄家有对敲出货动作，股价大起大

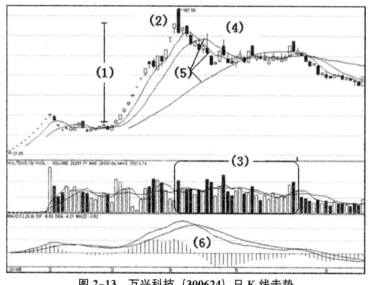

**图2-13 万兴科技（300624）日K线走势**

落，大阴大阳频繁出现，短期均线开始下行，30 日均线渐渐走平，多项技术指标缓缓下行。从盘面分析，庄家在这一阶段中派发了大量的获利筹码，当庄家基本完成出货计划后，股价向下脱离平台区域（出货区），进入中期调整。

图 2-14，神火股份（000933）：该股经过庄家的充分炒作，人气完全被激活，股价出现快速上涨，庄家获利极为丰厚，基本到达集中出仓区域。2017 年 8 月初开始，股价进入盘头走势，大起大落，放量出货，多次出现破位迹象时，总被庄家成功拉起，护盘出货迹象非常明显。当庄家基本完成出货后，庄家就放弃护盘，股价在 9 月 25 日破位下行，此后股价进入中期整理走势。

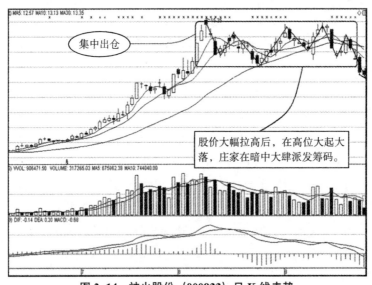

图 2-14　神火股份（000933）日 K 线走势

当股价高高在上时，对于散户来说只有投机机会，而没有投资价值。庄家为了完成出货计划，必须通过高位股价震荡来麻痹散户。顶部震荡时间长短，取决于股价累计涨幅、大盘走势、操盘手法、庄家成本等多种因素，但无论股价怎么走，这一阶段的交投规模必定会出现总体缩小，因为快进快出的短线高手毕竟是少数。因此顶部成交量总体呈缩小趋势是这一阶段的特点。

当然，庄家为了吸引投资者的注意，也经常用对倒的手法制造虚假的成交量。在庄家对倒当日，股价在巨量的支持下往往有一定的涨幅，并在随后几日里仍然进行对倒。庄家从中择机出货，股价出现放量滞涨现象，对倒造成快速隆起的量峰。当庄家放弃对倒时，盘面又恢复平静状态。由于很多庄家在顶部使用对倒手法造势，所以对倒放量也是顶部集中出仓的又一特点。

图 2-15，盘龙药业（002864）：该股回调结束后，2018 年 3 月 20 日一根涨停大阳

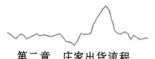

线拔地而起，开启了一波主升浪行情。4 月 12 日，冲高回落，在高位收出带长上影线的 K 线，显示股价有见顶迹象，随后股价快速回落。

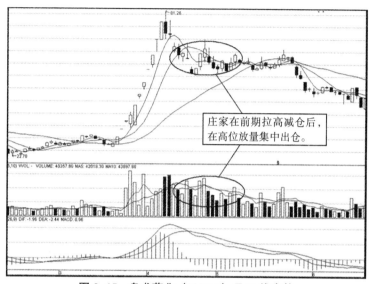

**图 2-15　盘龙药业（002864）日 K 线走势**

从快速下滑的走势来看，显然庄家在前期拉升过程中派发了大量的筹码。也就是说，股价已经出现冲刺行情，产生一个显著的高点，这是散户看盘时要注意的关键因素。同期的成交量仍然较大，说明庄家有对敲出货嫌疑，并通过股价大起大落的震荡走势，不断暗中出货。5 日与 10 日均线构成死叉下行，30 日均线上升速率放缓，说明股价动力已经减弱，而且，MACD、RSI、KDJ 等技术指标，已经形成顶背离走势。从这些盘面现象分析，该股拉升行情已经结束，庄家出货意图溢于盘面，投资者应离场操作。2018 年 5 月 28 日，股价向下破位，进入中期调整走势。

## 二、散户克庄技巧

在股价大幅上涨后，市场不免产生恐高心理，这给庄家出货带来了很大的困难，庄家经过"拉高减仓"后，手中仍有大量的获利筹码需要兑现现金，只有通过"集中出仓"阶段才能继续实施出货计划，因此这一阶段的盘面走势也是十分复杂的。投资者在这一阶段的主要操作策略和技巧：

（1）在前期拉高过程中，没有逢高离场的散户也不必过于担心，等待企稳回升时高抛。

（2）禁止追涨、打板行为。切记，"涨停敢死队"不是追击所有的涨停板。

（3）在日 K 线中，每一根大阳线都是高抛机会；在分时走势中，每一次快速冲高

都是减仓机会。

（4）此阶段不宜盲目加仓或补仓。加仓和补仓是有区别的，共同之处都是继续买进筹码，增加仓位，不同之处在于：加仓是指手中所持的是获利筹码；补仓是指手中持的是套牢筹码。

总体操作原则：勿追涨，只高抛，不低吸，单向操作，不做差价。

图 2-16，罗牛山（000735）：该股完成主升浪后，在高位放量震荡，形成头部盘区，走势符合"集中出仓"的盘面特征，当庄家顺利完成出货计划后，股价在 2018 年 6 月 26 日向下破位，进入中期弱势调整。

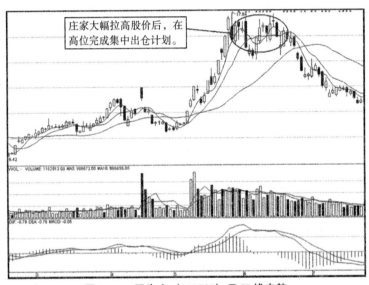

图 2-16　罗牛山（000735）日 K 线走势

在这一阶段中，如果散户按照上面的"总体操作原则"进行操作，那么就可以顺利地高抛离场，不会被庄家套牢在高位。

庄家拉高减仓后，如果遇到市场行情火爆的时候，或者是热点板块中的个股，那么股价有可能会再创新高，这时庄家出货就比较轻松，通过再次拉高就能够顺利地完成出货计划，一旦股价见顶，就会步入漫长的阴跌之路。

图 2-17，合肥城建（002208）：在底部下探时持续缩量，庄家成功构筑底部后，在 2018 年 3 月 2 日放量脱离底部区域，走出一轮波澜壮阔的上涨行情，盘面出现量价齐升状态。说明在这一时段里，场外资金看到股价转强后，开始积极跟进，在大量买盘介入下成交量不断放大，股价也不断创出上涨新高。

当然，在股价大幅上涨的高位，庄家先是采用拉高减仓手法，派发了不少的获利筹码，然后凭借热点板块的龙头效应，股价继续有力地向上拉高，创出上涨行情的高

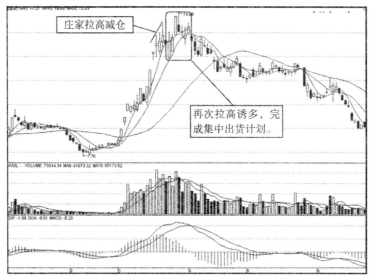

庄家拉高减仓

再次拉高诱多，完成集中出货计划。

图 2-17 合肥城建（002208）日 K 线走势

点。此时，有的散户看到这种强势上涨的势头，在利诱的驱使下，不断地追涨买入。不料，这是一个多头陷阱，3 月 28 日股价低开冲高回落，此后股价不断震荡走低。

其实，庄家在继续创新高过程中，不断派发获利筹码，投资者完全可以从 K 线结构、量价配合中找出庄家出货的蛛丝马迹。特别是 3 月 28 日这一天，分明就是直接告诉大家庄家在出货，因为前一天是一根放量强势走高的涨停大阳线，而当日竟然低开3.72%，这是疑点一；疑点二是股价冲高翻红回落收阴，K 线呈光脚阴线；疑点三是成交量大幅放大，盘面大幅震荡。在这个位置出现这样的 K 线结合和盘面形态，不应该引起投资者的深入思考吗？

这种出货方式在许多次新股当中也非常多见，由于次新股板块近年来吸引大量的资金关注，所以庄家在"集中出仓"阶段中往往创出股价上涨新高。

图 2-18，药石科技（300725）：该股开板后经过两个交易日的快速洗盘，股价再次大幅拉高，这是庄家的"拉高减仓"阶段。然后，经过短期调整后，股价向上推升，创出上涨新高，庄家在此时完成"集中出仓"过程。随后股价在 2018 年 1 月 22 日出现跌停，上涨行情宣告结束。可是，市场中有不少散户并不知道庄家出货的这一过程，当你现在看了这样的实例分析之后，一定会让你的操作思维受到不少启发。

有时候庄家在前期拉高过程中，并没有实施大量减仓，或者没有机会和条件进行减仓。也就是说，在"拉高减仓"阶段很少或没有出货，而是小幅回落后，在后面完成大量出货计划，庄家的这种出货手法也非常成功。

图 2-19，蓝晓科技（300487）：该股庄家在第一波拉升行情结束后，由于没有很好地完成出货计划，于是在 2018 年 3 月 27 日开始大幅拔高股价，连拉 5 个"一"字板

和1个"T"字板，在高位少量减仓后，回落在平台中大量集中出仓。在此震荡过程中，庄家顺利地完成了出货计划，之后股价向下阴跌，进入中期弱势调整。

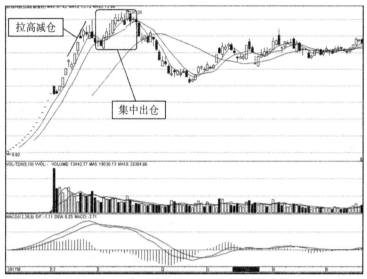

图2-18 药石科技（300725）日K线走势

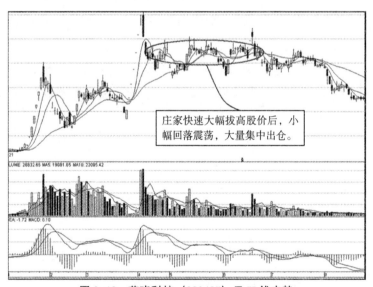

图2-19 蓝晓科技（300487）日K线走势

# 第四节 低点加仓阶段

## 一、低点加仓特征

高抛低吸是股市天条，不仅散户喜欢这样做，庄家也愿意这样做。庄家经过高位集中出仓之后，手中仍有不少筹码，但股价已有了一定的下跌幅度。这时庄家会进场护盘，在合适低位加仓（但增仓量有限），再度将形态做好，同时一些场外短线资金也出现回补动作。在技术上稳住重要的技术关口，一方面停止抛售，另一方面积极护盘。让投资者感到股价已经止跌，同时做出一些典型的双底、箱形或底部K线形态等止跌性信号，误导投资者以为股价结束调整，即将展开新一轮升势，从而盲目杀入，使庄家的派发活动得以继续进行。

这种出货方式的优点是高抛低吸做差价，又使原先留仓筹码卖得更高，也是自救的好办法；缺点是仓位加重，万一失手，则会加重损失。

低点加仓的庄家手段在于，股价经过前面的大幅拉升，吸引了不少的跟风盘，市场人气较高，盘面较活跃。这时庄家停止拉升股价，悄悄向外出货，使股价出现回落。由于庄家还握有不少的筹码，没有全部派发出去，因此封堵股价持续下跌，并将股价继续拉起，使其维持在高位震荡，构筑新的技术图形。许多散户以为技术形态完好而继续持股不动，或继续买进做多。庄家在散户不知不觉中，顺利完成出货计划。

低点加仓阶段的盘面特征：

（1）股价累计涨幅较大，有过多波拉升行情，或者，近期出现涨幅较大的快速拉升行情。

（2）股价已经出现明显的回落，有一个短期头部盘整区域或显著的高点，或者，前面出现快速拉高后，短期大幅回落，呈倒"V"型状态。

（3）股价回落遇到一个重要的技术支撑位置，如前期盘区、前期低点、突破高点、30日均线和上升趋势线等关键位置。

（4）成交量逐渐递减后，再度放大。

（5）均线系统形成横向移动，交叉频繁，30日均线出现平走或下行状态。

（6）MACD、RSI、KDJ等技术指标弱势运行。

图2-20，华森制药（002907）：该股盘面走势完全符合上述几个特征（见相应序号）。上市后经过第一轮涨停潮后，股价出现大幅回落调整，2017年12月25日调整结

束，开启新一轮上涨行情。

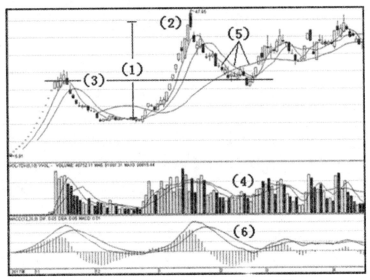

图 2-20　华森制药（002907）日 K 线走势

2018 年 1 月 19 日，大幅高开 7.91% 后，盘中快速封板，但尾盘开板，快速回落。在高位收出一根大阴线，从而结束了上涨行情，股价快速回落，呈倒 "V" 型下跌。

由于股价的快速回落，导致庄家没有顺利出货。当股价回落前期高点附近时，得到了重要的技术支撑。此时，庄家逢低进行加仓处理，使股价止跌回升，然后在上涨中继续出货，整个出货思路非常清晰。

图 2-21，创业环保（600874）：该股经庄家成功炒作后，累计涨幅超过 200%，股价高高在上。其实，庄家已在峰前趁市场火爆之机派发了大量的筹码，在股价见顶回落之前，手中筹码已经不多。然后，股价渐渐向下回落，成交量也同步缩小。庄家为了使手中的少量筹码也能卖个好价钱，当股价有了一定的下跌幅度后，庄家开始进场护盘，用少量资金小幅加仓并拉高股价。随后在高位形成平台整理，通过放量对倒手法，基本完成了最后的派发计划，从此股价步入漫长的调整走势，不知不觉中将散户套牢在高位。所以，投资者在实盘中遇到这种走势时，可在股价回升到前期高点附近，全面抛空出局。

图 2-22，诚万科技（300598）：该股完成洗盘后，展开一波快速拉升行情，股价连拉 9 个涨停。然后，出现倒 "V" 型回落，当股价回落到前期盘区附近时，得到了一定的技术支撑后，庄家再次将股价拉高，从而实现顺利撤退。

这样快速拉高的个股，一般庄家是难以顺利出货的，通常会有二次拉高的机会，投资者一定要抓好回升离场的机会。

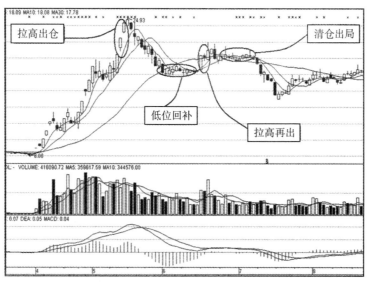

图 2-21　创业环保（600874）日 K 线走势

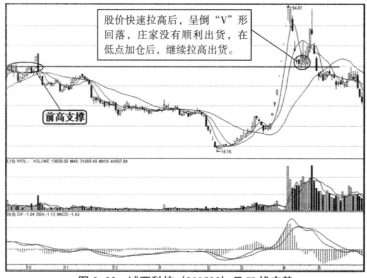

图 2-22　诚万科技（300598）日 K 线走势

## 二、散户克庄技巧

拥有大量筹码的庄家，要想在高位一次性地完成出货计划，难度是很大的，所以庄家出货是一个震荡起落的过程。在重要位置庄家还要出手护盘，以至于不让股价跌得太惨，因此低位加仓是庄家常用的手法。投资者在这一阶段的主要操作策略和技巧：

（1）在高位套牢的筹码，不要急于割肉。

（2）当第一次回落到重要位置附近，可以适当地补仓。

（3）加仓或补仓的最佳位置：前期盘区、前期低点、突破高点、30日均线和上升趋势线等关键技术位置附近。

（4）如果短线技术过硬，可以高抛低吸做差价。

总体操作原则：不割肉，逢低补仓，摊低成本，可做差价。

图2-23，德新交运（603032）：该股庄家完成建仓计划后，从2018年8月20日开始展开一轮大级别的上涨行情，股价涨幅接近200%，庄家获利非常丰厚。但是，由于股价短期涨幅较大，庄家出货也不那么一帆风顺，虽然派发了大量的筹码，但并非如愿。因此，庄家不得不采取低点加仓的手法，使股价维持在高位震荡，并借机展开新一轮拉高，最后在高位完成大量出货。

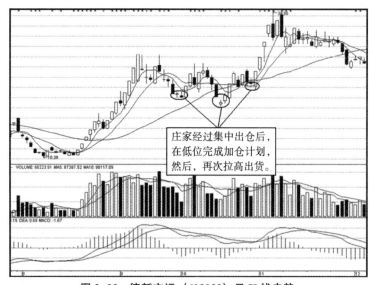

图2-23　德新交运（603032）日K线走势

在实盘操作中，股价连续以大阳线或"一"字线持续拉高的个股当中，通常庄家难以一次性在高位完成出货计划，需要在高位反复震荡之后才能成功撤退。该股庄家通过连续大阳线的方式大幅拉升，显然是投入了大量的短期资金，顺利出货绝非易事。认识到了这一点后，可以在股价回落到30日均线附近时，进行加仓或补仓操作，在后续拉升时顺利离场。当投资者掌握了庄家的软肋之后，就将成为庄家不可防范的一大克星。

图2-24，智能自控（002877）：该股盘面走势可以说是庄家出货的经典之作，经过完整的五个出货环节，且这五个环节节奏清晰。庄家经过拉高减仓和集中出仓这两个环节后，股价重心不断下移，回落到前期盘区位置附近，而该位置既是前期连板后开板的震荡位置，又是一个筹码交换的盘区位置，也是前期调整的低点位置，其技术意

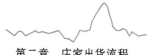

义非常重大。因此，庄家在此位置进行两次加仓处理，日 K 线构筑一个小型的 W 底形态，然后股价再次向上拉高，完成最后的出货计划。

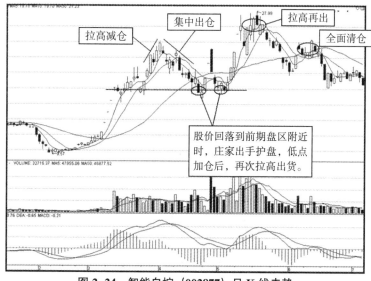

图 2-24　智能自控（002877）日 K 线走势

在实盘操作中，投资者遇到关键的技术位置时，可以进行加仓或补仓处理。所以，掌握庄家的出货规律十分重要，这样可以成功地跑在庄家的前面。

在实盘中，不少个股的低点加仓位置非常清晰，只要细心分析盘面走势，就能够找出庄家的破绽。

图 2-25，贵州燃气（600903）：庄家经过拉高减仓和集中出仓后，2018 年 2 月股

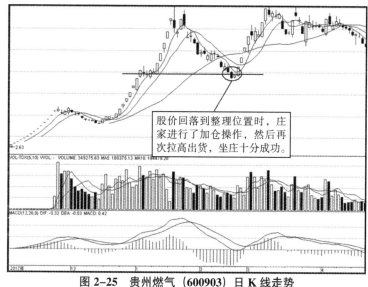

图 2-25　贵州燃气（600903）日 K 线走势

价回落到前期洗盘整理位置附近，由于该位置是筹码换手区，其技术支撑较强。庄家在此位置进行大量加仓操作，随后股价大幅走高，庄家在拉高过程中不断出货。可见，前期整理位置是一个较好的入场机会，投资者可以关注类似这样的技术位置。

在实盘中能够成为支撑作用的位置很多，通常有：均线、趋势线、颈线位、重要技术形态以及成交密集区、黄金分割位和重要心理关口等，一般都有一定的技术支撑作用。

根据多年的实盘经验，一般情况下，当股价第一次回落到支撑位附近时，几乎有90%以上的概率会出现强势反弹。当股价第二次回落到该位置附近时，通常也有小幅反弹行情出现。当股价第三次回落到此处附近时，这时就很难说了，要结合其他技术综合分析，当然最好的方法是此时不参与。

图2-26，九典制药（300705）：该股经过大幅拉高后，出现快速回落，2018年4月20日当股价回落到前期盘区和30日均线附近时（该位置又是0.5的黄金分割位附近），得到了有力的技术支撑，庄家在此完成加仓后，再次大幅拉高出货。但是，在后面第二次、第三次回落到该位置附近时，其支撑力度出现依次递减态势，最后股价向下击穿该位置的支撑，股价进入中期调整走势。

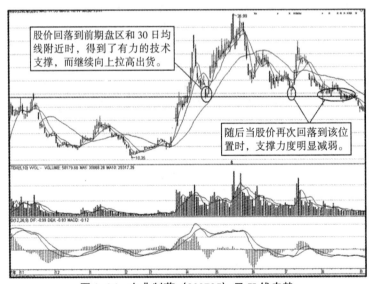

图2-26　九典制药（300705）日K线走势

# 第五节　拉高再出阶段

## 一、拉高再出特征

股市变幻莫测。从大的方面讲，庄家也是市场的随风者，很多时候市场出现变化时，庄家也很无奈。从某个角度来说，庄家将股价炒高，凭的是资金实力，但庄家在高位出货，跟资金大小没有太多的直接关系。在出货阶段，操盘手法显得更加重要一些，因为出货比建仓更难。

庄家经过拉高减仓、集中出仓和低点补仓后，需要将股价重新拉起来，才能在高位继续完成出货计划，所以股价出现新一轮强势上涨走势。由于这类股票往往是前期的明星股，在市场中的知名度较大，它的上涨又使市场出现新的跟风潮，此时庄家抓住时机再次大量出货。可见，这是庄家动用少量的资金，拉高股价吸引散户跟风的一种出货手法。

一般情况下，当股价回升到前期高点附近时，庄家会主动停止拉升或放缓拉升节奏，如果继续上攻会遭到解套盘的抛压，这样庄家是吃不消的。但是，如果遇上好的行情或者是热点板块的龙头股，也有可能创出上涨行情的新高后，再转为下跌走势。

这种出货方式的优点是再次创造高抛机会，让筹码卖个好价钱；缺点是一旦被散户看穿，则会得不偿失。

拉高再出阶段的盘面特征：

（1）经过比较大的回调后，浮动筹码得到较好的释放，股价出现明显的企稳回升走势。

（2）成交量再次出现放大现象，但放大的规模没有前期主升浪大，持续时间也不会太长。

（3）均线系统已经形成金叉，或者已经重新形成多头排列状态，30日均线上行。

（4）股价在前期高点出现大幅震荡走势，或收出大阴大阳的K线形态。

（5）MACD、RSI、KDJ等技术指标金叉，或金叉后上行。

图2-27，西宁特钢（600117）：该股盘面走势完全符合上述几个特征（见相应序号）。股价经过一波快速拉升行情后，出现较大幅度的回落。2017年8月下旬，庄家在30日均线附近进行护盘加仓后，股价出现一定幅度的拉高，然后在高位继续完成出货

计划。最后庄家全面清仓，股价持续向下阴跌。

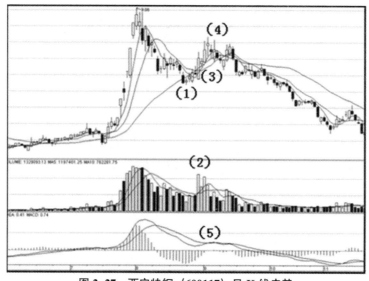

图 2-27　西宁特钢（600117）日 K 线走势

图 2-28，北方稀土（600111）：该股被成功炒高后，庄家在高位大量减仓，在派发中基本遵循着高位减仓、集中出仓、低点加仓、拉高再出以及全面清仓这一过程。当庄家基本完成出货计划后，股价从 2017 年 9 月开始渐渐向下回落，进入中期调整走势。因此，投资者必须紧跟庄家步伐，庄家走我也走，才能保住胜利的果实。

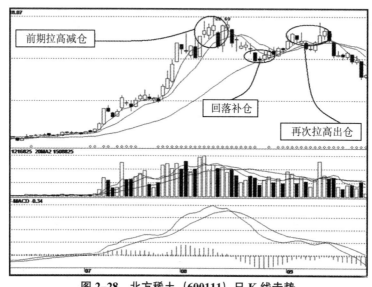

图 2-28　北方稀土（600111）日 K 线走势

图 2-29，海得控制（002184）：该股在 2018 年 3 月出现一波快速拉升后，庄家在高位派发了大量的筹码，然后股价快速回落，浮动筹码得到较好的释放，庄家在低点加仓后再次拉高。在回升过程中，庄家抓住时机边拉高边出货，当股价回升到前期高点附近时，庄家停止向上拉高。通过再次拉高出货以及前期拉高减仓后，庄家基本能够顺利地完成出货计划，随后股价开始下跌。

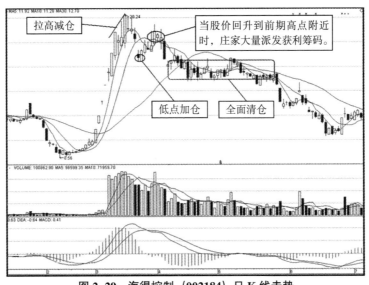

**图 2-29　海得控制（002184）日 K 线走势**

## 二、散户克庄技巧

如果将"拉高再出"阶段放到波浪理论中去分析，大多属于 B 浪反弹行情，而 B 浪反弹是最后的出局机会。在此暂且不考虑前面的浪形如何，大家可以根据 B 浪反弹行情进行操作。具体操作策略和技巧可以从以下三方面进行把握：

（1）在股价回升到前期高点附近时，逢高果断离场。

（2）高位出现见顶 K 线信号时离场，根据"K 线唯一论"进行操作。

（3）当股价出现滞涨现象时，逢高离场。

**总体操作原则**：只出不进，逢高离场，单向操作。此阶段操作相对来说比较容易把握，因为可以将前高作为参考位置，抓住逢高离场机会。

图 2-30，易见股份（600093）：该股在 2018 年 1 月出现一波快速拉升后，股价大幅回落，收回了一大半的涨幅，其实此时庄家并没有顺利撤退，庄家在低点进行加仓后，再次将股价拉高，在拉高中渐渐出货。当股价回升到前期附近时，盘面出现大幅震荡，此时投资者应该把握离场机会。连续多个交易日，K 线在高位收出长上影线，应根据"K 线唯一论"逢高离场。

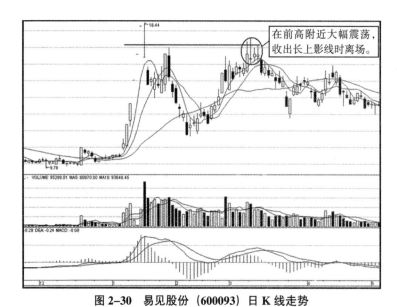

图 2-30　易见股份（600093）日 K 线走势

实盘操作中，在股价再次拉高过程中，盘面走势也是多变的，有可能出现多波上拉走势。在每一波拉高结束时离场，原则上是不会错的，即使后面可能还有高点出现，但也充满着许多变数。

图 2-31，科大国创（300520）：该股庄家在低点加仓后，在 2017 年 11 月再次向上拉高出货，在拉高过程中分两个阶段进行。第一个阶段，当股价回升到前期高位盘区的低点附近时，遇前低压力受阻，股价出现震荡，此时构成第一个卖点；第二个阶段，当股价回升到前期高点附近时，遇前高压力受阻，此时构成第二个卖点。

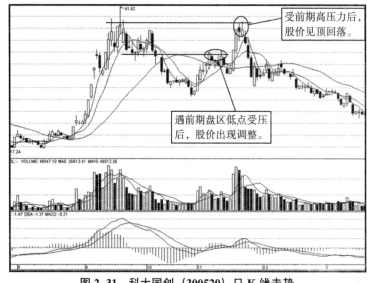

图 2-31　科大国创（300520）口 K 线走势

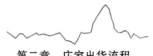

投资者在这两个位置卖出都没有原则性的错误，特别是第一卖点形成后，股价仍然向上创出新高，但最后的拉高有市场其他因素的存在，所以，不能因为后面产生了新的高点，而否定了该位置受阻的事实。当然，在拉升过程中，采用分批离场也是可行的，这取决于个人的偏好。

在很多时候，股价回升时并没有到达前期高点附近，也就是说股价距离前期高点还有一定的空间，这时只要盘面出现滞涨走势时，就可以找高点离场。

图 2-32，永和智控（002795）：该股在 2018 年 7 月的再次拉高出货中，拉升幅度和力度都有限，股价受到前期开板震荡低点压制，在再次拉高时出现大幅震荡，庄家在震荡中不断派发筹码后，股价开始向下破位。在实盘中，当有了一定的拉高幅度后，一旦盘中出现大幅震荡时，说明上方已经遇到压力，就是很好的调整信号，此时应逢高离场。

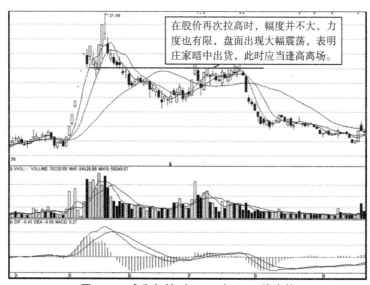

图 2-32　永和智控（002795）日 K 线走势

当然，如果遇到火爆市场的时候，拉高再出阶段的股价涨幅也不小，甚至超过主升浪行情的高点。但这是强弩之末，最后的晚餐，追高风险极大。

图 2-33，麦达数字（002137）：该股连拉 5 个涨停后开板震荡，然后经过拉高减仓后，股价出现回落整理。由于庄家并没有顺利撤退，经过快速换手后，凭着没有冷却的市场热点，股价再次快速大幅拉高，连拉 3 个涨停，创出股价上涨新高，然后冲高回落见顶。

该股虽然在"拉高再出"环节中创出了上涨新高，其实是庄家借用市场的集体力量顺势推高股价，同时也是一种假突破的出货手法。在股市中，庄家既是操盘的高手，

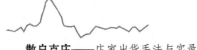

也是见风使舵的高手，而且庄家还可以直接体验到市场人气的冷热程度，当人气高傲的时候股价上涨就会推波助澜，在人气低迷的时候最有实力的庄家也无能为力。

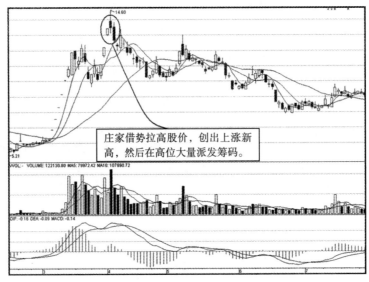

庄家借势拉高股价，创出上涨新高，然后在高位大量派发筹码。

图 2-33　麦达数字（002137）日 K 线走势

# 第六节　全面清仓阶段

## 一、全面清仓特征

庄家经过高位减仓、集中出仓，并经过低点补仓和拉高再出后，所持仓位已经不多，甚至已经顺利撤退或只剩一些仓底货。这时庄家抓住时机进行全面清仓，轻轻松松地回府结账数钱了，至此一轮精心策划的坐庄计划成功完成。可见，股价回升后再次下跌时，就是散户最后的逃命机会。投资者应很好地把握离场机会，否则身陷套牢被动之中。

应当说明的是，"全面清仓"并不是说庄家已经将手中的筹码出得一干二净，而是指庄家基本完成了整个坐庄过程中的出货计划，手中仍持有少部分的筹码，这部分筹码对庄家整体利润不构成太大的影响。

这种出货方式的优点是完成胜利大逃亡；缺点是有时仓底货可能会砸得很低。

全面清仓阶段的盘面特征：

（1）股价大幅上涨后，在高位出现较长时间的盘整，头部特征明显。

（2）股价出现明显回落，呈现出弱势盘整走势，上方出现多重压力区域。

（3）成交量出现明显萎缩，偶尔出现放量脉冲现象。

（4）盘面震荡幅度渐渐收窄，攻击力度明显减弱。

（5）均线系统平行或呈空头排列，特别是30日均线已经转弱，支撑力度不强。

图2-34，贵州燃气（600903）：该股盘面走势完全符合上述几个特征（见相应序号）。该股庄家凭借良好的基本面和上市不久的次新股优势，在再次拉高中创出了上涨行情的新高，然后在高位出现盘头走势，形成明显的头部区域。然后，股价渐渐回落，出现弱势盘面特征，上方盘区构成明显的压力。同期的成交量与前期比较，出现大幅萎缩，股价震荡幅度不断收窄，攻击力度大大减弱，而且，均线系统出现空头发散，30日均线下行，压制股价向下走低。显然，股价已经到了庄家清仓阶段，投资者应及时离场，2018年6月19日股价出现向下破位走势。

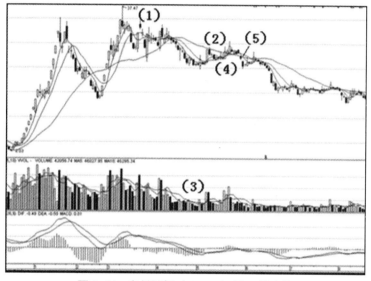

**图2-34 贵州燃气（600903）日K线走势**

图2-35，冀东装备（000856）：该股大幅炒高后，庄家在高位大量派发筹码，整个过程完全符合出货规律，可谓学院式出货模式。经过低位加仓后，庄家在高位全面清仓，然后股价进入中期调整走势，整个出货过程如诗如画，妙趣横生。投资者可以按照上述庄家出货示意图，自行琢磨分析，一定能够找到庄家出货的蛛丝马迹，这样你就不会被庄家套牢了，既感受到跟庄带来的收益，又能洞悉到坐庄过程的乐趣。

图2-36，正海生物（300653）：该股经过几波上涨后，股价累计涨幅较大，在高位形成盘头走势。然后，股价回落到30日均线附近作弱势震荡整理，成交量明显萎缩，均线系统呈现横向移动，30日均线渐渐走平，支撑力度开始减弱，也限制了向上攻击

力，表明庄家暗中出货。2018 年 7 月 19 日，股价向下击穿本已支撑微弱的均线系统，随后均线系统出现向下发散，从此进入中期弱势调整走势。

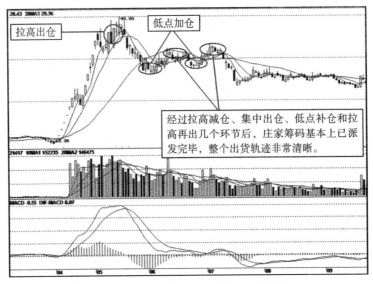

图 2-35　冀东装备（000856）日 K 线走势

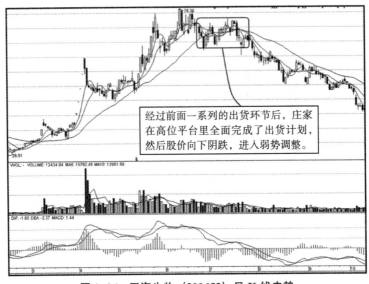

图 2-36　正海生物（300653）日 K 线走势

## 二、散户克庄技巧

这是庄家出货的最后一个环节，经过前面一系列的出货环节后，庄家手中筹码已经不多，此时投资者应高度警惕，一旦头部有效形成，将进入中期调整，下跌幅度大，

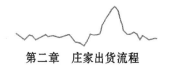

调整周期长。这阶段的具体操作策略和技巧：

（1）上方任何一个压力都是卖出点，如均线、趋势线、盘区高点或低点等。

（2）反弹高点股价出现滞涨现象时，应逢高离场。

（3）一旦出现技术破位，应立即果断出局。

总体操作原则：逢高离场，破位止损，切莫补仓，不抱任何期望。

图 2-37，江丰电子（300666）：该股在 2017 年 11 月 14 日冲高回落收出长长的上影线后，股价呈倒"V"型下跌，然后在前期盘区附近企稳回升，但回升力度有限，遭到上方套牢盘的抛压，股价出现明显的滞涨现象。均线系统横行移动，30 日均线渐渐失去支撑能力，成交量出现萎缩，盘中出现滞涨现象，显然不具备继续向上拉高的能力。这时散户应做好逢高离场准备，一旦出现向下技术破位，应及时离场。

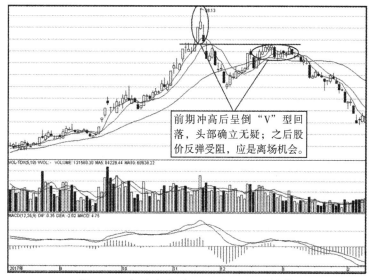

**图 2-37　江丰电子（300666）日 K 线走势**

在出货阶段，当股价运行到最后全面清仓环节时，许多技术形态已经走坏，甚至股价已经下跌一大截，这时上方的每一个压力都会对股价上涨构成重要的阻力，所以压力位附近是一个高抛的机会。

图 2-38，创业环保（600874）：该股庄家完成主升浪行情后，在高位震荡过程中派发了大量的获利筹码，然后股价向下滑落，进入弱势调整。在 2017 年 7 月下旬至 9 月上旬的走势中，股价上涨遇到前期盘区的压制，前期盘区已由支撑转换为压力，特别是庄家基本完成出货后，这种阻力会更加有效，一般情况下难以形成有效突破。所以，投资者应该意识到上方的阻力，以及对庄家出货后期的认识，并抓住逢高离场的机会。

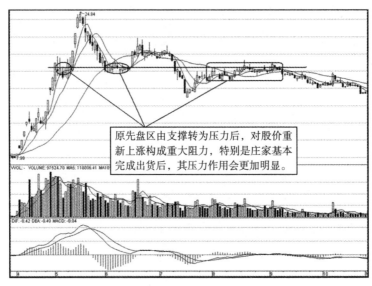

图 2-38　创业环保（600874）分时走势

如果散户在庄家全面清仓时，没有来得及离场，那么在技术破位的情况，应坚决止损操作，切莫补仓，此时的"窟窿"越补越大，死扛只会增加亏损额度。

图 2-39，京东方 A（000725）：这是前期少有的牛股之一，股价大幅炒高后，由于近年股市低迷，使庄家出货十分艰难。在高位历经半年之久的大起大落震荡之后，基本将手中的筹码分散出去。2018 年 4 月，当庄家全面清仓后，股价出现向下破位走势，此时投资者及时止损离场，而不是等待回升，更不能补仓处理。

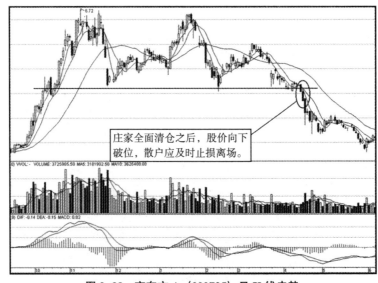

图 2-39　京东方 A（000725）日 K 线走势

　　其实，该股庄家高位出货迹象是非常明显的，其操盘轨迹完全符合出货的五个环节，投资者不妨细细分析，找出庄家的破绽，这样对以后的实盘操作大有帮助。

　　上述剖析了庄家出货的基本过程或步骤，在实盘中出货手法万变不离其宗，只不过在一些盘面细节上有别而已。翻开沪深两市的大多数股票，其出货轨迹莫过于如此，投资者只要认真分析盘面走势，一定会发现其中的规律和庄家出货的踪迹。这样就掌握了庄家出货的秘密，也就抓住了庄家的"咽喉"，当然也成就为一名驰骋股市的克庄高手。

# 第三章　庄家出货实录

## 第一节　中线庄家出货的套路

中线庄家由于持仓量大，出货是非常困难的，所以需要一定的套路。从严格意义上讲，目前 A 股市场中很少有长线庄家，因为长线投资需要较长的驻庄时间，通常在 5 年甚至更长，日常表达中的中长线庄家，大多属于中线庄家，这方面大家了解即可。

在本书第二章中详细分析了庄家出货的五个环节，即高位减仓、集中出仓、低点加仓、拉高再出和全面清仓。这五个环节中的前面四个环节基本属于庄家初期零售出货，也包含中期批零兼售，而全面清仓环节及之后的下跌，则属于庄家后期批发出货阶段。

中线庄家出货的基本套路，就是先在高位零售筹码，慢慢地悄然高价出卖，维持市场价格不动摇；中间批零兼售，要多少卖多少，适当地考虑卖价的高低；最后大量批发，不计成本大甩卖，散户不要也得卖，直把股价砸下来。

### 一、初期零售出货

一般来说，庄家坐庄时往往是"拉升容易、出货难"，只要有资金实力，就可以把股价炒上天，但从"天"上下来就有点难了，因为市场中没有人为庄家"搭梯子"。由于庄家"船大难掉头"，所以庄家也很难做，必要时还得哄哄散户，被散户抛弃的庄家，一定是不成功的庄家。

所以，这时期的庄家想要把筹码从高价卖出去，只能采取零售的方法，慢慢地一手或几手地卖。由于是零售，所以买家很少，但价格比较昂贵，零售时间也较长，这是它的特点。在盘中只要有人买，庄家就会卖，实在没有人买时，庄家就自卖自买，扛着股价不下跌，这是多数高价股跌不下去的主要原因。

图 3-1，山西汾酒（600908）：该股经过长达一年半的炒作，从 15 元左右炒高到

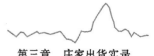

60 元附近，涨幅达到 300%，庄家获利非常丰厚。但是，由于股价高高在上，散户也不敢轻易入市接单了，庄家也被这股拴住了，出货时间长达 9 个月。在这期间，庄家只有通过零售的方式，零敲碎打，慢慢减仓，虽然盘面上下波动幅度较大，但很多时候是庄家在自导自演。直到筹码零售得差不多时，才由零售转批发贱卖。

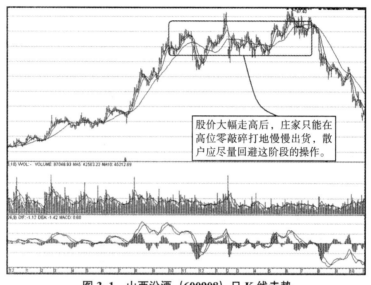

股价大幅走高后，庄家只能在高位零敲碎打地慢慢出货，散户应尽量回避这阶段的操作。

图 3-1 山西汾酒（600908）日 K 线走势

这期间散户操作难度较大，下跌不敢低吸，上涨不能追高，很容易赔钱，最好的方法就是逢高离场，不关注高价股。

图 3-2，复星医药（600196）：该股价庄家大幅炒高股价后，在高位四起四落，在

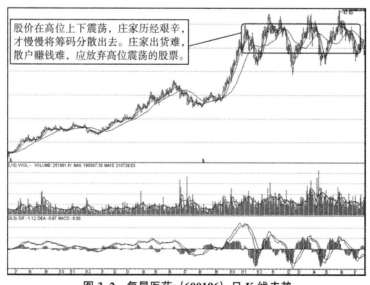

股价在高位上下震荡，庄家历经艰辛，才慢慢将筹码分散出去。庄家出货难，散户赚钱难，应放弃高位震荡的股票。

图 3-2 复星医药（600196）日 K 线走势

反复震荡中慢慢出货，在没有大量出货之前，庄家只好将股价扛在高位，跌下去又拉起来，但拉起来力度又不大，在高位出现箱体震荡格局，出货周期长达8个多月。

将这样的实例拿出来讲，只是说明一个普通的道理，做股票要顺势而为。但是，在现实中大多数人认为，顺势而为就是追涨杀跌，其实这是大错特错的，所以要立即纠正过来。股市中的顺势而为，是指股价"跌多了就会涨，而涨高了就会跌"的普遍规律，顺着这个规律来炒股票。所以，对于涨高了的股票就不要在此浪费时间。

## 二、中期批零兼售

庄家在高位经过一段时间的筹码零售之后，仓位已经减轻不少，这时股价往往已经出现小幅回落，或者下降一个平台，然后企稳继续出货。

这阶段庄家的筹码是批零兼售，有零售就小单也卖，没零售也制造一些卖的机会。所以，盘面走势相对来说有所动荡，庄家动作可能会粗鲁一些，经常出现打压或快涨，上下节奏紧密，波动频率加快，也反映出庄家出货比较着急的一面，但不会施以猛烈的动作。这阶段也是筹码由零售转批发的过渡期，投资者盈亏幅度不是很大，总体上还能接受，这也是庄家所能够掌握的市场适度范围。

这一阶段在出货套跌中，并不占十分重要的作用，如果庄家在零售阶段盘面推广做得比较好，筹码在散户中销售得比较火爆，那么就无须批零兼售，收摊前将最后的底仓筹码一次性批发出去就成功了。

图3-3，中国太保（601601）：该股拉升结束后快速回落，形成倒V形顶部，然后出现微微向下倾斜的盘区，庄家在此区域不断减仓操作，筹码批零兼售，盘面出现频

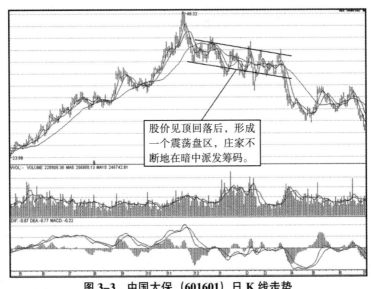

股价见顶回落后，形成一个震荡盘区，庄家不断地在暗中派发筹码。

图3-3 中国太保（601601）日K线走势

繁的震荡。2018 年 8 月开始，庄家完成批零兼售后，筹码进入批发阶段，股价出现向下破位。

图 3-4，立讯精密（002475）：该股大幅拉高后，庄家在高位出货非常艰难，通过不断地小单出货后，在后期上下震荡的频率明显加快，说明庄家出货已经比较急了。随着庄家出货接近尾声，股价渐渐滑落，进入弱势盘区。

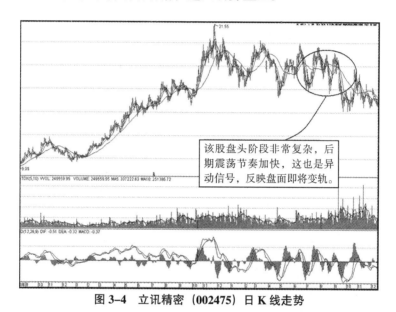

该股盘头阶段非常复杂，后期震荡节奏加快，这也是异动信号，反映盘面即将变轨。

**图 3-4　立讯精密（002475）日 K 线走势**

### 三、后期批发出货

一般而言，商品的批发价比零售价便宜很多，庄家手中的筹码经过一段时间的零售或批零兼售后，也会以批发价打折出售，完成最后的清仓计划。

这些筹码看起来很便宜，实际上却是很昂贵的，因为它潜在的价值已经不高了，甚至还会有很大的贬值空间。这如同在古玩市场低价买了一件看似非常精致的古董，其实它是分文不值的仿制品，没有任何收藏价值。

在这阶段的盘面走势非常弱，技术面不支持股价上涨，跟跌不跟涨。大盘上涨的时候它小涨，走势弱于指数，跟在涨势的后头；大盘下跌的时候它大跌，跌幅远超指数，跑在跌势前头。在盘面上，股价持续阴跌或逐波走低，下跌的速度比上涨的速度快得多。这阶段的庄家意图就是给散户创造一个捡便宜货的机会，把散户圈进来。当散户发现物非所值时，却已上了庄家的圈套，为时晚矣。

图 3-5，万华化学（600309）：该股股价从 8 元附近炒到了 40 元左右时，庄家在高位逐步减仓，此时庄家以少量出货为主，零敲碎打慢慢派发。2018 年 6 月 4 日，停牌半年后带着利好复牌，给庄家一个天赐的出货良机，出货时间大大缩短，连拉两个涨停后，

在高位顺利派发获利筹码。从9月开始，庄家向市场批发筹码，使股价出现快速下跌走势。

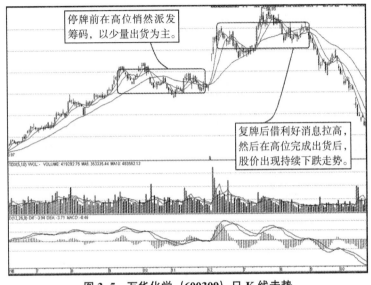

图 3-5　万华化学（600309）日 K 线走势

在实盘中，很多时候庄家在批发筹码之前，先出现假的向上拉高或突破动作，然后反手做空，向市场批发筹码，造成股价持续下跌。这种盘面现象，庄家在前期筹码零售时，销售效果并不理想，而庄家大多讲究的是时间效率，不愿意消耗太长的筹码零售时间，所以，更多的是注重操盘手法，直接转入筹码批发阶段，这时股价跌起来也是凶猛的。

图 3-6，片仔癀（600436）：该股大幅炒高后，庄家在高位不断派发获利筹码，然

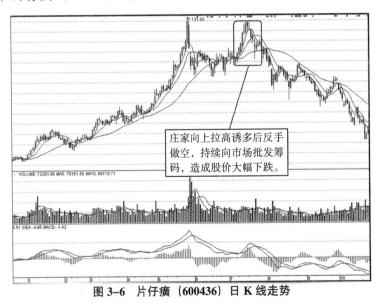

图 3-6　片仔癀（600436）日 K 线走势

后借助市场火爆的气氛，再次拔高股价。2018 年 7 月，当股价回升到前高附近，即将形成向上突破时，庄家突然反手做空，不断向市场批发筹码，造成股价持续下跌走势。这类庄家由于前期出货并不彻底，一旦反手做空后，股价容易出现持续性下跌。

# 第二节　中线强庄股出货实录

## 一、出货手法多样

庄家出货跟建仓、拉升一样，也是多种手法的综合运用。在实盘中，庄家单独采用某一种方式完成整个出货计划是非常困难的，在出货过程中往往以某一种方式为重点，同时采用多种手法交替进行。当然，很多时候分不清主次。

庄家采用什么样的出货手法，取决于市场情况和操盘手对某一种技术的擅长或应用熟练程度。比如，如果市场投资气氛高涨，庄家就采用拉高出货，这样筹码可以高价卖出；如果市场十分低迷，庄家可以压低出货，廉价甩卖。所以，投资者如果掌握庄家出货手法，就可以采用应变的方法对付庄家出货，这样就成为庄家的一大克星。下面结合实例，进一步深入分析。

图 3-7，中际旭创（300308）：该股从 10 元左右开始逐波上涨，大幅炒高到了 80 元上方，庄家账面利润非常丰厚。当然庄家出货也很困难，还好操盘手法老练，运作

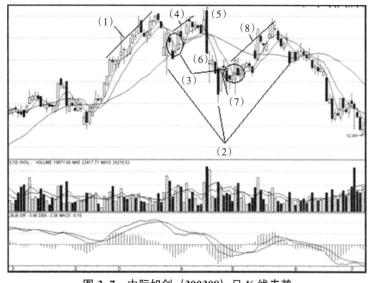

图 3-7　中际旭创（300308）日 K 线走势

节奏稳健，最终完成而退。但是，庄家在 2018 年 3~6 月的出货过程中，至少运用了九种以上的操盘手法，且有的手法反复多次交错使用。

该股在整个出货过程中，符合本书第二章所讲的庄家出货流程中的五个出货环节，面对庄家出货作进一步实录回放。

（1）持续拉高法。庄家在推升过程中，盘面维持上涨趋势不变，在缓慢的上升中悄然减仓，直到跟风买盘减少时为止，这在出货流程中属于拉高减仓阶段。

（2）打压出货法。当盘中跟风者稀少后，庄家将股价下降一截，也就是说在高位没有人跟进的时候，庄家将股价放下来一点，给散户一个入场的机会，散户见到低点出现后，就有入场的举动，而且，庄家利用 30 日均线的支撑作用，来掩护自己的出货目的。之后，在 4 月 23 日和 5 月 30 日出现两次比较明显打压行为。

（3）大幅震荡法。该位置经过打压后，股价渐渐企稳，盘面出现波动，加之庄家故意拉动，震荡幅度也加大。庄家在浑水摸鱼中派发筹码。之后，在 4 月下旬也出现大幅震荡现象，都表明庄家有出货举动。

（4）边拉边出法。庄家利用 30 日均线的支撑作用，缓缓向上推升股价，在推升中不断减仓。

（5）高位突破法。当股价回升到前高位置附近时，经过几个交易日的短暂整理，在 4 月 16 日和 17 日两个交易日股价创出新高，形成向上突破假象，吸引散户追高买入。在 17 日当天，高开后几乎没有冲高动作，然后庄家反手做空，将追涨盘和前面在盘区位置介入的筹码全线套牢。

（6）跌停出货法。见图 3-8 实例分析。

图 3-8，中际旭创（300308）：4 月 17 日该股股价高开 2.65% 后，几乎没有上冲走

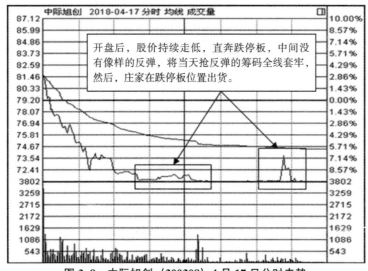

图 3-8 中际旭创（300308）4 月 17 日分时走势

势（仅在成交时一笔闪过），立即遭到获利盘的抛压，股价出现持续回落走势。见此情形，个别反应敏感的散户，感觉苗头不对，想利用反弹回抽时机高抛离场，可是庄家不给任何机会，股价直奔跌停板位置，盘中几乎没有像样的反弹走势。

股价跌停后，看起来庄家在跌停位置封盘并不坚决，似乎有撬板回升的迹象，其实这是庄家在打"马虎眼"，故意在跌停板位置反复开板，目的就是让散户误判为抛压不重，有反弹上涨可能，以此诱导散户入场接单。可见，在当天介入的散户全线被套，这就是庄家利用跌停出货的坐庄意图。

在日 K 线中，一根长达 12 点多的大阴线，如同一把断头铡刀，砍断了股价的上涨趋势。而且，当天伴有较大的成交量，表明庄家这天减仓不少的筹码。

（7）涨停出货法。见图 3-9 实例分析。

图 3-9，中际旭创（300308）：该股盘面出现断头铡刀形态后，股价出现下跌走势，但是由于庄家此时出货并不充分，所以必须阻止股价的进一步下跌。4 月 24 日股价高开 1.53%后，逐波向上推升，当股价上升到涨停板价附近时，庄家并不直接封板，而是在涨停价附近震荡，让"涨停敢死队"人员有充分的入场机会。接近收盘时，庄家临门一脚，将股价封于涨停，以稳定军心，让盘中散户持筹不动。

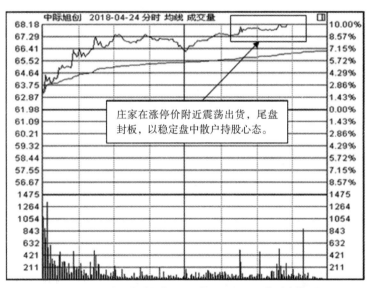

图 3-9　中际旭创（300308）4 月 24 日分时走势

（8）反弹出货法。庄家在低点加仓后，股价向上反弹，庄家在反弹中不断出货。当股价回升到前期高位盘区附近时，庄家显然不愿意"解放"在盘区内套牢的散户。所以，股价在此出现向下回落走势。

（9）横盘出货法。当股价回落到 30 日均线附近时，庄家利用 30 日均线在散户心理

的支撑作用进行震荡出货。此时，在庄家出货流程中，已经到最后的全面清仓阶段。当庄家出货计划基本达到后，6月19日股价向下破位，盘面进入弱势格局。

## 二、出货周期较长

在中长线大牛股中，庄家出货时间是相当长的，不是几天就能完成的，少则需要几周，多则需要几个月甚至更长。而且，这期间还面临市场诸多不测因素，所以出货方式非常复杂，也不是想象的那么容易。如果投资者掌握了庄家的出货规律，可以把握运行节奏，进行高抛低吸，其收益不逊于一波中级上涨行情。

大牛股出货通常有三个特点：一是盘面走势十分稳定，散户认为股价会快速下跌，而盘面走势却异常坚挺；二是股价相对较高，散户认为没有人会买时，而股价却不断攀高；三是持续时间较长，散户认可了股价以后，盘面却开始向下破位。这三个特点出乎多数散户的意料之外，庄家通过这三个方面对股价进行操纵，让散户慢慢地接受这个事实，改变原先的认识，去接受当前的价格和盘面走势时，盘面走势却出现了变化。

图3-10，美的集团（000333）：该股也是近年来的大牛股之一，牛市上涨行情持续接近两年，但出货时间也持续7个多月之久。在长时间的高位震荡过程中，形成箱体整理形态，庄家在形态内震荡出货。如果投资者掌握了庄家的出货规律后，就可以在箱体内高抛低吸做差价，这样庄家就拿你没办法。

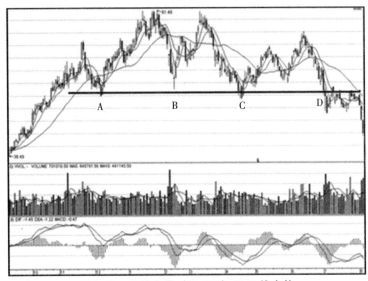

图3-10　美的集团（000333）日K线走势

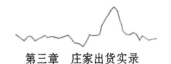

大牛股的庄家出货并不急，主要策略以零售派发为主，将股价维持在一个比较稳定的出货价格区域内，然后慢慢地派发。大牛股是庄家苦心经营的结果，在庄家没有大量出货之前，股价是不会出现大跌的，只有当庄家出货接近尾声的时候，股价才会大幅下跌。否则，庄家就会前功尽弃，一切辛劳将付诸东流。

作为普通散户在不追高的前提下，找准一个技术点位介入，一般不会被套牢。该股在 2017 年 12 月 7 日形成一个明显的低点（A 处），这个低点成为后市的一个重要参考点。股价在 2018 年 2 月 9 日回落到该点位附近时（B 处），就是一个比较好的入场机会。为什么说是一个好的买点？因为大牛股不会一次性见顶。如果在此价位股价出现继续下跌，那么损失更大的是庄家自己，而不是广大散户，所以股价肯定会重新拉起来。在此再次强调一下，大牛股出货需要一个漫长的出货周期，当盘面出现几个轮回后，股价才出现变盘。

所以，在 4 月 18 日股价第 3 次回落到前面两个低点附近时（C 处），同样具有较强的技术支撑。需要注意的一点就是，当股价多次到达该位置附近时，其技术意义会渐渐减弱，也就是说支撑力度会依次递减。所以，在 7 月 3 日第 4 次回落到该位置附近时（D 处），虽然出现短暂的停顿现象，但已经失去向上的反弹力度，盘整几日后，股价出现向下破位。

再分析下列这只股票的庄家出货历程，你会对庄家出货意图有更深刻的认识。

图 3-11，京东方 A（000725）：这是前期少有的牛股之一，股价大幅炒高后，由于近年股市低迷，使庄家出货十分艰难。在高位历经半年之久的大起大落震荡之后，基本将手中的筹码分散出去后，在 2018 年 4 月股价开始向下破位走势。

**图 3-11　京东方 A（000725）日 K 线走势**

其实，该股庄家高位出货迹象是非常明显的，其操盘轨迹完全符合出货的五个环节，投资者不妨细细分析，找出庄家的破绽，这样对以后的实盘操作大有帮助。

图 3-11 中 A 处是上涨过程中的一个换手位置，对后市股价回落有一定的支撑作用。当股价回落到 B 处时，得到 A 处支撑而回升。连接 A、B 两点成一条直线，延伸至 C、D 处，构成一条支撑线。在 D 处由于受到上方下降压力线的影响，稍作停顿后股价向下破位。一旦出现破位走势，投资者应及时止损离场。

可见，根据中长线庄家的出货特点，在初期出现的每一个买点都是入场机会。在震荡后期，当支撑力度渐渐递减时，加之其他阻力位的出现，就容易出现变盘走势。其实，这也是庄家出货到了尾声阶段时所出现的一种运行结果。

股价炒高之后，庄家大多以零售的方式出售筹码，所以持续时间往往较长，而在长时间的运行过程中，必然会出现某市场规律。摸清了这些规律，就等于掌握庄家的足迹，就可以掐住庄家的要害出击。其实，任何一只大牛被炒高之后，在顶部的盘整时间都是比较长的，这不同于短线游资庄家那样来去匆匆。所以在初期的震荡中，大可不必担心股价出现大幅度跳水行情。但市场规律早晚会被打破的，所以到了整理的后期，也要引起警惕，谨防盘面出现变化。

近年来的庄家手法已经出现较大的变化，这与 10 多年前的大起大落操盘手法有本质上的区别，比如，那个时代的"德隆系""中科系"，将股价疯狂炒高后，一旦开始下跌，就出现悲壮的连续"跳水"表演。

## 三、盘面波动温和

在这阶段的盘面走势比较稳定，经常出现小级别的调整，或小级别的上涨，无论是下跌还是上涨，盘面都非常温和，拉得不凶，跌得不猛，基本上看不到大起大落的走势，庄家着力营造一种让广大投资者愿意接受的盘面走势。如山西汾酒（600908）、复星医药（600196）、立讯精密（002475）、美的集团（000333）等都是十分温柔的出货方式。

图 3-12，海康威视（002415）：该股经过接近两年的上涨行情后，股价累计涨幅巨大，庄家需要较长时间在高位出货。在长达 7 个多月的震荡过程中，盘面波动温和，走势平静稳健，没有大起大落的现象，量价配合理想，表面上看不出庄家有明显出货的迹象，而庄家出货一切在不言之中进行着。随着持仓量的减少，股价开始向下滑落。

在该股盘面运行中，可以从以下几方面进行解读：

1. 先来看看该股的运行规律

M1 是箱体的上轨线，M2 是箱体的下轨线，M3 是向下滑落的抛物线。

图 3-12 中 A 处是上涨过程中的停顿位置，对后市股价回落有一定的支撑作用。B

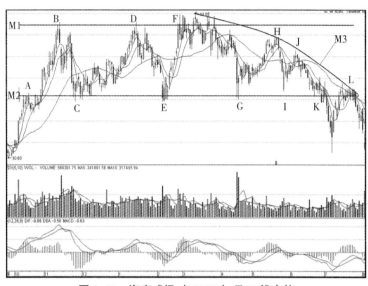

**图3-12　海康威视（002415）日K线走势**

处是上涨行情的高点，这是行情自然形成的一个参考点。

股价回落至C处时，遇A点盘区支撑而企稳回升。A、C两点成一线，延伸至E、G、I、K和L处，构成一条支撑线（在K处破位后，L处转化为压力线），为箱体的下轨线。

当股价从C处回升至D处时，受前高B压力而回落。B、D两点成一线，延伸至F处，构成一条压力线，为箱体的上轨线。

在实盘操作中，可以在C、E、G处低吸筹码，而在D、F处高抛筹码，这几处相对来说是比较好把握的，但H处之后就发生变化了，不小心就容易遭受套牢。

因为，将F、H、J、L位置连接一条线，就出现一条向下滑落的抛物线，这条抛物线说明市场内部已经出现变化。也就是说，在G处之前是一个正常的箱体结构，可以根据箱体法则进行高抛低吸操作，而H处之后，箱体形状出现变化，说明庄家操盘行为发生变化。所以，从H处开始投资者就要注意盘面变化，应谨慎在箱体下轨线附近继续低吸筹码。

随后在K处股价向下击穿M2的支撑，突破之后股价出现回抽确认走势，当股价回升至L处时，由于M2已经由原先的支撑作用转化为现在的压力作用，所以股价受阻后继续下行走弱。

2. 再来看看庄家的出货特点

该股盘面有两个非常明显的特点：

（1）无论大盘涨跌大小，该股始终没有采用涨停、跌停出货手法（仅有的一次触板现象发生在4月17日，跌停封板5分钟后开板回升震荡），就连前面的整个上涨阶段

也没有出现过涨停板现象，说明操盘手法稳健老练、不急不躁。

投资者摸清了庄家的脾性后，大可不必担心股价出现跌停，也不要指望股价会涨停，这样在跟庄时有很大的帮助，高抛低吸更加容易把握。这也是笔者提供给大家的一个跟庄思路，掌握市场规律，摸清庄家脾性，这是跟庄的基本要求。

（2）当日内无论涨跌，分时多以单边运行为主，很少出现大起大落的日内震荡走势，且经常以当日最高价或最低价收盘。投资者掌握了这种特点后，在操盘策略上无须多变。

具体地说，在确定当日单边上行时，持股者想要卖出时，可以在尾盘寻找高点出局，不要在早盘平仓；空仓者想要做多时，可以在早盘介入，不要在尾盘追高。相反，在确定当日单边下行时，持股者想要卖出时，应在早盘提早卖出，不要等到尾盘斩仓；空仓者想要抢反弹时，不要在早盘介入，应在尾盘低吸，等待明天或后市的回升。可以参考下面其中的两幅分时走势图。

图 3-13，海康威视（002415）：这是该股 2017 年 11 月 23 日的分时走势图。开盘后几乎没有上冲动作，股价呈现单边下行，盘中没有明显的反弹出现，股价没有穿过当日均价线的压制。所以，卖出者应在早盘出局，不要指望盘中有较好的反弹高点；抢反弹不要太早介入，等到尾盘再作定夺，这种盘面最好是在次日惯性下跌时抢反弹，确有把握时可在当天尾盘介入。

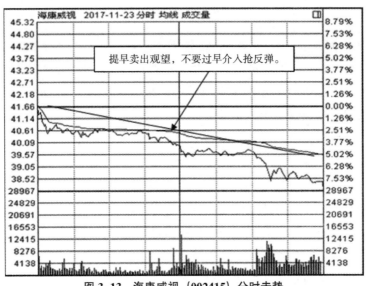

图 3-13　海康威视（002415）分时走势

图 3-14，海康威视（002415）：这是该股 2018 年 3 月 1 日的分时走势图。开盘后几乎没有下探动作，股价呈现单边上行，依托当日均价线不断向上推高，没有明显的

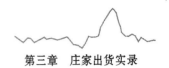

回落现象。所以，买入者应在早盘介入，不要在尾盘追高；卖出者不应过早离场，可等尾盘逢高退出。

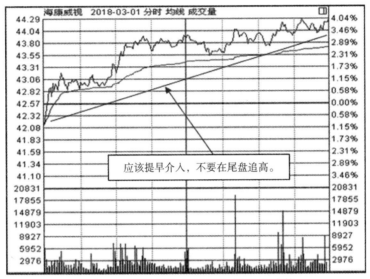

应该提早介入，不要在尾盘追高。

图 3-14 海康威视（002415）日 K 线走势

这是该股庄家的盘面特点，有许多个交易日都是单边运行的，找出这样的规律后，与日 K 线结合起来一起分析，然后再作买卖决策，这样跟压的成功率就会大大提高。

需要说明的是，列举的仅是个案，提供的却是思路。

3. 再来看看庄家的出货手法

该股庄家虽然也采用了多种操盘手法，但以推升、打压、日线震荡（该股分时走势震荡很少）三种手法为主，在盘中辅之以对敲手法。该股操盘手法以温和著称，涨不凶、跌不猛。

图 3-15，海康威视（002415）：下面就该股庄家出货的盘面细节，作进一步实录回放：

（1）推升出货法。由于该股盘面运行节奏比较温和，所以推升过程也是很稳健的，包括日线推升和分时推升（见图 3-14），日线中很少出现大幅跳空高开情况，分时中也很少出现跳跃式上冲现象，庄家在推升过程中悄悄派发筹码。如图 3-15 中 S 处所示。

（2）打压出货法。在回落过程中也非常温柔，很少出现快速杀跌式跳水动作（见图 3-13），这是庄家培养散户的接受能力，如同一把温柔的刀，股价一点一点地下移。如图 3-15 中 Y 处所示。

（3）震荡出货法。庄家将分时级别的震荡转化为日线级别的震荡，在日线中出现涨涨跌跌的大阴大阳形态。如图 3-15 中 Z 处所示。

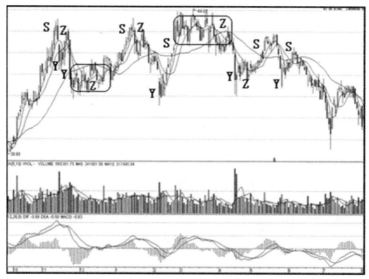

图 3-15　海康威视（002415）日 K 线走势

（4）对敲出货法。由于庄家的操盘特点所决定，在推升和打压过程中必然离不开对敲手法。

操作策略：根据箱体和突破理论，在高低点附近进行高抛低吸操作。

## 四、行情走势独立

中长线庄家出货时，盘面走势比较独立，基本保持平稳状态运行。在大盘上涨的时候，它小涨，弱于指数；在大盘下跌的时候，它小跌，强于指数；在大盘横盘的时候，它上涨，强于指数。不随大盘涨跌，不跟板块同行。总体上，在大牛市中弱于指数运行，在大熊市中强于指数运行，这是大牛股出货的又一大特点。

图 3-16，贵州茅台（600519）：该股从几十元炒高到了 800 多元，成为 A 股市场的第一高价股，庄家获利非常丰厚。当然，庄家出货也是费尽心思的，在长达一年的出货过程中，总体盘面波动温和，行情走势独立。

从图 3-16 中可以发现，在 A 区指数还在强势上涨，而该股提前见顶调整，总体弱于大盘。在 B 区指数大跌，而该股小跌，强于大盘。在 C 区指数盘整，而该股震荡走高，强于大盘。在 D 区基本与指数保持一致。在 E 区指数小涨，而该股大幅反弹。

从 A 到 E，总体上该股明显强于大盘走势，这也是庄家维持高位出货的要求，直到庄家基本完成出货后，股价出现跳水下跌，脱离头部区域，进入中长期调整走势。这类人为过度炒作的个股，未来大大被透支，一旦顶部形成，一两年难以再创新高，投资者应忘掉这些个股的名字。

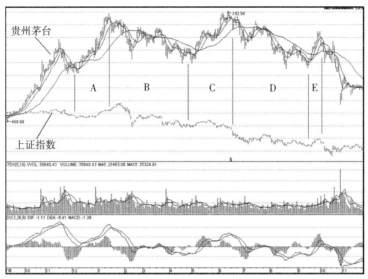

图 3-16　贵州茅台（600519）日 K 线走势

# 第三节　短线暴涨股出货实录

短线庄家的筹码是批零兼售，讲究时间和速度。由于短线股价出现快速上涨，这也限定了庄家的出货时间，所以出货手法往往比较简单，盘面动作比较粗鲁，当然手法也是毒辣凶悍。投资者一旦在这些个股的高位套牢，恐怕一时半会也难解其套，所以对短线庄家的出货特点有必要做些了解和掌握。一般短线暴涨股出货有以下几个特点：

## 一、大起大落，手法毒辣

短线庄家由于驻庄期较短的性质所决定，也注定使盘面产生较大的波动幅度。这类庄家不考虑后果，也没有打算留下好的印象。在盘中，有时候今天大阳线涨停，而明天大阴线跌停，盘面扑朔迷离，走势大起大落。有时候收出长达 20% 的大阳线或大阴线，即从跌停板开盘到涨停板收盘或从涨停板开盘到跌停板收盘。

投资者在跟踪这类庄家时，总体是遵循"慢进快出"的原则。所谓"慢进"是指入场时必须认真分析，在符合自己的操作模式时才进场，不符合自己的操作要求绝不买进，它是一个可变量。虽然市场机会稍纵即逝，但这不是玩命，失去一个机会不要紧，后面还有千百个机会出现。如果说，贸然介入而造成经济亏损，那么无数的机会

就跟你无缘了。所谓"快出"是指获利之后或见势不妙时，抓住时机，快速离场，意志果断，毫不犹豫，它是一个不可变量。卖出是唯一的，没有选择的余地，只能从该股中卖出，而不可在其他股中卖出。

可见，买进是可变量，而卖出是不变量。在做空机制下，两者正好相反，开空仓卖出时，它是可变量，而买入平仓时，则是不变量。

关于买进与卖出的关系，可以用一个比喻来解释，在买进股票时，可以在市场3000多只股票里，如同皇帝选妃一样进行精挑细选，把看中的"美人"抱回家；在卖出股票时，这只股票已经成为你的"妻子"，你想解除婚姻关系的话，只能与妻子解除婚姻关系，没有与其他女人解除婚姻关系之说。

在此，笔者坚决对"快进快出"这一说法进行摒弃，不知这一观点出自哪位高人，也不知是否是"舶来品"，这是误导中国A股散户长达30年的错误观点，希望投资者读后有所启发。

图3-17，宝德股份（300023）：该股庄家在前期大幅杀跌过程中，吸纳了大量的低价筹码后，2018年9月11日一根涨停大阳线拔地而起，股价连拉6个涨停。然后，在高位出现大幅震荡走势，操盘手法极其凶猛。这种盘面走势表明庄家出货非常急切，通过上下震荡引发市场追涨杀跌，而庄家在震荡过程中浑水摸鱼出货，经过几天交易日的大起大落后，盘面归于宁静，股价渐渐下行。

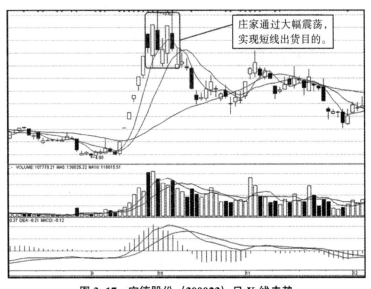

图3-17　宝德股份（300023）日K线走势

该股如此大的震荡走势当属罕见，下面就其中几天有代表性的分时盘面波动作一实录回放，旨在让投资者有一个更新的认识，更好地掌握庄家的出货手法。

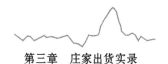

9月27日，股价大幅跳空高开9.92%，离涨停价只差一分，盘中股价秒停。但是，庄家封盘并不坚决，盘中封封开开，开开封封，反复震荡，尾盘向下回落，在高位出现阴线"盖帽"形态，当日成交量大幅放大，此举为典型的涨停出货法。如图3-18左所示。

次日，低开3.15%后逐波下跌，最大跌幅达到8.91%。午后股价快速拉起，尾盘封于涨停，打压和拉高并举，庄家利用大幅震荡和拉高出货。如图3-18右所示。

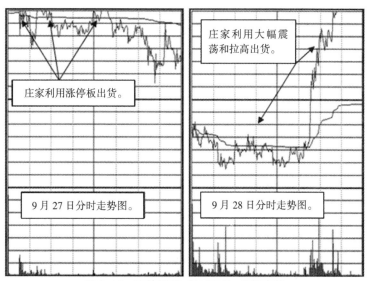

图3-18　宝德股份（300023）分时走势

10月8日，为国庆过后的第一个交易日，小幅低开2.17%，盘中冲高到4.94%后，出现上下拉锯式的大幅震荡走势，震荡幅度接近10%。14：08快速下杀跌停，股价在跌停价附近震荡20分钟左右，尾盘封跌停板。这是庄家利用震荡及跌停两种出货手法。如图3-19左所示。

10月9日，股价跳空低开5.71%后，全天盘中大幅震荡，震荡幅度接近14%，庄家在震荡中出货。如图3-19右所示。

10月10日，股价低开1.75%，盘中下跌到6.22%后，开始震荡走高，午后快速封涨停，庄家在震荡推升中出货。如图3-20左所示。

10月11日，股价低开2.98%后，快速冲高翻红，上涨到4.74%后，股价开始逐波走低，午后封于跌停板，尾盘开板上翘。这是庄家利用震荡及跌停两种出货手法。如图3-20右所示。

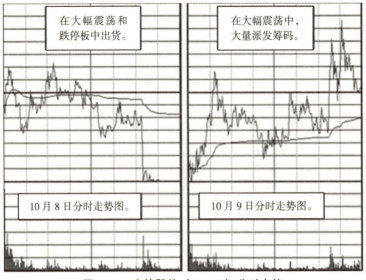

图 3-19　宝德股份（300023）分时走势

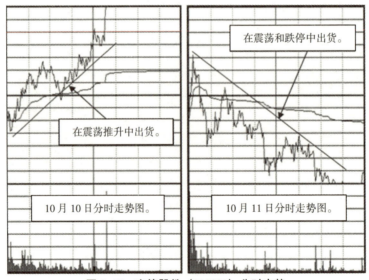

图 3-20　宝德股份（300023）分时走势

　　10 月 12 日，大幅跳空低开 8.52%后，呈现弱势震荡。午后二度翻红，尾盘再次回落，同样是不平凡的一天走势。庄家也是在震荡中出货。通过连续 7 个交易日的大幅震荡后，庄家基本完成高位出货计划，此后股价开始走弱。

　　该股在盘中出现两组非常有趣的 K 线组合，9 月 28 日、10 月 8 日的这组 K 线与 10 月 10 日、11 日的这组 K 线，不仅在外部形态结构上相似，就连背后技术含义也相同。第一天都是涨停 K 线，而第二天都是低开（异常开盘），也都是冲高回落出现跌停

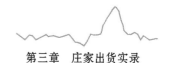

（11日尾盘翘板）走势。庄家操盘手法如出一辙，出货意图暴露无遗。

## 二、能量放大，短期火爆

在短线暴涨股出货过程中，成交量往往出现骤增现象，盘面交投非常火爆，气氛高涨，大多是短线热门股。这也是庄家出货需要制造的特殊盛况，没有这些气氛的衬托，庄家出货难度自然很大。

图3-21，上海三毛（600689）：2018年11月5日，该股启动后连拉5个涨停，然后在高位出现大幅震荡，成交量大幅放大，6个交易日里日均换手率超过29%。这种现象在表明市场交投十分活跃的同时，更加说明庄家在暗中大量出货。一大潜在的风险就是成交量骤增，而盘面出现震荡，这显然属于量增而价不涨的背离现象。这也是市场给投资者敲响了警钟，此时应高度警惕。很快，股价滞涨回落，一轮短炒行情就此结束。

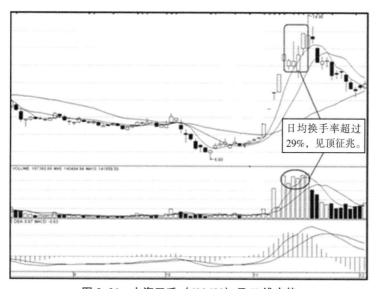

日均换手率超过29%，见顶征兆。

图3-21　上海三毛（600689）日K线走势

需要提示的是，当巨量与滞涨两者同时出现时，短期见顶的概率大大提高。如果只是出现其中之一种现象时，可能涨势还在延续之中。也就是说，虽然盘面出现近期的巨量，但股价上涨气势凌厉，势头依然不减，在没有其他见顶信号出现时，不能单凭成交量巨大而认为就是顶部信号；同样，在成交量不大的情况下，股价出现滞涨现象时，这也是一种正常的盘面现象，后市有可能出现放量上涨走势。所以，只有当巨量与滞涨两者同时出现时，才可以判断为可靠的见顶信号，这方面投资者在实盘中多加验证体验。

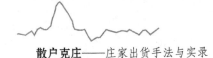

在实盘操作中，"放量上涨"或"放量突破"已经成为不少投资者的操盘经典依据，因此庄家就顺应大众心理做盘。为了吸引更多的散户参与，突然在盘中制造剧烈放大的成交量，在日K线图上形成一堆高大的量柱状线。散户看到成交量持续放大，就耐不住寂寞而纷纷入场。可是，股价实际涨幅却很少，二者呈背离状态，不久股价渐渐转为下跌势。

图 3-22，海得控制（002184）：该股在 2018 年 3 月出现一波快速拉升后，在高位持续放出巨量，盘中交投双方非常活跃，一时间成为争相角逐的热门个股。但是，同期的股价没有出现同步上涨，明显有滞涨现象，二者形成背离现象。说明这是短线庄家行为，行情不会持续太久，反映庄家在暗中大量抛售筹码。此时投资者应意识到顶部的来临，应逢高离场为好。

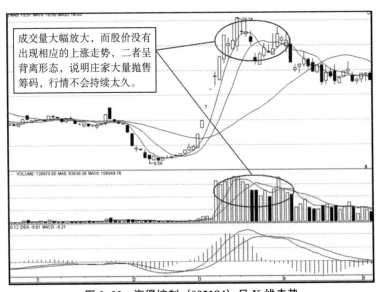

图 3-22　海得控制（002184）日 K 线走势

### 三、来去无踪，不讲章法

短线庄家的另一个特点就是来无声去无踪，涨得急跌得快，盘面没有规律，出货尚无章法，不按常规出牌。面对这样的凶恶庄家，散户应尽快离场，不宜久留。

图 3-23，泰禾集团（000732）：该股庄家在低位成功吸纳了大量的低价筹码后，在 2017 年 12 月 25 日开启一波暴力拉升行情。股价持续向上拉高，盘面上涨气势磅礴，不可阻挡，连收多个涨停板。在高位短暂的盘整中，庄家派发了大量的筹码，股价出现快速回落，庄家不计成本地完成快速出货计划。这是典型的短线庄家出货手法，投资者应果断离场。

这类个股从建仓、拉升到出货，操盘手法都非常简单，出货也只需要五个环节。

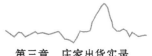

这种盘面走势毫无章法，庄家不跟市场讲什么道理，凭的是自己雄厚的资金实力，可称为海盗式坐庄模式。

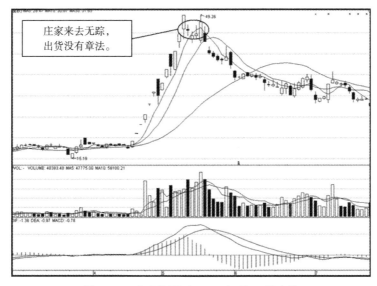

图 3-23　泰禾集团（000732）日 K 线走势

图 3-24，华锋股份（002806）：该股庄家在低位大量吸纳低价筹码后，2018 年 4 月 17 日股价拔地而起，出现一波快速拉升行情，在 13 个交易日中 12 天上涨、11 个涨停。在高位股价仅仅停留 4 个交易日，然后股价快速回落，庄家一去不回头，出货不讲道理，散户套牢没有解套机会。

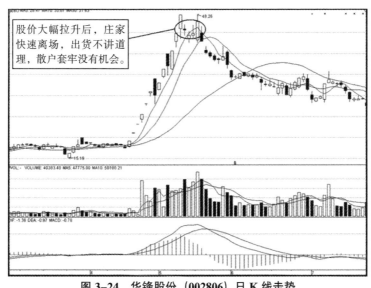

图 3-24　华锋股份（002806）日 K 线走势

# 第四节　庄家自救出货实录

## 一、庄家自救的盘面特点

### 1. 走势独立于大盘

被套庄家在盘中一般表现为独行性，无论大势冷热涨跌，其走势我行我素，但最后股价如果支撑不住时，便会出现大幅跳水而告终。如前几年的"德隆系"，一直以来，都是以战略投资者的姿态出现，通过买壳上市，筹集资金，再对传统产业进行整合。即使在大盘弱势格局，"德隆"总是扛住股价不放，因此被人们称为"熊市不倒翁"。然而，"不倒翁"也会变成"趴地熊"，不久，"德隆系"的"三驾马车"齐刷刷地连封多个跌停板。

自救行情的主要盘面特征为：

（1）庄家颇有一副江湖大侠风范，不顾大盘涨跌起伏，走势我行我素，似乎与这个市场无缘，给那些不敢于做高的庄家一个莫大的讽刺。

（2）股价高企在上，如果庄家与公司配合默契的话，会以各种题材支撑股价。由于缺乏散户的积极参与，庄家很难脱身。

（3）一般出现在一些冷门股上，庄家控盘程度较高，一般达到80%以上。这类股票一般老股民只看不碰，一些新散户由于被庄家的种种手法所迷惑而入瓮其中。

（4）这类股票不可能长期扛着股价不放，最终会因各种原因而崩溃，崩溃的形式就是跳水。庄股一旦开始跳水，会出现连续的跌停，散户一般很难出局。"英雄"一旦倒下就会成为"狗熊"，很长一段时间起不来。

### 2. 股价波动无规律

苦恼的人其思维总是错乱的，苦恼的庄家其运行方式也是无序的。在低迷的市场，股价往往是无序的波动，很难从技术面上去把握市场趋势，K线、波浪、趋势、切线、指标、形态等技术分析工具几乎失去研判市场的价值，买卖点不十分明确。有时遇到利好刺激，便来一波自救行情，庄家借机出掉一些筹码，行情结束后又无规律可循，上下涨跌完全取决于庄家的意愿，脾气好时拉一把，脾气不好时又把它放下来，如果按照常用技术分析工具来研判后市走势，可能吃亏的是自己。其主要特征为：

（1）在日K线上，小阴小阳相间出现，阴阳十字星居多，并带有长长的上下影线。上下影线的形成速度较快，有时甚至只是在电脑上一闪而过，就出现了上下影线了，散户很难在上下影线价格区间内进行买卖成功。

（2）盘面变幻无常，有时盘面非常平静，几分钟甚至半个小时没有交易，或者股价在一个极小的价格区间内波动，如同编织毛衣上下穿梭；有时盘面非常热闹，瞬间震幅较大，买档与卖档之间价差很大，可能出现几毛钱甚至几元钱之差，盘中用 1 手的成交量，可以使股价产生几个点的震幅，散户可操作性不强。

（3）成交量时大时小，忽然间放出天量，忽然间又缩至地量。在分时走势中，有时忽然连续放出巨量，有时出现几笔或单笔巨量，将股价瞬间大幅拉高或打低，但股价很快又回到原形。

（4）开盘异常，有时大幅低开，有时大幅高开，但多数股价很快又回到昨日收盘价附近处震荡；收盘异常，收盘前有时大幅拉高，有时大幅砸低，但多数在第二天开盘时，股价又回到前一日的收盘价附近。在中盘时，往往是上午拉高，下午跳水出货，这是庄家自救的常用手法。

## 二、暴力拉升，吸引眼球

庄家被套其中后，忽然股价止跌掉头向上，出现连续以中、大阳线向上拉升，攻势凌厉，不可阻挡，成交量明显放大，宛如一片艳阳天，漫天红霞，形态非常抢眼。场内持股者，看到股价暴涨也坚定了持股信心；场外持币者，因受短线暴涨刺激，也纷纷入场抢购筹码，从而协助庄家完成自救行情。

这种操作手法极其凶悍蛮横，使人不敢想象，反映被套庄家穷凶极恶、垂死挣扎、最后一搏的特性。庄家坐庄意图就是通过快速拉升，吸引散户广泛关注，场外资金不断进场，为庄家抛盘买单。但庄家又不敢把股价拉得太高，以防抛盘出现，加重负担。庄家在股价上涨过程中，不断向外抛售股票，直到顺利而退。

图 3-25，富煌钢构（002743）：大盘走弱后，散户夺路而逃，庄家在成交量极度萎缩的情况下难以全身告退，只好任凭股价顺势下滑，累计跌幅较大。无奈，庄家只好在 2017 年 8 月 10 日开始发动一波自救行情，股价快速拉升，成交量急剧放大，日 K 线连续收阳线，盘面一片火红，好一幅美丽诱人的画卷。量、价、势十分醒目，这是为什么？就是为了吸引散户参与，实现自己出货（如果是一轮真正的上涨行情，庄家一般是不如此造出"醒目"的盘面）。庄家拉高股价后，在反弹高点出现放量滞涨现象，通过对敲放量出货。庄家自救目的达到后，股价继续向下阴跌，不断创出调整新低。

图 3-26，斯太尔（000760）：该股庄家被套后，在低位作了一些补仓处理，2018年 7 月 17 日开启一波暴力拉升行情。庄家通过对倒手法顽强向上拉高，盘面上涨气势磅礴，不可阻挡，连收 8 个涨停板。股价一步到位后，庄家在高位快速派发筹码，呈

倒 V 形反转走势，庄家不计成本地完成快速出货计划。这是典型的庄家自救行为，投资者应果断离场。

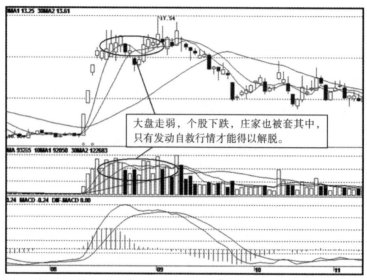

图 3-25　富煌钢构 (002743) 日 K 线走势

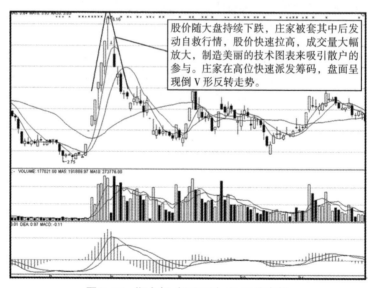

图 3-26　斯太尔 (000760) 日 K 线走势

散户对于放巨量上涨的个股，持股者在股价出现放量滞涨时卖出。持币者不应追涨介入，因为这类个股回落盘整需要很长时间。

### 三、放量对敲，虚假成交

对敲是庄家操盘的常用手法，对敲往往伴随着成交量的同步放大，放量对敲是庄家自救的一大特点，目的是为了引起市场注意，吸引到足够的跟风盘介入。在卖档位置挂出大单，然后大手笔吃掉，大买盘有意或无意地出现在即时成交上，造成还有大资金继续吃进，股票还可继续大涨的假象。同时也让持股者以为后期股价还会上涨，不急着抛售，这样也减轻了庄家的护盘成本，庄家就可以顺利撤退。

庄家坐庄意图就是利用多个账户进行对敲，活跃个股交易气氛，制造大量的大手笔买单维持人气，吸引散户跟风买入，共同推高股价以节省拉升成本，为出货自救腾出空间。同时，利用对敲手法制造大量不明交易，以迷惑欺骗投资者，让其看不清庄家的真正操盘意图。

图 3-27，盐津铺子（002847）：该股庄家在长期低迷的市场中不慎被套，在 2018 年 5 月，只好通过对敲放量手法，制造虚假的成交量，活跃盘面气氛，维持市场人气，吸引散户跟风买入，达到出货自救的目的。

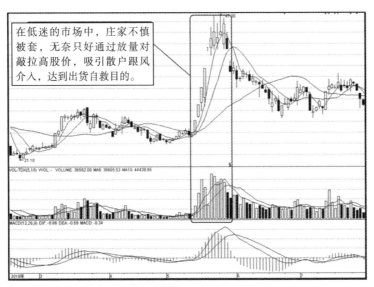

**图 3-27　盐津铺子（002847）日 K 线走势**

散户发现庄家利用对敲手法推高股价时，应回避买入这类个股，以防造成不必要的损失。如果手中持有这类个股，在出现明显的庄家对敲诱多行为时，应及时退出。

庄家在自救时，极力打造出一幅美丽的图表，来招引散户。其主要特征就是尽可能地连续拉出阳线，哪怕股价不涨或下跌，也要低开高走收阳线，K 线图中持续的串阳，一片火红，煞是漂亮。有的散户就被阳线所吸引，贸然入场接单，结果被套牢。

图 3-28，得利斯（002330）：该股受大盘暴跌拖累而出现快速下跌，不仅抹去了庄家的盈利，还被套牢其中，之后庄家借大盘企稳震荡之机，发动拉高自救行情，连续拉出 10 根阳线，且大多以低开高走之势，盘面红红火火，煞有气势，视觉非常好。可是，不久便呈倒"V"型反转，股价大幅跳水。

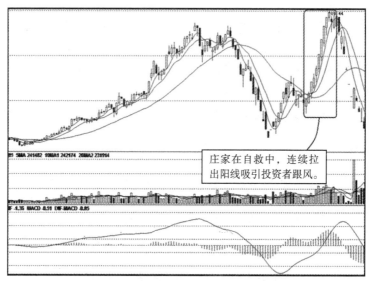

庄家在自救中，连续拉出阳线吸引投资者跟风。

图 3-28 得利斯（002330）日 K 线走势

散户对那些股价变化不大，而盘面出现持续串阳的个股，务必保持警惕，短线投资者应该在庄家即将抽身离场之前出局。

## 四、放量背离，暗中出货

庄家在对敲放量自救时，往往也是量价背离，也就是成交量短期大量堆积，但是股价没有因成交量的放大而大幅上涨，仅仅是小涨甚至不涨，呈现量升价平、放量滞涨现象，这是庄家自救的又一盘面特征。

庄家坐庄意图就是通过持续的对敲放量，造成大资金入场、股价继续上涨的假象，以此误导散户买入，庄家在对敲放量中出货自救。

图 3-29，紫鑫药业（002118）：该股前期大幅下跌，庄家通过持续对敲放量出货自救，形成明显的量价背离走势。在反弹走势中，庄家为了活跃盘面气氛，成交量持续大幅放大，累计换手率达到 346.39%，日平均换手率接近 12%，但同期的股价只是小涨，特别是反弹后期量价背离现象更为突出。当个股出现这种现象时，投资者应离场观望。

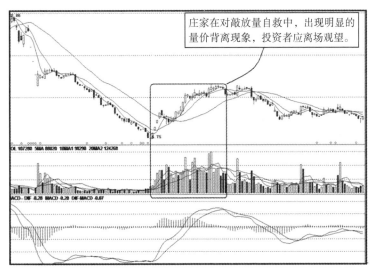

图 3-29　紫鑫药业（002118）日 K 线走势

　　图 3-30，中发科技（600520）：该股庄家被套后放量拉高，然后在前期高点附近对敲放量出货自救，成交量持续放大，而同期的股价却未能同步上涨，维持横盘格局，出现严重的量价背离走势，不久股价向下跳水。

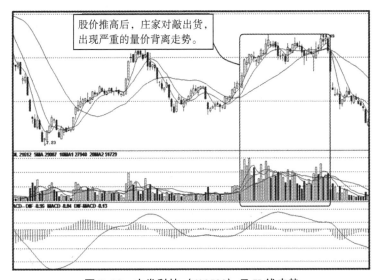

图 3-30　中发科技（600520）日 K 线走势

　　成交量持续放大而股价小涨或不涨，是极不正常的盘面现象，要么上方遇到重大抛压，要么庄家暗中对敲出货，无论何种原因造成的量价背离现象，散户都应离场观望为宜。需要说明的是，一两天的量价背离不是真实的量价关系，持续几天（至少 3 天以上）的背离才是真实的盘面反映。

# 第四章　庄家出货手法

庄家入驻后，通过充分的炒作将股价由低位推向高位，费了这么大力气，绝对不是争当慈善家，更不是充当高位套牢股民的"解放军"，唯一的驱动力就是获利，而且是追逐暴利。完成这一最终目的就是在高位把筹码还给市场，让散户在高位将筹码接过去。

散户个个都是傻子？怎么会冒那么大的风险在高位去接庄家派发出来的筹码呢？问题没有这么简单，每个人来到股市中都是想赚钱的，庄家正是利用这种心理，耍花样、玩伎俩"请君入瓮"，由散户朋友去"买单"。现就庄家常用的出货方式进一步深入剖析。

## 第一节　持续拉高法

这种出货方式大多出现在大幅上涨后末期，庄家利用大势狂热、人气旺盛之际，快速拉抬股价，令散户追涨跟进。成交量急剧放大，连续多日换手率超过10%。此时市场已失去理性，很多散户会丧失警惕，把风险抛于脑后，唯恐失去买入赚钱的机会，因此不断追高买入。庄家就在众多散户疯狂汹涌扑进之时，在有满意的盘面收益后寻机出货。此时很快形成一个结实的顶部，这种顶部一旦反转，一年半载难以解套。有的人及时"断臂"离场，尚可减少损失，迟缓者将深陷泥潭，不能自拔。

图4-1，永和智控（002795）：该股庄家完成筑底后，2018年4月27日股价拔地而起，连拉7个涨停，短期股价涨幅较大，庄家获利丰厚。为了顺利出货，开板后出现4天的对敲出货，股价放量滞涨。5月18日放量快速拉高，股价二连板，突破前期高点，造成股价放量突破的假象。拉高时成交量大幅放大，3个交易日平均换手率达到55.91%。不少散户被两根大阳线和巨大的成交量所诱惑，以为第二波拉升行情开始，而纷纷介入其中。可是，第三天股价冲高回落，之后持续震荡走低，盘面呈倒"V"型反转形态，把追高者个个套牢于盘中，这就是快速拉高出货的典型实例。

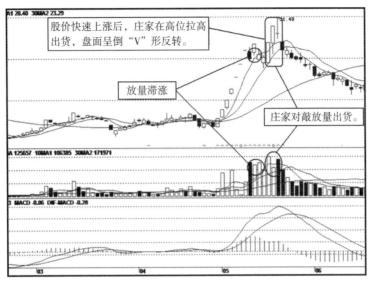

图 4-1 永和智控（002795）日 K 线走势

图 4-2，暴风科技（300431）：该股庄家从一级市场获得大量的低价筹码，上市后股价一路飙升，连续拉出 29 个"一"字形涨停板，庄家获利非常丰厚。在第 30 个交易日收出一根中阳线，此后再次连拉 5 个涨停板，接着经过两个交易日回调后，又拉出 3 个涨停板，股价站上 300 元。

从图 4-2 中可以看出，该股经历四个阶段：第一个阶段，从上市首日到第 29 个"一"字形涨停板，为拉高产生盈利阶段；第二个阶段，从第 30 个交易日到连拉 5 个涨停板，为持续拉高出货阶段；第三个阶段，从第一根大阴线到最后一根涨停大阳线，

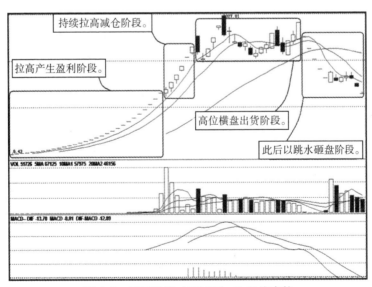

图 4-2 暴风科技（300431）日 K 线走势

为横盘出货阶段；第四个阶段，出现第一个"一"字跌停以后，为跳水砸盘阶段。这几个阶段前后连贯，无缝衔接，一气呵成，可谓坐庄的成功典范。

这种出货方式的坐庄意图，就是庄家利用散户暴富心理所采取的出货方式。一些在前期底部没有介入的散户受此影响，蠢蠢欲动，最后盲目追进。有的散户自以为是技术高手，认定后面还有第二波行情，因此没等股价下调多少就重仓买进，谁知行情一去不复返。

散户的主要操作策略：持股者在庄家什么时候停止拉升，就在什么时候坚决离场。这种拉升方式，如果得到惯性和外力作用可以持续上涨，一旦上涨动能中止，股价滞涨就出现大量抛盘，再也无法展开续升行情。持币者在中后期千万不能介入，就连后面的反弹也不要抢。这种走势通常是短线庄家所为，是匹急性马，真正的千里马是在不知不觉中产生的。

# 第二节　拉高突破法

股价经过持续的大幅上涨或反弹行情后，庄家为了能使筹码卖个好价钱，而刻意在高位拉升股价，放量突破前期的一个明显高点，形成强势的多头市场特征，以此引诱散户入场接单。这时，散户看到前期高点压力位被突破后，认为股价上涨空间被有效打开，于是纷纷买入做多。这种做法在理论上讲没有错，关键是在实盘中经常出现"破高反跌"现象，股价创出新高后未能坚挺在高位，尤其是盘中瞬间冲高后快速回落，则更具有欺骗性。可见，在高位出现突破前期高点走势，不见得都是好事，操作不慎很容易中了庄家的阴谋诡计。

图4-3，泰禾集团（000732）：该股庄家在低位完成建仓计划后，展开一波大幅快速拉升行情，股价从16元附近起步，上涨到了40元上方，短期涨幅超过一倍，庄家获利非常丰厚。为了兑现手中获利筹码，2018年1月23日庄家在高位收出放量涨停大阳线。从形态上看，这根大阳线多头气势非常强劲，大有再来一波快速拉升的意思，从而吸引不少散户接单入场。可是，该股偏偏不给散户获利机会，次日股价小幅冲高回落，从此盘面渐渐走弱，股价进入中期调整。此时，散户才恍然大悟，原来这根大阳线是典型的庄家诱多出货行为。

判断这根大阳线的关键就在于股价位置，当时股价处于快速上涨后的高位，这时就要意识到每次上涨都有可能是诱多行为，或者是多头涨后余波所致。在大阳线出现的前几天，已经出现放量滞涨现象，说明庄家有暗中出货嫌疑，而且，在1月19日大

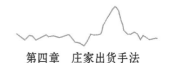

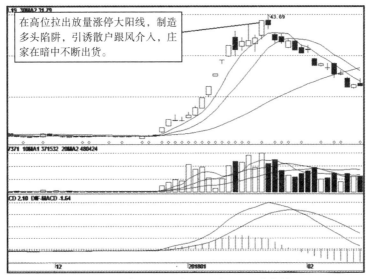

图 4-3 泰禾集团（000732）日 K 线走势

幅冲高回落，在高位收出流星线，这也是一个见顶信号。

综合盘面多种现象，这根涨停大阳线是庄家诱多行为，落实到具体操作上，只能逢高出逃，即使当日没能退出，随后盘面出现疲软时也应该逃跑离场。因此，分析大阳线出现的背景是大家最关键的，切不可掉进庄家设置的诱多陷阱中。

图 4-4，国盛金控（002670）：股价在 2017 年 8 月 28 日放量向上摆脱底部约束后，盘面如脱缰的野马飞奔而上，股价连续大阳上涨，庄家短期获利丰厚，需要在高位兑现获利筹码。经过短暂的震荡整理后，9 月 12 日盘中放量上拉创山新高，看起来庄家

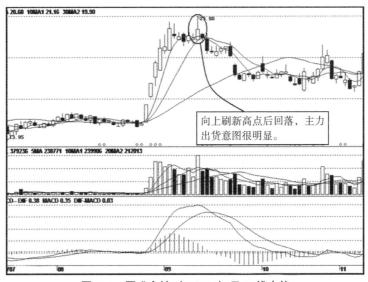

图 4-4 国盛金控（002670）日 K 线走势

洗盘结束展开新一波上涨行情，这时跟风盘不断涌进，而庄家在暗中不断出货，尾盘股价回落，当天收出长长的上影线。说明上方压力重重，创新高是一种欺骗散户的假动作。

判断股价突破的关键就在于股价所处的位置，当时股价处于快速上涨后的高位，市场本身累积了较大的风险，每次上涨都可能是诱多行为，或是多头涨后余波所致。因此，分析股价突破的背景非常重要，以免掉进庄家设置的诱多陷阱之中，而且，在盘中出现对倒放量嫌疑，说明上涨动能渐渐衰弱。短期均线也从上升转为平走状态，爆发力渐渐消退，股价已处于摇摇欲坠之中。更为重要的是，在股价突破的当天出现冲高滑落走势，形成一根长长的上影 K 线，显示庄家撤退迹象非常明显，第二天股价低开低走，最终报收跌停，从而进一步暴露出前一天突破的虚假性。因此，股价向上突破是庄家诱多行为的表现，投资者要谨慎看待。

这种出货方式的坐庄意图，就是股价放量突破前期高点，形成上涨空间再次被打开的假象，以此吸引散户参与追高，实现高位出货的目的。

散户的主要操作策略：投资者在实盘操作中，遇到经过主升浪炒作之后的个股，无论出现多么诱人的看涨信号，也不要轻易介入，以免落入庄家设置的多头陷阱之中。夕阳余晖，虽然美丽，但已是落幕前的残波。

# 第三节　涨停出货法

散户买入的股票出现涨停，是一件最喜人不过的事。但在实盘中，有时候涨停不见得是件好事，反而是庄家出货的伎俩。这种方式有三种盘面现象：

（1）股价以涨停板开盘，大部分时间处于封盘状态，造成强势上涨的假象。

（2）以正常形式开盘后，股价直奔涨停板，封盘几分钟后再打开，多次涨停，多次开板，尾市稍向下回落。散户看到股价涨停，心理大受刺激，猜想第二天可能还会涨停，于是就抢先在涨停板价位挂买单追进。庄家待散户买单逐步增加时，迅速将自己的买盘封单撤掉，并在同一时间里，又在散户后面挂出数量与撤单相近的买单，这样盘面上看封盘数量没有变化，不会引起散户的注意。然后，庄家将散户的买单打掉，封盘被巨大卖单打开。股价出现下跌，但跌幅不大，不久股价又被拉到涨停板。庄家如此反复多次进行，在涨停位置悄悄出货。如果当天出货量不多，则第二天可能还会重演；如果当天出货量较多，第二天就低开低走，将这天买入的散户全部套牢，无形之中将套牢盘锁住。

（3）以跳空高开的形式开盘后，股价直接冲向涨停板附近，造成该股当天要涨停的态势，不少散户见此走势而抢筹入场，但在接近停板的一两分价位时出现回落，而庄家在震荡运行中悄然出货，使散户套牢其中。

图 4-5，海得控制（002148）：股价经过连续拉高后，在高位出现震荡整理走势，庄家在高位不断对敲出货，但由于手中筹码较多，很难在这一区域顺利出局。经过两天高位震荡后，在 2018 年 3 月 19 日低开 2.39% 后翻红震荡，尾盘拉高收涨停，股价创出上涨新高。在此位置出现这样一根创新高的放量涨停大阳线，给人一种洗盘结束展开新一轮上涨行情的感觉，盘面非常吸引散户跟风介入。可遗憾的是，次日股价没有出现强劲的上攻势头，连贯性冲高动作都没有，连续两天低开震荡，收出长上影星线，说明这个新高不是有效的突破，而是庄家出货的一种诱多手法。

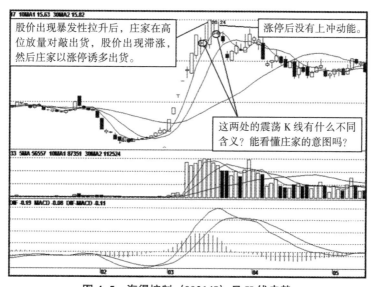

图 4-5　海得控制（002148）日 K 线走势

图 4-6，林海股份（600099）：股价短期快速上涨后，庄家有了丰厚的利润，在高位采用各种手法出货。2017 年 1 月 3 日，股价放量涨停，K 线上收出一根光头光脚的大阳线，股价似乎展开强势上攻，此时不少散户被这根涨停大阳线所诱，在涨停开板时纷纷介入。不料，第二天上涨势头立即湮灭，股价不断向下走低，一度击穿大阳线最低点，午后跌幅有所收窄，盘面气势渐渐转弱。

这种出货方式的坐庄意图，就是庄家根据"价格一致时间优先"的原则，将股价拉涨停板后先挂出大单，等后面散户挂买单时，就撤掉自己的买单，此时将筹码抛给散户。散户喜欢追涨停板，而庄家恰恰反做，利用散户这种追涨心态借助涨停掩护出货，这是根据散户的乐观心理所采取的出货方式。庄家通过股价的大幅上涨，制造活

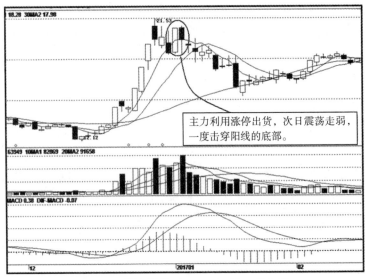

图4-6　林海股份（600099）日K线走势

跃盘面，把散户诱骗进来，在高位接走筹码。另外，涨停的个股出现涨幅榜的前列，容易被市场发现和关注，吸引更多的眼球。

　　散户的主要操作策略：持股者遇到这种走势时，可以观察第二天盘面情况，如果第二天低开、冲高无力时，应择高出局。如果不是大牛市行情中，持币者尽量不要在涨停板位置追高买入。涨停板的操作思路：一是股价在底部，第一个放量涨停板可以追；二是股价在相对高位，第一个缩量涨停可以追，换手低于5%；三是股价在相对高位，放量涨停坚决不追，换手率在8%或10%以上；四是涨停后放量打开，反复出现，最后封上涨停。若是在底部，庄家利用涨停洗盘的概率较大；若在相对高位，多数情况是出货，除非出现重大利好。

# 第四节　跌停出货法

　　股价跌停是投资者不希望发生的，它反映后市前景黯淡，很难从市场上获得回报，对投资者起到警示作用。那么，庄家是如何利用跌停板进行出货的？

　　在实盘操作中，有的股票开盘后逐波下行至跌停板，且瞬间堆放大单封盘，接着被巨量买单打开封盘。这时有的人一看股价即将打开跌停板，认为是庄家洗盘动作，生怕买不到低价筹码而纷纷跟进。有的股票早上直接从跌停板价位开盘，把所有的集合竞价买单都打掉，这时有的人一看到股价大幅低开，就会产生抄底的冲动，结果买

入后被套，而且庄家在跌停板位置打开又封盘，封盘又打开，反复进行着，以此吸引买盘接单。

如果不是庄家在出货，股价跌停板开盘后会很快复原，若在跌停板上还能从容进货，绝对证明庄家利用跌停出货，或者在跌停板附近开盘，然后直接跌停，之后又打开跌停板，反复几次最后跌停收盘。这样的情况要看股价的位置和利空消息的实质进行分析解读，才能下结论，因为有时候是跌停板吸货行为。

图4-7，武汉凡谷（002194）：短线游资庄家完成打压建仓后，2017年9月21日股价突然放量拔地而起，开启一波"井喷"式飙升行情，7个交易日中拉出6个涨停。有意思的是，该股后面的3个涨停中都是低开拉高封盘，前面已经介绍过连续两个以上交易日出现低开时，除封涨停可以持股外，其他情况都应该退出。该股在10月31日从跌停价位开盘，盘中立即打开封盘震荡，虽然有明显的拉高行为，但已无力封涨停，显示庄家撤退心切。散户见此形态时，应在当天收盘前离场。

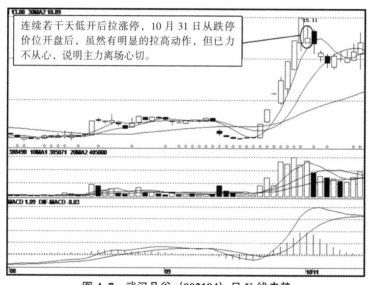

图4-7 武汉凡谷（002194）日K线走势

图4-8，掌阅科技（603533）：2017年9月21日上市后，股价连拉25个涨停，庄家高位出货是理所当然的事，先是在11月14日利用涨停出货，然后在15日利用跌停出货。两个交易日里，一天涨停，一天跌停，本身就意味着震荡加剧。特别是11月15日这一天，盘面走势更为异常，股价低开3.81%后，逐波向下走低至跌停，在跌停板位置多次开板吸引买盘介入，这种盘面现象分明已经告诉大家庄家在暗中出货。

这种出货方式的坐庄意图，就是庄家在跌停价位附近反复震荡，引诱散户进场接单。不少散户看到跌停板被巨大量打开时，以为股价会出现上涨，从而跟风介入，可

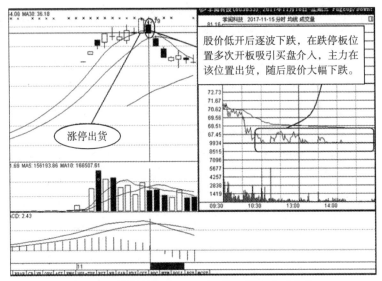

图 4-8 掌阅科技（603533）日 K 线和分时走势

是尾盘股价回封跌停，套牢了当天的跟风者。特别是当股价出现连续几个"一"字跌停板后，在巨量撬开封盘时，不少散户以为股价出现放量反弹上涨，虽然当天保持红盘盈利，但第二天多半是低开低走，同样是套你没商量。

散户的主要操作策略：保持观望，切勿介入，股价便宜也没有好货。会涨的股票不会跌，会跌的股票不会涨，既然股价跌下来了，就有下跌的道理，庄家不会让你白捡便宜货的，捡到便宜货的人必定让你付出代价。

# 第五节　边拉边出法

这种出货方式并不是将股价一步拉到出货价位，而是在接近出货价位的地方，开始减缓上升速率，走出继续攀升行情，这是出货最隐蔽、最高明的一种手法。它既可以稳定长期持股者，又可以吸引新的散户跟风，顺应庄家出货目的。其盘面特点是，股价每次向上创出新高后，就出现回调，但回调幅度并不深，不会打击散户的持股信心，在每次回调结束后，又向上创出新高，保持着良好的上涨态势。庄家在反复循环拉升过程中，在跟风旺盛时抛出一部分筹码，在上档压力减轻时用少量资金拉升股价。这样以大笔资金出货，小笔资金拉抬，庄家可顺利全身而退。此方法多见于强庄股，且股票本身有后续较好的题材配合。

图 4-9，宏辉果蔬（603336）：该股筑底成功后，2018 年 3 月 22 日股价放量向上

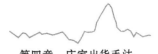

脱离底部区域，形成一波报复性拉升行情。由于拉升速度过快，短期涨幅过大，庄家很难一次性在高位完成出货计划。所以，从4月12日开始出现冲高回落走势，股价出现较大调整。当股价回落到30日均线附近时，得到了较强的技术支撑，此后股价渐渐向上走高，成交量大幅放大。从盘中可以看出，量价已经出现不协调状态。也就是说，成交量持续放大，而股价只是震荡盘升上涨，这种盘口现象属于典型的庄家边拉边出派模式，一旦出现见顶信号时就应果断离场，7月26日出现的这根大阴线就是一个转势信号。

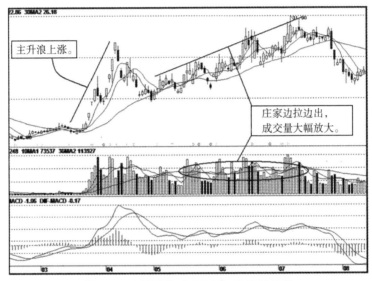

图 4-9　宏辉果蔬（603336）日 K 线走势

图4-10，科大国创（300520）：该股庄家在低位吸纳了大量的低价筹码后，在2017年8月28日向上脱离底部区域，股价出现一波快速拉高行情。在高位区域，多头向上拉升明显有些吃力，说明庄家已力不从心，从K线组合排列中可以看出端倪。这显然属于庄家边拉边出操作手法，此时投资者应逢高了结为好。

这种出货方式的坐庄意图，就是通过这种稳健的走势，增强散户的持股信心，散户看到股价重心不断上移，就淡化了风险意识。庄家正是利用散户的这种心态，一边拉升股价，一边抛售股票，让散户心甘情愿地接走庄家抛出的筹码。这是最隐蔽、最高明的一种出货方式，在整个过程中很少出现放量情况，不少散户以为庄家没有出局，直到股价出现大幅下跌时，还不知道怎么回事。

散户的主要操作策略：低位持股者在股价拉高后，涨势明显趋缓时减仓，股价出现明显回落时清仓。持币者不参加高位爬坡，在这里风险大，收益小。

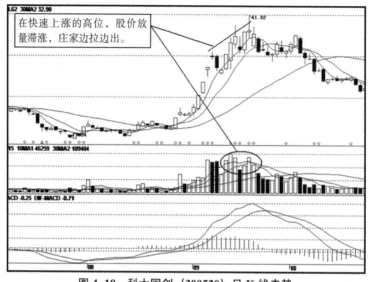

在快速上涨的高位，股价放量滞涨，庄家边拉边出。

图 4-10　科大国创（300520）日 K 线走势

# 第六节　先拉后跌法

这种拉升方法就是庄家先把股价连续疯狂拉高，形成加速上扬的格局，成交量不断放大，上攻势头十分猛烈，吸引众多的投资者参与，股价远远高于出货目标价位。这时，庄家就在盘中迅速出掉一部分货，造成股价自然滑落。当股价下跌到理想的出货目标价位后，止跌企稳，盘面上形成"庄家洗盘"的假象，给散户以"逢低吸纳"的良机。因为，不少散户在低价位不敢买进股票，在股票下跌一部分时敢于大胆买进，从而落入庄家设置的技术陷阱之中。这种方法一般在中小盘股中出现，庄家实力强大，达到绝对控盘能力。

图 4-11，中国中冶（601618）：该股从 2 元下方炒高到了 11 元上方，然后继续大幅拉高股价，形成强劲的上攻势头。在散户开始跟风时，庄家抓住机会撤退，股价向下回落，在日 K 线图上出现一座小山头。其实，庄家真正的出货价格并没有那么高，但在高位出货是件非常困难的事，因此庄家先惯性拉高股价，产生强烈的市场冲击感。这样做一方面刺激市场很大的跟风盘，借机在拉升过程中出掉一部分货，另一方面股价从高位下跌一截后，也会吸引很多散户进场抢反弹，此时再派发一部分筹码，这样庄家便可轻松实现出货目的。

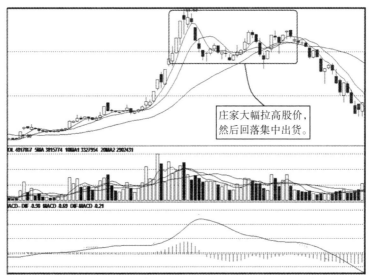

庄家大幅拉高股价，
然后回落集中出货。

图 4-11　中国中冶（601618）日 K 线走势

这种出货方式的坐庄意图，就是庄家根据散户对比效应所采用的出货方式。如果庄家只将股价拉升到出货价位区就停止拉升，并开始实施出货计划，虽然可以出掉一小部分，但很难完成全部出货任务，因为大多数散户不敢在最高价位接单。因此，庄家就极力将股价拉高，且越高越好，在高位过程中能出多少货就算多少（这是额外利润），出不了货也不要紧，把股价放下来就是了。散户看到股价下跌了一大截，与前面的最高价一对比，股价低多了，觉得在此价位买入便宜、合算，因此纷纷买进抢反弹，可谁知道这里就是庄家的理想出货区域。这样散户被大蒙一场，庄家则顺利而退。比如，庄家 5 元左右的成本仓，计划涨一倍到 10 元左右出货。在股价涨到七八元的时候，散户将股价与 5 元相比，觉得股价高了，不买。庄家就将股价拉升到 13 元以上，然后股价回落到 10 元左右。这时散户将股价与 13 元相比，觉得便宜了，买入。这样筹码就不断地流入到散户手中，资金不断地流入到庄家的账户中。

散户的主要操作策略：持股者在股价出现冲高回落或高位收阴线时，卖出做空。持币者尽量不做下跌过程中的小幅反弹，因为反弹幅度远远小于下跌幅度。若是技术高手，可以少量参与，这样即使被套，也不碍大事。

# 第七节　高位横盘法

这种手法较为隐蔽且具有欺骗性，庄家在高位制造强势整理的假象，股价抗跌性

强，给散户一种安全、稳定的错觉，而庄家从中悄悄分批出货。由于庄家持筹较多，很难一次性出清，而继续拉升会增加成本，让股价下跌又不合算，可能会引发抛盘出现。因此，股价在高位构筑平台形态，这种方式出货的利润高、风险小，操作起来也比较容易，基本上不需要什么操作技巧。同时平台式派发的隐蔽性较强，不会显露明显的头部特征，市场不容易觉察，反而更容易让投资者产生蓄势整理的错觉。当市场中没有其他抛盘的情况下，庄家可以从容地进行派发，要多少给多少，慢慢地将筹码派发出去。

这种走势的成交量方面呈递减特征，偶尔有脉冲式放量出现。通常是有业绩支撑的中小盘股，股价在高位横盘是"理所当然"的，随着时间的推移，这个价格会被市场所接受，庄家出货也就不困难了。一般来讲，此法多运用于大盘累积升幅不大的情况下，如果大盘处于长期的盘升之中，盘中积累获利丰富，一旦有什么风吹草动，抛压立即涌现，带动个股的回吐压力增大，庄家无法完成出货目的。高位横盘出货的特点为：

（1）股价前期经过大幅放量拉升，庄家获利丰厚。

（2）庄家高度控盘，以致曲高和寡，无人跟风，继续拉升已经没有任何意义。

（3）这是一种长期的出货手法，庄家采用的是以时间换出货的方式。

（4）横盘过程量能没有规律可循，在横盘区间有时会出现多次的上冲动作，制造要突破的假象。

（5）出货完成之后，股价必定暴跌。盘整平台越长，意味着庄家出货越彻底，后市暴跌的空间越大。

这种出货方式的坐庄意图，就是让散户坚定持股信心，在行情从熊市转换为牛市，股价从底部发展到顶部，出现过不少横盘后向上突破的走势，这给坚定持股信心的散户更丰厚的回报，给在横盘时出局的散户留下不少的悔意。这时出现横盘走势，持股信心也十足了，无形之中帮助庄家在高位锁仓，同时也为庄家暗中出货立下大功。

散户的主要操作策略：高位横盘出货比较温和，但杀伤力比较大。从技术特征看，一是股价涨幅较大，庄家有可观的利润；二是在横盘初期放过大量；三是筹码分布高位密集。当个股出现这三大技术特征时，还发现这些个股是市场上的热门概念股，并仍在大肆制造想象空间时，就可以认定庄家正在离场了。

在高位横盘一段时间之后，可能出现的变盘位置是在股价接近均线附近，5日、10日、30日三条均线黏合在一起时，在7个交易日左右可能会发生突破走势。

图4-12，方兴科技（600552）：庄家将股价大幅拉高后，在高位维持平台震荡走势，造成强势蓄势假象。庄家在震荡中悄悄出货，当出货计划基本实现后，股价开始大幅向下跳水，盘面进入中期调整。

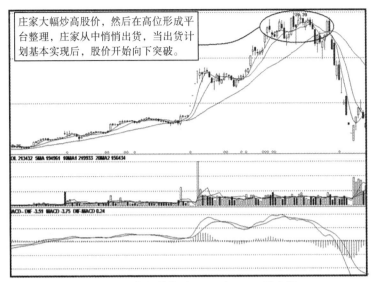

图 4-12　方兴科技（600552）日 K 线走势

图 4-13，亿通科技（300211）：2018 年 6 月，股价出现一波快速拉高行情后，在高位形成抗跌性平台整理走势，不少散户误以为这是庄家蓄势，后市应该还有一波上涨行情。但事实走势恰恰相反，庄家在震荡中悄悄出货，当基本完成出货计划后，盘面出现向下跳水，股价进入中期调整。

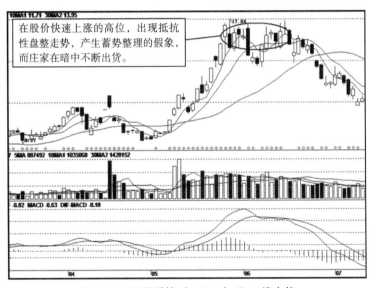

图 4-13　亿通科技（300211）日 K 线走势

在实盘操作中，要区别横盘突破和横盘出货，虽然同样采用横盘方式，但却带来不同的结果。

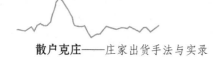

（1）横盘式洗盘，庄家主要是以换手为主要目的。庄家只有在关键时刻，才会在高位或低位出现，以主动性买单或卖单来控制股价，使股价呈现出横向整理的走势，促使中小散户自由换手。在横盘洗盘的整个过程中，庄家真正参与买卖的行为并不多，所以股价走势沉闷，但股价比较坚挺，成交量也伴随着股价换手迅速萎缩。出现这种情况时，就标志着筹码日趋集中，浮筹逐步减少。横向洗盘最终放量向上突破时，就标志着横盘洗盘结束。

（2）横盘出货则恰恰相反。由于庄家这时是以抛售筹码为主要目的，因此在整个横盘形态演变过程中，庄家表现得最为活跃，常常做出各种各样的假突破姿态，以此来引诱跟风盘。随着庄家不断抛售筹码，导致盘面浮动筹码日趋沉重，股价走势也日趋疲软。每次股价跌至低点，庄家出来维持股价时，都会显得特别沉重。造成庄家控盘沉重的原因，是前期庄家抛出的筹码分散到散户手中后，致使庄家控盘能力下降。

（3）横盘出货表现在成交量上的特征，就是在整个形态演变过程中成交量比较活跃，并且始终不能萎缩。在横盘洗盘的过程中，则不需要太大的成交量来维持股价横盘走势。股价在这么高的价位横盘，肯定不会存在换庄的可能性，再加上盘面浮筹日趋沉重，因此这时只有一种可能，那就是庄家在出货。

# 第八节　放量滞涨法

高位放量滞涨的概念是一目了然的，就是股价经过长期炒作后已经处于相当的高度（或许已经翻了几倍），然后在一段较短时期内出现成交量不断放大而价格却停滞不涨的情况（当然也可能创出了历史新高，但总之涨幅较小，量价出现失衡），此时庄家出货概率较大，大家应当重视。这种情况较多地出现在大幅除权后，因为股价突然变得较低，许多不明真相的投资者一看如此好股才这么便宜，就忍不住想买点，这就是因为高位变得模糊不清而容易蒙蔽人的地方。下面结合实例来看看庄家到底做了什么，是怎么做的，散户应怎么应付。

图4-14，富煌钢构（002743）：该股在先期下跌过程中，成交量十分低迷，交投极度清淡，股价严重超卖。2017年8月10日，庄家发动一波自救行情，成交量急剧放大，形成强势上攻势头。股价连拉3个涨停后，由于庄家出货坚决，股价并没有出现持续上涨行情，而是在反弹高位放量震荡，出现放量滞涨现象，这显然是庄家在大盘暴跌中作秀。庄家通过大幅放量来吸引市场注意，引诱散户跟风买入，以此实现自己减仓的目的。反弹行情很快结束，股价再度形成回落走势。此时出现的快速放量是典

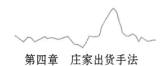

型的反弹自救行情，投资者应逢高离场。

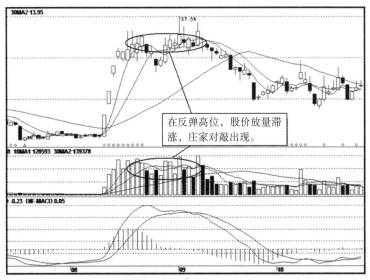

在反弹高位，股价放量滞涨，庄家对敲出现。

**图 4-14 富煌钢构（002743）日 K 线走势**

从这个例子就应当总结出一些要点，不管多好的股票，不管它有多少利好的传闻，只要在高位出现放量滞涨的情况，一定要先退出观望，即使个别股票存在高位换庄的可能，也应当在放量完毕后视其后续走势来定是否跟进，如果是换庄，紧接着就应该无量拉升，脱离庄家的成本区，何况高位换庄的情况很罕见，还是不把它考虑在内为好，为了安全起见，凡是遇上这种情况就先退出，更谈不上一见放量就追了。此外万一当时追进去，过两天就被套的话，应当果断斩仓，千万别心存幻想，即使以后有反弹也不要等。

这种出货方式的坐庄意图，就是通过放量制造繁荣的交易盘面，以此吸引散户进场接单。

散户的主要操作策略：要注意放量与滞涨两者必须同时具备，见顶信号的可靠性才高，否则为警戒性疑似信号。

# 第九节 反复震荡法

股价经过长期上涨后，获利盘已十分丰厚，随时都有抛售的压力，庄家如果此时在高位维系平台出货，往往因承接获利盘的回吐反而吃进更多的货，因此庄家采取反

复震荡法出货。在高位区反复制造震荡，让散户误以为是强势整理，在震荡中打低股价，然后再展开反弹拉升，引诱投资者在低位回补，庄家于震荡反弹中慢慢分批派发。这种方式就是庄家加大震荡的幅度，增加派发的空间，拉得越高，跌得越惨，反弹空间也就越大，庄家出货也就越多。

这种方式出货的个股，在盘面上虽然不再上涨，但由于震荡剧烈，所以短线机会相当多。没有经验的散户，看到股价暴跌之后又很快止跌，而且出现有力的上涨，迅速回到前期高位乃至突破前期高位，会感到买进的风险不大，希望股价还能再创新高。前期被轧空的散户，这时还对股价拉升抱有希望，希望给自己一个机会，在这轮行情中赚到钱，因此看到如此快速的拉升，以为机会又来了，于是疯狂买入。庄家因此暂时得以维持人气，稳住卖盘，顺利实现出货。

震荡出货有以下几个特点：

（1）在高位震荡的这段时间里，庄家偶尔也会拉一下股价，显示庄家未撤走之势。但此时庄家的整体策略以派发为主，这段时间的成交量时大时小，但整体没有缩小，反而有所增长趋势。

（2）若庄家出货较多，在外浮筹很多，这时高位护盘就显得很吃力，在关键时刻，还有摇摇欲坠之感。

（3）若遇大势不好或庄家手中的货出得差不多时，高位震荡之后就放弃守卫，向下破位，股价应声而落。

这种出货方式的坐庄意图，就是庄家根据散户的追涨杀跌心理所采取的出货方式。股价拉升到高位后，在人气旺盛时，庄家就不失时机地出货。由于庄家出货造成抛压增加，必然造成股价回落。当股价下跌到一定幅度时，庄家开始主动护盘，防止股价进一步下跌破坏技术形态。使股价重新拉起，人气得以维持和恢复，庄家又开始出货。经过下跌和反弹，出货和护盘，股价就形成了震荡走势，庄家也就顺利完成出货。在震荡过程中，庄家也在高抛低吸做差价。

散户的主要操作策略：判断庄家震荡出货的一个重要标志是熊长牛短。庄家在一个区间内反复出货和护盘，由于卖得多、买得少，就形成熊长牛短走势。股价下跌时速度较慢，时间较长，这是由庄家谨慎出货造成的，为的是利用有限的空间尽量多出一些货。股价上涨时比较迅速，持续时间比较短，这样拉升可以节约控盘成本。另外，看成交量和震幅，通常庄家出货会造成大的成交量和股价大幅下跌，如果持续出现带量且震荡幅度较大的K线，则表明庄家在出货，散户就应采取紧急回避措施。

图4-15，华森制药（002907）：2018年1月，股价大幅炒高后，盘中堆积了大量的获利筹码，由于庄家持仓量大，很难在高位一次性完成出货，加之盘中其他获利盘的抛压，导致股价出现深幅回落。然后，在3月当股价回升到前高附近时，就可以发

现盘面波动非常诡异，股价大起大落，盘中大幅震荡，究其原因只有一种可能性，那就是庄家在震荡中出货。

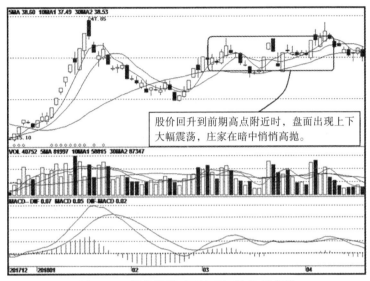

股价回升到前期高点附近时，盘面出现上下大幅震荡，庄家在暗中悄悄高抛。

图 4-15　华森制药（002907）日 K 线走势

股价在震荡中，可能出现三种趋势：横盘式震荡、上倾式震荡和下倾式震荡。

从表面和走势图来看，震荡式出货和震荡式洗盘很相似，但两者有明显的区别：

（1）震荡出货的目的是采用震荡的手段，达到抛售手中筹码的目的，在抛售筹码的同时，维持较高的市场人气。因为庄家具有抛售筹码的目的，所以从盘面走势来看，股价在向下震荡的时候，向下抛出卖单。股价在向下震荡至箱体底部或较低价位时，依然会有较大的抛盘。这些在低位的抛单出来后，股价依然会走得很疲软。有时股价往往会在大盘走势较好，或者公司有利好消息公布时，庄家就会采取向上震荡，但此时的买单往往不具备连续性，或者持续性的买单很假，其中绝大部分的买单都是庄家诱多时的对倒盘。当股价向上震荡到一定价位时，上面稍微有卖盘增加，庄家都不愿意去理睬，股价随后就会赶紧掉头而下。

在整个震荡过程中，庄家基本上是在扮演空头角色，多头大多是对后市仍抱有幻想的散户。从成交量来看，由于股价下跌时，成交卖单均衡而持续，显得比较有组织、有计划，所以在分时走势图和日 K 线图上，就形成跌时放量的态势，而股价向上震荡时，多头力量基本上来自对后市仍抱有幻想的散户，所以股价上涨时的买单就显得零碎和杂乱，缺乏集中性和计划性，股价出现涨时缩量的特征。这种跌时放量、涨时缩量的不健康量价关系，表明庄家急于出货的做空心理。

（2）震荡洗盘从运作的方式来讲，庄家采取的同样是震荡的手段，但由于庄家的主

要目的是促使获利盘换手，同时由于庄家对后市股价的走势很有信心，因此庄家在向上震荡的时候，买单往往具备持续性、集中性和均衡性的特征，在盘面上往往呈现出价涨量增的健康走势，而在股价向上震荡到没有什么抛盘压力区域时，一旦持筹者有抛售行为，庄家也敢于与空头搏斗，显示庄家的信心很足。

相反，在股价向下震荡的时候，由于做空的能量大多来自对股价后市走势产生怀疑的散户，所以股价向下回落时卖单显得零碎和杂乱，缺乏计划性、持续性和集中性的特征，成交量表现在盘面上也是价跌量缩，表明投资者不愿意在低位抛售手中的筹码。当股价向下震荡到箱底或者较低位时，一般就没有大的抛单了，偶尔有较大的抛单，股价也会止跌回升。在震荡式洗盘过程中，庄家的目的是把不看好该股的散户清洗出局，然后再把股价做高，让散户没有逢低吸纳的机会，从而追高买入，踏错节拍，垫高其投资成本，以起到洗盘的作用。

（3）震荡式洗盘还有一种情况就是放量止跌。这种情况一般是庄家采取对倒的手法使股票放量，向下卖出的抛单很多、很大，但是股价并不下跌。庄家这样做的主要目的，是恐吓意志不坚定的持股者，引诱信心不坚定者出局。此类情况根据盘面不同，也可能是其他小资金持有者获利出局，另有机构进场换手。这两点看似细微，却也非常重要，是区别庄家出货与洗盘的重要标志。

正是由于以上几种情况的存在，所以震荡洗盘的成交量表现在K线图和分时走势图上，往往形成价涨量增、价跌量缩，或者放量止跌的不正常态势，这是庄家震荡洗盘和震荡出货的重要区别。

从整个形态的成交量来看，由于两者存在本质上的区别，震荡洗盘在整个形态演变过程中，成交量迅速萎缩，标志着经换手后，盘面浮码迅速减少，最终向上突破，使震荡形态成为涨升过程中的中继形态。震荡出货则恰恰相反，由于庄家抛售筹码的行为，导致整个形态演变过程中浮筹越来越重，最终选择向下突破，使这种震荡形态演变为头部形态。

# 第十节　快速出货法

这种出货方式就是庄家快速持续地将大笔筹码抛出，使股价快速下跌。此法常见于前期股价已有较大升幅的股票，庄家账面获利颇丰，需迅速落袋为安，并减少随后可能发生的风险。此法一般运用于大盘疲软，市场对后市预测趋淡的情况。目前，许多处于相对高位的股票，庄家常采用此法出货，表明急于了结心态较盛。此法也有其

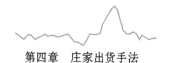

缺点，由于出货手法迅速简单，股价下跌幅度较大，庄家获利程度相对减少。

　　这种出货方式的坐庄意图，就是庄家采用这种方式的个股，一般涨幅已经十分巨大，庄家获利相当丰厚，而且庄家已经高位抛出了大量的筹码，手中所持筹码已经不多，也不构成对利润的影响。所以，在出货时根本不去护盘，也不考虑影响好坏，反正一走了之。

　　散户的主要操作策略：持股者坚决斩仓出局，持币者不宜过早介入抢反弹，应冷静观察盘面调整情况，伺机而动，否则极有可能被套。

　　图 4-16，亚夏汽车（002607）：该股庄家借利好大幅拉升股价，在 16 个交易日中拉出 14 个涨停板，股价涨幅超过 270%，庄家获利非常丰厚。2018 年 6 月 19 日，庄家反手做空，大举出货，当日股价跌停。次日冲高回落后，股价持续下跌，盘面呈现倒"V"型反转形态。这类个股散户一旦被套，短期无法解套，所以止损出局相当重要。

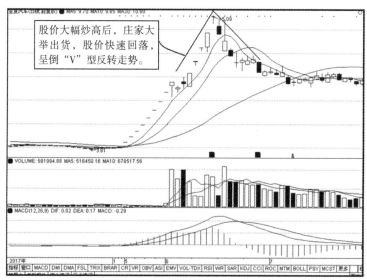

**图 4-16　亚夏汽车（002607）日 K 线走势**

　　图 4-17，奥康国际（603001）：该股脱离底部区域后，股价以圆弧式上涨，后期出现快速冲刺走势。蓦然，庄家反手做空，大量抛售获利筹码，股价快速向下跳水，形成倒"V"型反转形态，散户被杀得措手不及，防不胜防。

　　在实盘操作中高位放量跳水出货更可怕，这是某些庄家急于出货的表现。这种走势虽然很容易引起市场的反感，但也的确蒙蔽了不少短线散户，使诸多抢反弹的散户元气大伤、一蹶不振。股价在很短的时间内能跌掉一半，杀伤力之大，无与伦比，很容易把一只股票"做死"，至少一年半载缓不过劲来。所以，采用这种手法出货的庄家并不常见，但对这种走势还是要加以分析，哪怕是一次都不要参与。高位放量跳水的

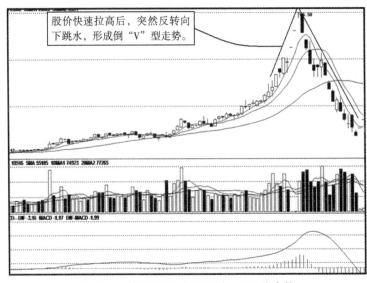

股价快速拉高后，突然反转向下跳水，形成倒"V"型走势。

图 4-17　奥康国际（603001）日 K 线走势

股票一般在跳水之前都经过了长期的上扬，股价的累计涨幅都很大。

所以，对于累计涨幅很大的股票一定要时刻加以关注，因为此时的股价已远高于坐庄的成本，庄家在这只股票上早就挣够了，所以随时可以跳水而并无太多顾忌，投资者一旦发现风吹草动就要及时出局，回避高位风险，宁可错过上涨的行情（高位拉出一两根长阴，没准是洗盘呢，很多人善意地这么想），也不要赶上暴跌的行情。另外对于股票的基本面也要有一定的了解，不要盲目地长期持有一只自己并不熟悉的股票。高位放量跳水的原因里，除了庄家急于兑现的因素外（这个作为散户很难了解内情），很可能还是公司基本面发生较大变故，所以作为长期投资者，一定要对公司情况经常加以了解。事实上对于早就持有了类似股票的人来说，即使被跳掉一个跌停板并不可怕，大不了少挣点，最可怕的是不少投资者一看股价暴跌，以为是短线抢反弹的好机会，结果在股价并未跌到底的时候就介入，哪知道股价根本不反弹，刚一介入就被套，如果不能及时割肉，很可能迅速深套其中。

而且，由于这种出货手段造成了市场对该股的戒心，以后该股要改善自身的市场形象就需要一个漫长的过程，而且当时形成的密集套牢盘也需要很长时间才会被市场消化，所以对于这种股票，即使股价已跌得很深，基本上不会跌了也暂时不要考虑介入，最好是等低位有明显的庄家进驻并且市场差不多已经忘记它跳水的不良表现之后再介入不迟。

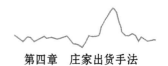

# 第十一节 高台跳水法

这种手法比快速出货法更为凶狠，具有很大的杀伤力，意在让高位追进者无机会出逃。一般庄家在持筹不多或获利颇丰的情况下善用此法（即使打低几个价位仍有利润）。同时，也往往预示着牛熊转势，迫使庄家迅速撤庄，或者是由于重大利空隐患存在，并被庄家首先所获知，担心消息一旦公布而来不及出货，因此提前不计成本地出货。在日K线图上，连拉数根阴线或"一""⊥"型出现，对股票本身也造成极恶劣的市场影响，人气一时难以恢复，需要一段时间的修整。这种方法由于派发时间短，下跌速度快，大部分庄家无法全身而退，唯有利用后市大市回暖时，拉高自救，完成最后的出货任务。

打压出货有以下几个特点：

（1）股价已炒至较高位置，成本与利润之比已翻倍甚至几倍。

（2）股价前期一直处于强势之中，股价勇往直前，大有一去不回头之意。

（3）刚开始打压股价之时，必须使股民认为它只是短暂的回调洗盘而已，后市会延续升势。

（4）打压两三天后，当市场对放出的大量有所警觉时，庄家却更加狠心打压股价使其加速下滑，令前几日买入者套牢无法出局。

图4-18，三联虹普（300384）：该股实力强大的庄家介入后，股价被大幅炒高，累计涨幅超过6倍。那么庄家怎么撤退？只有继续大幅拉高或维持强势盘面，才能够蒙蔽散户的双眼。于是，庄家采用多种出货方式在高位派发获利筹码，先是采用边拉边出手法。然后，股价小幅回落，庄家在横盘震荡中出货，构筑高台"跳板"。最后，在出货后期股价大幅下跌，庄家不计成本地出货。

图4-19，盘成股份（002864）：该股庄家悄然介入后，成功地完成建仓计划。2018年3月20日，股价拔地而起，放量向上突破，在11个交易日中拉出10个涨停，成为当时两市的一匹大黑马。4月12日股价冲高回落后，出现连续几天下跌。然后形成横盘震荡，庄家在震荡中继续出货，盘面形成高台"跳板"。庄家基本完成出货计划后，5月28日股价向下破位，出现高台"跳水"走势，从此股价进入中期调整。

这类个股需要注意三点：一是不要参与涨幅较大的个股；二是持股者果断离场，常常是股价涨上去的，也跌下来；三是在跌势中不要参与抢反弹，即使出现50%以上的跌幅，股价仍然偏高。

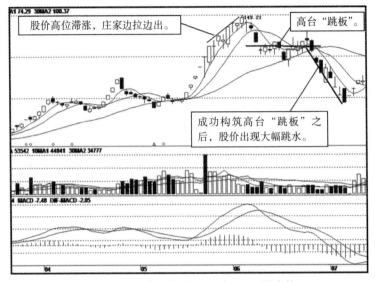

图 4-18　三联虹普（300384）日 K 线走势

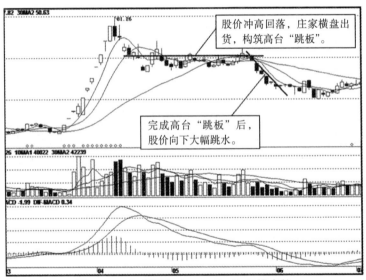

图 4-19　盘成股份（002864）日 K 线走势

这种出货方式的坐庄意图，与快速出货法基本相同，只不过手法更为凶狠而已。

散户的主要操作策略：对这类股票不要抱太大的希望，花时间和精力研究此类股票，不如投资到其他有价值的股票里。

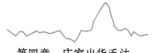

# 第十二节　持续阴跌法

事实上在多数情况下，许多股票庄家是以较温和的成交量慢慢阴跌出货的。这种出货手法隐蔽性较强，庄家不搞突然袭击，在散户不注意时悄悄出货，这样不易引发跟风出货的现象，对股票后市的走势也留有余地。盘面具体表现为在较短的时间内把股价急速拉升，然后缓慢逐波下跌，下跌时间较长，没有半年以上根本缓不过劲来。这样的股票拉起来的时候非常激动人心，可是跌起来就绵绵不绝，中间的反弹往往很短暂，一旦高位套牢，很少有解套的机会，不少人恐怕都有过忍受这种长期阴跌的痛苦体会，因此有必要讨论一下如何对待这种股票。

这种出货方式的坐庄意图，就是庄家的一把"温柔之剑"，用的是以柔克刚的操作策略。庄家出货时量不大，跌幅也不大，这样散户容易承受。经过一点一滴的磨炼，散户的承受能力变强了。同时又给散户产生缩量整理、缩量洗盘的感觉。这种方式，庄家每天出的货不多，久而久之，在不知不觉中把筹码全部派发出去。

散户的主要操作策略：持股者在股价放量冲高时离场，若没有来得及卖出，可在股价回调到 10 日或 30 日均线附近出现反弹时，逢高了结；若无反弹产生，无论亏损多少，都应坚决斩仓离场。持币者对股价"跌跌不休"的股票，不应过早介入，免得被套。股价在底部出现大幅波动，成交量温和放大，说明股价离底部不远了，这时可以适当考虑买进。

这种出货方式与震荡调整蓄势行情表现相似，有时候很难区别，稍有不慎就会出现失误。区分两者关键在于：如果股价前期有过较大拉抬，且下跌时无明显支撑，一般可认定为出货行为。反之，则可判断为震荡整理。

图 4-20，世纪星源（000005）：该股庄家借利好连拉 14 个涨停板，股价摸高到 17.06 元之后，走势发生了微妙的变化，10 多个交易日过去了，虽然没有出现急跌，但也没有出现继续上涨，这就需要引起高度警惕。庄家不出货那在干嘛！很快，股价一路向下阴跌，成交量开始萎缩，交投也显沉闷，短期均线形成死叉。说明庄家撤退坚决，散户越套越深，等待反弹的希望一次次破灭。这种走势虽然跌势不凶，但却是一把"温柔的剑"，让散户进退两难。

图 4-21，紫金矿业（601899）：股价大幅炒高后见顶回落，庄家采用持续阴跌手法出货，股价小阴小阳缓缓下行，虽然盘面跌势不凶，却是一把"杀人不见血的刀"，散户根本没有退出的机会，账户亏损一天天扩大。

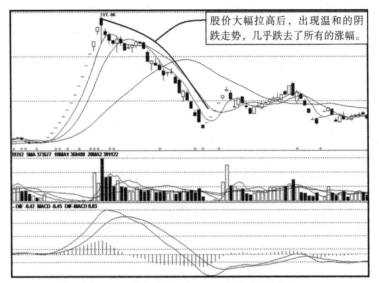

**图 4-20　世纪星源（000005）日 K 线走势**

股价大幅拉高后，出现温和的阴跌走势，几乎跌去了所有的涨幅。

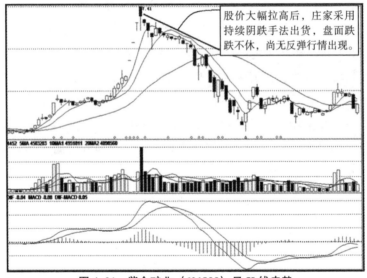

**图 4-21　紫金矿业（601899）日 K 线走势**

股价大幅拉高后，庄家采用持续阴跌手法出货，盘面跌跌不休，尚无反弹行情出现。

　　这类个股需注意四点：一是股价快速冲高远离 30 日均线时逢高离场；二是 K 线出现见顶信号时卖出，如长上影线、十字星、倒锤头和乌云见顶、倾盆大雨等单日或组合形态；三是 5 日和 10 日均线形成死叉时退出；四是股价跌破 30 日均线无反弹时果断止损。

　　对于持续阴跌的个股，也许有人认为这是上升途中的强势整理，而且在分时走势中也经常快速直线拉起，一副再展雄风的样子，这完全是做给某些短线技术高手看的，因为庄家也知道人家都在盯着该股的走势，都在盯着股价涨不涨，为了满足一下散户

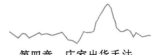

的欲望,庄家在盘面上做出表态:"股价还要涨!"其实这是庄家在逗散户。它真要涨的话,早该向上突破创新高了,那样涨起来多轻松啊,但事实恰恰是庄家并不想当"解放军",股价总是不去碰前面的高点,让那些望眼欲穿的套牢者在那摇摆不定,到底是再等等呢还是少亏点止损算了?正当散户犹豫不决时,股价已经向下滑落许多,老的套牢者只好继续坚持了,但新的套牢族怎么办?是割还是不割?就回到了刚才说的话题。这就得出一个结论,一旦股价在高位走平,不管放不放量,都应退出观望,更别说介入了,何必参与高位盘整呢?如果说参与低位盘整只是赔点时间的话,那么参与高位盘整就是赔了时间又赔钱,真是何乐而为之。所以,如果在高位盘整或阴跌期间不慎被骗了进去,最好的办法是及早醒悟并退出。

# 第十三节　除权派息法

由于除权派息前可能引发市场抢权行情,除权派息后造成技术指标和成交量柱状图的失真,故在除权派息后往往经过一段时间的横盘整理,给市场以该股已经筑底成功,准备再次放量上攻的错觉。同时,庄家偶尔用小幅拉升动作,形成填权之假象,此时散户追高杀入,正符合庄家出货意图。

图 4-22,博腾股份(300363):该股庄家就采用除权派息法出货。在实施 10 派 1.16 元转 15 后,股价从 145.75 元"下降"到 57.67 元。入市时间不长的散户以为股价

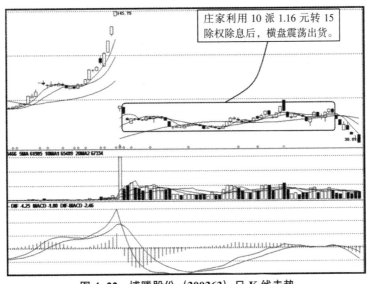

图 4-22　博腾股份(300363)日 K 线走势

便宜而介入。在除权后第一天就拉涨停板，做出一副要填权的样子，紧跟着就是两个跌停板，然后就是一堆十字星，最后便一直横盘震荡出货。这就是庄家利用股价除权后的"障眼法"进行放量出货，在买盘减少时，股价维持横盘走势，造成蓄势待发的假象。之后股价出现向下跳水，从此进入中期调整走势。

图 4-23，中天城投（000540）：该股在除权之前，庄家大幅拉高股价，在实施 10 派 2 元送 5 转 10 后，股价从 36.53 元"下降"到 14.31 元，然后庄家在横盘震荡中出货，庄家基本完成出货计划后，股价开始下跌。

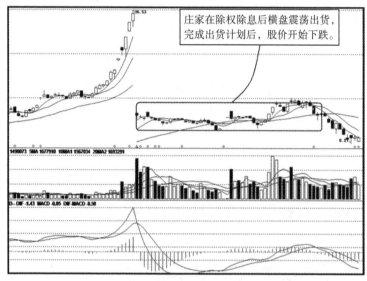

图 4-23　中天城投（000540）日 K 线走势

这样的实例很多，大家可以再去找一找，凡是除权前拉得很高，除权后放量走平甚至贴权的，后面半年内的行情十之八九翻不了身。其实，高位开溜的本事比在低位发现黑马的本事还重要，跑得不及时的话，不说后悔终生，也得后悔半年。

这种出货方式的坐庄意图，一是除权派息历来被市场当作题材操作，给散户留下炒填权的想象空间；二是除权派息后股价比价较低，高价股就变成低价股了（复权后股价仍然是高位，远高于庄家成本价），容易被散户所接受。通过这种手法，庄家实现顺利出货。

散户的主要操作策略：遇到除权派息的个股，在观察图形时应将日 K 线图复权起来进行分析（钱龙软件经典版 Alt+F10 即可复权），以免造成技术失真，然后综合其他因素分析。

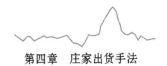

# 第十四节　借台唱戏法

这种出货方式是利用个股题材或消息来激发人们的想象力，让你得出目前价位仍会有很多升幅的错误结论，误导散户跟风介入，最后深套其中。这些题材包括高送配的突出业绩（符合市场投机胃口）、重大资产重组或置换（市场永恒的话题）、介入市场热炒领域（如当前的"一带一路""互联网+"、航天军工、节能环保）等。题材是股价上涨的动力，综观市场中众多黑马，无一不以良好的市场题材为后盾。对此，理性的投资者应具体分析题材的力度、对公司实质影响、二级市场庄家的成本以及估算目标价位、有无拉升空间等。但是，我们目前市场上理性的投资者太少了，所以庄家的派发难度不是很大。

还有一种现象就是，利用股评来帮助高位派发。在目前市场中，排除水平因素之外，不难发现确有个别股评人士职业道德有问题，成为庄家出货的"庄托"。股价在低位时，没见其推荐，而股价翻番之后，却能搜罗出一大堆利好足以支撑股价再创新高的理由。如果这时真的相信股评，买入所荐个股时，却发现自己很快变成套牢一族。在此，要提醒投资者一定要形成一整套自己的投资方法，将专家的意见作为参考，无论其名气有多大，过去有多好的表现，也要坚决以自己的分析为主，理清思路，再作判断。

图4-24，全通教育（300359）："教育，带我们去一个未曾到达的地方"，这是该股上市公司的一句口号，头顶"在线教育第一股"的光环，股价也到达一个未曾到达的地方，2015年5月18日，大幅炒作后的股价到达550.07元（复权价）。

该股靠什么来支撑超级股价？2015年5月15日，实施10转12的高送转方案，该股庄家与其各路盟友一面炒作着PE孵化器、产融并购平台等概念，一面讲述股价平稳着陆与筹码套现路径的新故事。这些新故事就是"全课网"和"中山紫马——智慧教育示范区"，庄家依靠各路题材借台唱戏，渐渐兑现获利筹码。

这种出货方式的坐庄意图很明确，在出货过程中大量散布利好，通过外部环境的渲染，夸大投资价值，营造市场气氛，引起广大投资者的注意和追捧，结果庄家把希望留给了散户，把财富留给了自己。

散户的主要操作策略：首先对个股题材、消息、股评进行认真分析研判，然后做出相应的操作策略。对题材的认识：①新鲜题材容易追捧，老题材吸引力不强；②重大题材容易引起股价大幅波动，一般题材不会引起大幅波动；③明朗的题材可以作为

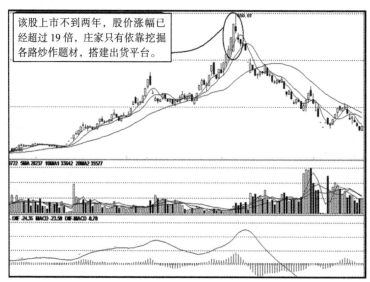

**图 4-24  全通教育（300359）日 K 线走势**

买卖依据，朦胧的题材可信度差，不能作为买卖依据。对消息真假的判断前面已经介绍过，可以参考之。对股评的买卖建议可以不予以理会，最多只能作为参考。

# 第十五节  逐级出货法

这种方式与平台式出货法有一定的联系，但又有很大不同，台阶式出货法是通过做多个平台达到出货目的，而每个平台的操作手法基本相同。当股价见顶回落后，庄家利用逐级下台阶的方式出货，每下一个台阶，都可在盘整区域出掉不少货。若跟进者发现庄家的意图，也跟着抢抛的话，庄家就会再下一个台阶盘整，又锁定一批套牢筹码，并造成筑底的态势，自己则慢悠悠地出货。

图 4-25，扬杰科技（300373）：该股庄家就采用了逐级出货法。股价见顶后快速回落，由于庄家未能如期完成高位出货，当股价跌破 30 日均线后，形成回抽平台走势，庄家在此继续出货。经过短期盘整后，股价再次出现跳水，完成一波杀跌后，再次形成平台出货。当散户接盘减少时，股价又将出现新的下跌。如此盘面走势，形成多个下跌台阶，直到庄家基本完成出货，并经最后的砸盘走势后，才获得初步企稳迹象。

图 4-26，未名医疗（002581）：该股大幅炒高后，忽然来了 5 个跌停板，将高位买入的散户牢牢拴在顶部。然后止跌企稳，形成横盘震荡。不久，股价再下一个台阶后，又是一段时间的横盘震荡走势。接着，股价再次出现大幅跳水。在股价下跌过程中，

出现逐级下跌走势，中间的平台整理就是一次弱势反弹行情（以平台代替反弹），股价不上涨就意味着下跌。通常弱势反弹结束后，大多还有一段下跌行情出现，投资者应当有所防备。

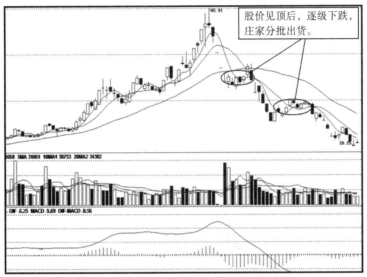

图 4-25　扬杰科技（300373）日 K 线走势

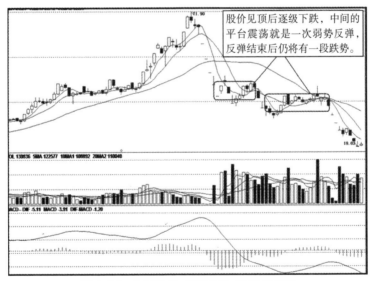

图 4-26　未名医疗（002581）日 K 线走势

　　这种出货方式的坐庄意图，就是在股价下跌一个阶段后，进行横盘整理，使散户误以为庄家在蓄势整理，底部已经来临，因此纷纷买入，庄家悄悄卖出。当后来买盘逐渐减少时，庄家又将股价放下一个台阶再进行横盘整理，这时又一批散户进场，也

有先前套牢的散户在此回补。如此反复进行，庄家则可以成功撤退。

散户的主要操作策略：持股者清仓离场，最佳卖出点是在股价放量冲高回落时，次佳卖出点是股价在均线附近，5 日、10 日、30 日三条均线黏合后，股价出现向下突破时。持币者观望，待明显的底部形态出现时，分批介入做多。

以上是庄家派发时常用的几种手法，其他诸如图表骗线、技术陷阱、盘中对倒等手法，优秀的看盘者对庄家在盘面上玩的把戏一目了然。对于庄家的派发，投资者的对策就是坚决抛售，不要计较一两个价位与收益的高低。同时，尽量不要参与庄家的反弹操作，因为此时风险与收益已不成比例，贸然出击，一旦失手反遭被套，与其冒这么大的风险博取细小的利润，不如将眼光投向其他有潜力、低风险的股票。

# 第五章 庄家出货阴谋

## 第一节 虚假的持续拉高

### 一、高位诱多阳线

市场经过成功的大幅炒作或反弹后，股价到达高价区域，庄家获利十分丰厚。为了能够尽可能在高位出货，便会刻意做出各种各样的诱多信号，以吸引散户入场接单，而持续拉出阳线特别是大阳线是最常用也是最有效的诱多手法。因此，在高位出现大阳线的背后，往往隐藏着巨大的庄家阴谋。投资者应当理性地分析和判断，以免落入庄家设置的圈套之中。

图 5-1，中安消（600654）：在长时间的底部震荡过程中，庄家吸纳了大量的低价

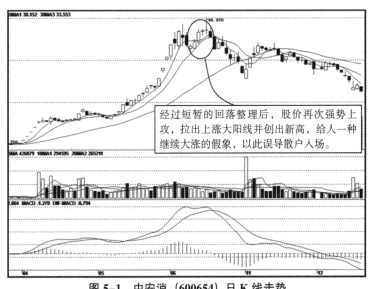

经过短暂的回落整理后，股价再次强势上攻，拉出上涨大阳线并创出新高，给人一种继续大涨的假象，以此误导散户入场。

图 5-1 中安消（600654）日 K 线走势

筹码。股价成功脱离底部区域后，庄家进行了大幅炒作，股价短期涨幅巨大，庄家获利非常丰厚。2015 年 6 月，经过短暂的回落整理后，庄家为了更好地在高位兑现获利筹码，继续将股价向上推高，连续拉出多根上涨大阳线，创出本轮行情的上涨新高。此时，不少散户认为股价展开新一轮上涨行情，在暴富思想的作用下，而纷纷选择介入。可是，随后的走势大出意料之外，股价很快出现放量下跌，市场步入中期调整走势，将跟风买入者个个套牢在高位。

从图 5-1 中可以看出，在这些大阳线之前股价出现暴涨走势，累计涨幅巨大，短期市场存在回调风险，这些上涨阳线只不过是庄家用来欺骗入市不久的散户而已。因此，在高价区当股价不断出现新高时，投资者应及时减仓或离场操作。

在实盘操作中，要特别注意连续出现多个"一"字型或"T"字型涨停之后的大阳线。这种大阳线具有很大的欺骗性，大多是庄家出货 K 线。通常，在庄家快速拉升行情时，经常连续以"一"字型或"T"字型涨停方式拉高股价，这种走势短期内堆积了大量的获利筹码，一旦打开涨停板后，可能会引发巨大的抛盘出现。但庄家竭尽全力进行护盘，在高位继续拉出大阳线，筑巢引凤，引诱散户积极参与。当那些"初生牛犊不怕虎"的散户纷纷介入后，股价却反转下跌了，从而形成高位大阳线陷阱。

图 5-2，华丽家族（600503）：该股实力强大的庄家入驻其中，经过长时间的震荡筑底过程后，庄家吸纳了大量的低价筹码，2015 年 5 月股价一跃而起，出现一波"井喷"式行情，股价连续以"一"字型或"T"字型跳空涨停，短期涨幅非常惊人。当股价打开涨停板后，抛盘迅速加大，但庄家顶住一切压力，使股价维持在高位，并在高位继续拉出大阳线，甚至拉出涨停大阳线，以此吸引散户参与。这时，有的散户以为

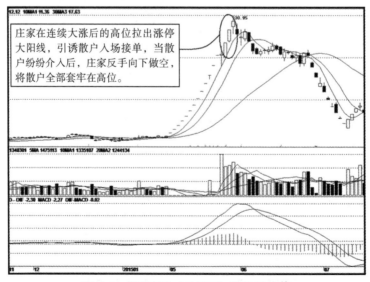

图 5-2　华丽家族（600503）日 K 线走势

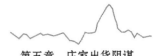

股价后市还会上涨，在暴富心理的驱使下，盲目跟风而入，结果股价很快反转下跌，而散户被套牢在高位之上。因此在这样的高位，风险不言而喻，投资者应避而远之。

## 二、最后快速冲刺

庄家完成建仓后，股价慢慢脱离底部，然后底部缓缓抬高，上涨步伐渐渐加快，最后达到加速冲刺阶段。在整个上涨过程中，呈圆弧形上涨态势，速度越来越快，角度越来越陡峭，最后形成快速冲刺走势，此时成交量也明显放大。"加速冲刺"是上涨过程中最凶猛、最疯狂的阶段，也是最引人注目的过程，更是风险聚集的阶段，往往是上涨行情即将结束的时段。

同时，在很多时候这是庄家的故意拉高行为，其目的是通过快速拉高手法，在市场疯狂之中趁机出货，同时快速拉高也能节约庄家的成本。因此，投资者在这阶段里一定要沉得住气，在与庄家斗智斗勇时，不但需要智慧和眼光，还需要有定力，才能避免掉进各种各样的技术陷阱。否则，一旦在这阶段被套牢的话，无异于瓮中之鳖，短期内难以脱身。

图 5-3，普利制药（300630）：该股庄家采用了圆弧式拉升方式。在庄家完成建仓计划后，股价渐渐进入上升趋势，在初入升势时庄家让股价在平缓的上升通道中慢慢爬行，盘面呈现小红小绿，多空拉锯，微幅抬高，重心上移。这一方面可能是因为散户信心一下子未能恢复过来，不敢盲目追涨；另一方面庄家也不敢轻易拉高股价，担心遭到散户的抛售。随着股价走势走稳后，散户开始逐步追进，增加了股价推升的力量，使股价越走越快，从而形成圆弧形上升走势。在这类个股中，当股价加速拉升结

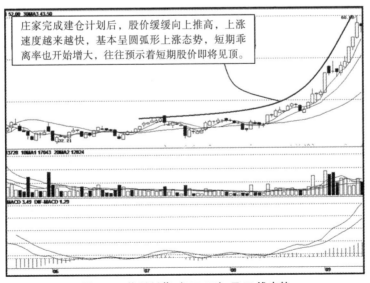

**图 5-3　普利制药（300630）日 K 线走势**

束时，通常就是一个中期头部，所以散户在快速拉升结束时应选择离场操作。

这类个股的庄家坐庄意图就是，在起涨底部阶段，放缓上涨速度是为了不让底部介入者以更多的利润或尽量让浮动筹码在底部自由交换，使市场平均持仓成本向高处转移。中后期的快速拉升，是引发更多的买盘资金加入，帮助庄家拉高股价，实现胜利大逃亡。

散户主要操作策略：这种拉升方式的累计涨幅较大，散户入场后要保持良好的心态，不要频繁操作。可以忽视上涨过程中出现的小幅震荡，当股价出现异常波动，股价冲高回落，有大阴线产生时，考虑卖出。持币者可以在股价回落到均线附近时，买入做多。

# 第二节　虚假的蓄势整理

通常股价经过大幅上涨后，将在高价区域维持一段时间的震荡走势。这是庄家为了使自己的筹码卖个好价钱，就着力将股价维持在高位震荡，不时地出现一根根大阳线，给投资者造成蓄势待发的假象，让你认为股价经过蓄势整理后，股价将迎来新的上涨行情，当前是一个较好的买入点。因此有的散户经不住大阳线的诱惑而介入，不料庄家一反常态股价下跌了，这就中了高位震荡中的庄家诱多手段。

图5-4，西藏天路（600326）：该股在2017年7月出现一轮暴涨行情，庄家短期获

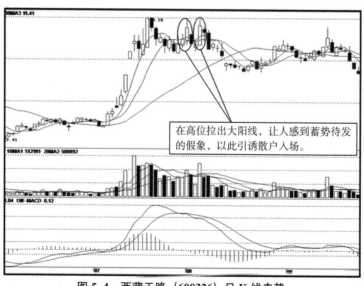

**图 5-4　西藏天路（600326）日 K 线走势**

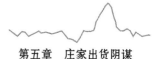

利较大。无论后市股价是否继续上涨，短期都需要兑现获利筹码，因此兑现筹码是庄家当务之急。所以，庄家竭力将股价维持在高位震荡，通过高位大阳线维持市场人气，达到尽可能在高位出货的目的，分别于 2017 年 8 月 1 日和 8 月 4 日在高位拉出大阳线，形成蓄势待发的假象，以此引诱散户跟风入场。但结果并出现持续的上涨行情，股价继续陷入盘跌走势，在大阳线当天介入者，别说赚钱，不被套牢就已经是万幸了。

其实，该股的这两根大阳线均存在一些技术缺陷。前面的大阳线产生后，第二天几乎被一根大阴线覆盖，形成高位"镊顶"形态，多头气势一扫而光。后面的这根大阳线完全是受前低支撑而产生的短期弹升走势，此时股价已经完全处于横向盘整状态，上涨势头渐渐消退，且成交量大幅萎缩，显然没有上涨动力。随后股价回落到 30 日均线之下，盘面渐渐走弱。因此，对于高位盘整中出现的多头信号，投资者可以暂时放弃对后市行情是否继续走高的猜测，仅短线盘整就是一段难熬的日子，因而选择观望为好。

出现高位见顶大阳线时，一般有以下盘面特征和意义：

（1）股价前期出现大幅上涨行情，在高位震荡过程中收出的大阳线。

（2）当日或前后几日成交量激增，甚至出现近期天量。

（3）没有摆脱高位盘区制约，上涨势头不明显，甚至股价重心出现下移。

（4）一般一周之内，大阳线开盘价就会被击穿，且击穿后股价出现快速下跌态势。

（5）大阳线起到诱多作用，掩护庄家高位出货，是典型的赶顶信号。

（6）如果庄家拉大阳线的目的是要把股价做上去，一般就不会让后面的 K 线跌破大阳线的开盘价；相反，如果庄家拉大阳线的目的是诱多出货，一般大阳线的开盘价用不了多久就会被击穿。

# 第三节　虚假的技术支撑

股价经过持续的大幅上涨或反弹行情后，庄家为了达到高位出货目的，经常会运用一些很直观的技术支撑位制造一些多头陷阱，利用散户对技术支撑位的信赖进行暗中出货。在市场中能够成为支撑位的有：移动平均线、趋势线（通道）、技术整理形态、成交密集区域以及黄金分割线、整数点位和时间之窗等。这些位置散户一看就明白，也是大众散户所期盼的位置。

因此，庄家抓住散户的这一心理特点，在支撑位附近施加了不少手段。当股价回调到这些敏感技术位置附近时，庄家开始进场护盘，股价往往出现一个停顿过程，在

盘面上释放出股价回调遇到强大支撑的虚假信号。这时就有不少散户看到股价跌不下去了而纷纷往里面进，而庄家不断在暗中向外发货。直到最后没有人接盘时，股价便会快速回落到支撑位之下，此时散户就被牢牢地套在上面。这种现象在股价上涨后的高位、下跌途中以及反弹高点都有可能出现，投资者应谨慎对待。

## 一、均线假支撑

股价被大幅炒高后，庄家不断派发筹码，导致股价向下回落。当回调到均线系统附近时（短期、中期、长期均线皆有可能，多数庄家以 30 日均线做盘），股价暂时停止了下跌步伐。不少散户在此位置附近纷纷介入做多，股价获得企稳或出现小幅回升走势，这时更加坚定了散户的持股信心。可是没过多久，股价破位下跌，散户的希望破灭了。

图 5-5，生意宝（002095）：该股庄家完成建仓计划后，出现大幅反弹行情，股价短期涨幅超过 100%。2015 年 11 月中旬，股价第一次回落到 30 日均线附近，获得 30 日均线支撑而反弹，股价向上突破并创出新高，表面看起来多头非常强劲，大有再来一波快速拉升的意思。这时偏好均线理论的散户便可以找到做多的理由，那就是均线"支撑"作用，这通常是多头发起攻击的明确信号，因此有不少散户就选择在 30 日均线附近买入，且也获得一些微利。随后，股价很快滞涨再次回落到 30 日均线附近，并一度击穿 30 日均线支撑，由于庄家并没有顺利完成派发计划，于是又将股价再次拉起，这时又一批散户跟风而入，但是这一次的上拉力度明显不如前一次，小幅反弹后股价又一次回落。

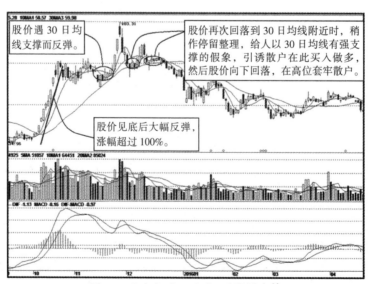

图 5-5 生意宝（002095）日 K 线走势

2015年12月中旬，股价再次在30日均线附近作停留整理，形成30日均线有强大支撑的假象，不少贪便宜的散户以为股价会遇30日均线支撑而再次反弹，纷纷在30日均线附近选择买入。但是，这次庄家不给机会了，经过短暂停留后股价震荡回落，并击穿了30日均线的支撑后，再也没有返回到30日均线上方，随之均线系统呈现明显的空头发散。这时散户回过头来一看，才恍然大悟，原来庄家利用30日均线的支撑作用进行诱多出货，庄家逃跑之后下跌之势立马显现出来。这样的实例很多，投资者应认真分析总结，不要再让庄家骗了。

在分析股价的支撑位时，关键在于股价所处的位置。当股价处于快速上涨后的高位或反弹高点，支撑位就有可能成为庄家的诱多机会，或者是由多头的涨后余波所致，只要没有创出新高就不能言好。落实到实盘操作上，只能逢高出逃。即使没能及时退出，在随后出现走弱时也应该逃跑了。

因此，分析高位支撑位出现时的背景是很重要的，切不可被表面现象所迷惑，看到支撑位就判断股价一定会涨，这样容易掉进庄家设置的诱多陷阱之中，而且从该股的成交量分析，也已经出现明显的萎缩状态，说明股价经过前面的反弹后，后续上涨动能渐渐衰弱。均线系统也从上升转为平走状态，"支撑"力度渐渐消退，股价已处于摇摇欲坠之中。因此这时的支撑位是庄家诱多行为的表现，投资者要谨慎区分，而且在该股走势中非常有趣的一点就是第一次回落到30日均线附近时，股价出现强劲的反弹上冲，而第二次回落到30日均线附近时，就没有第一次那么强劲有力了，而第三次回落时根本就没有反弹行情出现，这一点大家在实盘中一定切记。

## 二、形态假支撑

在实盘操作中，庄家在高位经常借助于某些技术整理形态来掩护出货，比如，圆弧形、潜伏形、箱体形、三角形、楔形或旗形等。当股价回落到这些形态的底边线附近时，就会停止下跌走势，形成一个企稳回升过程。这时有的散户就认定为股价遇支撑而开始反弹了，因而纷纷介入股票。可是股价走势恰恰相反，不但没有上涨反而出现下跌走势，此时庄家的出货阴谋就慢慢地表现出来。

图5-6，广安爱众（600979）：该股经过大幅炒作后，庄家在高位兑现获利筹码，股价出现震荡走势。当股价每次回落到前期低点附近时，庄家就会利用散户对该位置的支撑期望，运用少量的资金进行护盘，将股价再次向上推高，然后在高位继续出货。如此反复多次，形成一个不规则的箱体整理形态。当越来越多的散户相信这个箱体形态的时候，庄家的获利筹码也派发得差不多了。随后，股价渐渐滑落，脱离头部区域，散户在高位套牢。

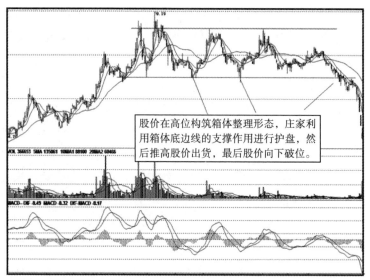

股价在高位构筑箱体整理形态，庄家利用箱体底边线的支撑作用进行护盘，然后推高股价出货，最后股价向下破位。

图 5-6　广安爱众（600979）日 K 线走势

从该股中可以看出，当股价回落到前期低点附近时，就会有不少的散户"逢低"介入。这时庄家见风使舵轻松地拉一把就会有更多的散户跟进，股价出现一定幅度的上涨，起到"四两拨千斤"的效果。然后，当散户习以为常的时候，庄家借刀杀人，不断向外派发筹码。对于这种盘面，投资者应谨慎操作，通常越是往后出现的支撑位，其支撑力度越弱。此时如果股价回升无力，那么离下跌行情就已经不远了。

## 三、前低假支撑

由于庄家拥有大量的筹码，很难在高位一次性完成出货计划，因此出货需要一个过程，这是庄家出货的最大弱点，不像散户在极短的时间内就能把全部筹码抛光。所以当股价回落到一定的幅度后，就会被重新拉起，因而形成一个显著的低点。

此后，当股价再次回落到这个低点附近时，往往具有较强的支撑作用，也成为市场普遍认可的支撑位，于是就有不少散户在此低点附近介入。这种做法通常情况下是对的，问题是庄家往往会采用"反大众思维"坐庄，经常把散户看好的支撑位当成出货的最佳时机，制造技术支撑阴谋，使不少散户上当受骗。

图 5-7，亚星客车（600213）：股价见底后逐波走高，然后庄家开始慢慢撤离，股价在高位出现震荡。由于庄家手中筹码较多，很难一次性派发出去，所以在股价出现上下震荡走势，几起几落，形成多个低点，通常这些低点会有一定的支撑作用。

从图 5-7 中可以看出，当股价再次回落到这一位置附近时，广大散户纷纷看好该位置的支撑作用，于是不断介入做多。此时庄家顺水推舟向上推升股价，这样前期低点的支撑作用得到体现，既稳定了场内的散户，又吸引场外的散户，那么庄家就能顺

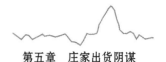

利脱身了。当庄家基本完成出货计划后，2017 年 4 月股价开始向下"跳水"，不少散户被套牢在高位。这就是庄家利用前期低点的支撑作用来欺骗散户。

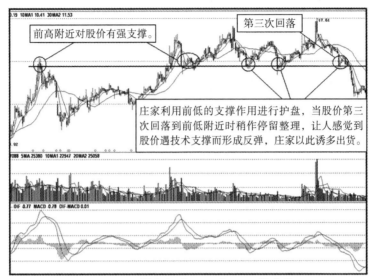

图 5-7　亚星客车（600213）日 K 线走势

## 四、盘区假支撑

　　股价在长时间的震荡过程中，往往形成一个盘整区域或成交密集区域。该区域对股价具有重要的支撑和压力作用，如果股价从上向下回落到该区域时，往往得到较强的技术支撑而企稳，甚至由此产生一波升势行情，因此该区域是被市场普遍看好的买入位置。但在实盘中，这些位置常常被庄家用来制造虚假的多头信号。当散户纷纷看好这一位置时，庄家却在暗中不断派发筹码，最终该区域失去了应有的支撑作用，散户被套牢其中。

　　图 5-8，第一创业（002797）：股价被成功炒作后，庄家在高位实施出货计划，但庄家出货也非易事，当股价下跌了一定的幅度后，一批散户得到较好的释放，然后股价重新拉起走强，但反弹幅度力度并不强劲，在前期高点附近遇阻回落。然后，当股价再次回落到前面低点附近时，再次出现企稳反弹。此时就有不少散户认为股价获得强大的技术支撑，且疑似构筑双重底形态，这样就增加了散户的看多热情，并坚信后市股价向上走高，因而纷纷在此买入做多。可是，当股价反弹到前期高点区域时再次受阻回落。

　　这时的庄家非常狡猾，当股价回落到前低附近时出现短暂停留，股价似乎遇到强劲的支撑而跌不下去了，这时就有不少散户在前低附近介入等待庄家的拉升，可是这次股价没有意料中的反弹行情出现，反而在 2017 年 1 月 13 日股价向下击穿了前期盘

区的支撑，从此出现一轮下跌走势，股价进入中期调整。

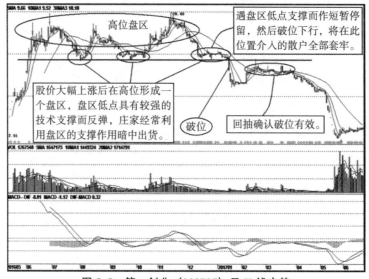

图 5-8　第一创业（002797）日 K 线走势

## 五、趋势假支撑

一般情况下，趋势一旦形成并得到市场认可时，就会对股价上涨或下跌起到支撑和压力作用，投资者可以据此寻找最佳的买卖点。比如，上升趋势成立后，市场做多热情高涨，股价总体依托上升趋势线向上攀高，当股价回落到这条趋势线附近时，往往会获得较强的支撑而止跌回升。因此当股价回落到上升趋势线附近又止跌回升时，就是个难得的买入时机。但是在实盘操作中，股价回落到这条趋势线附近时，仅作短暂的停留走势，在盘面上产生止跌回升的假象。当散户纷纷介入后，股价就开始向下突破了，从而展开跌势行情，将在支撑线附近买入的散户全部套牢，因而形成下跌遇支撑陷阱。这也是庄家出货手段的突出表现。

图 5-9，万润科技（002654）：股价企稳后向上运行，形成一条明显的上升趋势线，也成为股价下跌的支撑线，这条趋势线多次发挥支撑作用，将股价不断向上拉起，因此趋势线附近就是一个比较好的买点。但是，当大家普遍看好这个支撑线时，股价往往出现反方向运行。不久，当股价再次回落到上升趋势线附近时，股价停止了下跌步伐，出现短暂的企稳走势，预示股价将重拾升势，因而不少散户在此位置买入做多。可是，经过短暂的震荡整理后，股价在 2016 年 9 月 26 日选择向下破位，从此进入中期调整，上升趋势线也成了一个支撑陷阱，将入场者全部套牢。

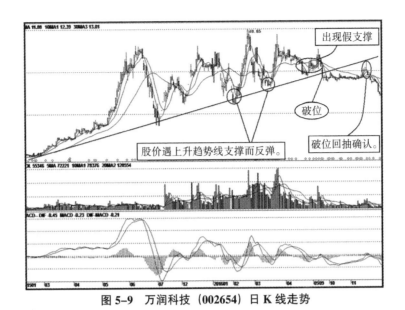

图 5-9 万润科技（002654）日 K 线走势

那么，该股为什么上升趋势线得不到支撑呢？

（1）股价触及上升趋势线时，股价没有被大幅拉起。这是庄家利用上升趋势线的支撑作用进行诱多出货的典型表现。有股谚"久盘必跌"之说，该股在高位形成较长时间的横盘走势，即使上升趋势线也难以支撑股价走强，下跌比上涨容易得多。

（2）当股价遇到趋势线支撑时，成交量没有及时放大。这表明多数投资者持谨慎态度，因而难以推动股价上涨，上升趋势线的支撑作用值得怀疑。

（3）从移动平均线分析，30 日均线已经在高位形成走平，股价受均线压制明显，上升趋势线的支撑力度将受到影响。

（4）从技术形态分析，在前面已经形成两个小高点，将这两个高点连接成一条直线就成为一条下降趋势线，这条下降趋势线与上升趋势线就构成一个对称三角形，当股价向下击穿上升趋势线时，也是股价突破三角形的底边线支撑，其看空意义非常重大。

根据上述分析判断，上升趋势线附近的支撑力度非常小，极易被空方力量打破。这是庄家利用趋势线支撑作用，制造做多技术假象，进行横盘出货。投资者遇此情形时，不要急于买入，先观察下一步的走势情况。如果股价向上有效突破 30 日均线或再创新高时，则可以适当买入；如果股价向下击穿上升趋势线时，应逢高及时卖出。

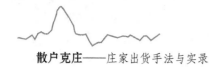

# 第四节　虚假的压力突破

在股价大幅上涨或反弹后的高位，庄家为了达到高位出货目的，经常向上突破某些重要的技术阻力位，以此吸引散户的注意和参与，尽可能地消除散户对这些敏感位置的顾虑。当散户纷纷介入后，庄家露出了真实的出货意图。具有突破意义的有：移动平均线、趋势线（通道）、技术形态、成交密集区域以及黄金分割线、整数点位和时间之窗等。这些位置非常直观，在股价没有突破之前大众散户对此都有所顾忌。

因此，庄家抓住散户的这一心理，在阻力位附近制造出向上突破阴谋，向市场发出做多信号，这时就有不少散户看到股价形成向上突破，就迫不及待地介入，而庄家不断地在暗中向外出货，直到最后没有人跟风时，股价开始回头向下，此时散户已经被牢套其中。这种现象在股价上涨后的高位、下跌途中以及反弹高点都有可能出现，投资者应谨慎操作。

## 一、均线假突破

移动平均线具有提示运行趋势、行情强弱、支撑压力、助涨助跌以及技术骗线较少等显著优点。根据葛氏移动平均线八大法则，当股价一度跌破上升的均线后，很快又返回到均线之上，这是一个买入信号。因此，当股价从下向上突破均线时，股价由均线下方转为均线上方，预示股价涨势依旧，后市股价仍将上涨，这是一个普通看涨信号。但在庄家出货阶段，这个信号很容易成为虚假的信号。庄家为了能够维持在高位出货，而刻意拉抬股价，向上突破均线系统，形成技术突破走势，加强市场做多气氛。但随后股价并没有形成持续的上涨，且很快转为下跌走势，从而顺利达到出货目的。

移动平均线可分为短期均线、中期均线和长期均线三种类型。在 A 股市场中，多数庄家以 30 日均线进行做盘。在此仅就股价向上突破 30 日均线为例进行分析，对于其他类型的突破走势，投资者可以根据提供的思路自我进行研判总结。

图 5-10，四川双马（000935）：股价经过大幅炒作后，庄家在高位不断派发筹码，股价渐渐回落到 30 日均线之下，30 日均线也由上行状态渐渐转为平走状态，对股价构成了一定的反压。这时庄家为了不使技术形态走得太难看，便开始进行护盘拉高，分别在 2016 年 12 月 6 日和 12 月 16 日放量涨停，让股价重新返回到 30 日均线之上，形成多头突破信号。这时有的散户看到股价向上突破 30 日均线后，以为股价出现新一轮上涨行情，于是开始介入做多。但股价并没有出现预期的上涨行情，很快转跌后将散

户套牢其中，从而形成假突破陷阱。

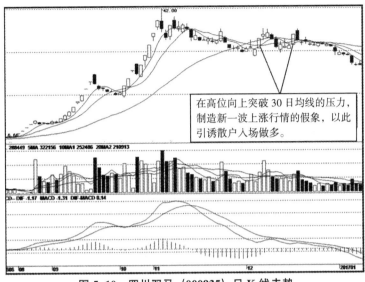

图 5-10　四川双马（000935）日 K 线走势

从图 5-10 中可以看出，虽然股价重新站到 30 日均线之上，但依然存在以下技术疑问。

（1）前一次股价返回到 30 日均线之上时，30 日均线上升速率明显放缓，由上行状态渐渐转向平走状态，说明"助涨"功能开始减弱。前二次股价返回到 30 日均线之上时，30 日均线已经转为下行状态，对股价上升起不到"助涨"作用。

（2）股价突破 30 日均线后，未能出现持续上涨走势，且也没有达到突破的条件，即突破的幅度要大于 3%，在突破位置的上方要站稳三天，这样才能构成有效突破。

（3）成交量未能持续放大，仅突破当天出现大幅放量走势，显示入场资金不明显，从而限制了股价的上涨高度，疑似庄家放量对倒出货。

因此，该股向上突破是庄家为了出货而设下的一个多头陷阱，投资者应在股价重新回落到 30 日均线之下时，果断卖出。

通过上述实例分析，我们应当掌握股价与移动平均线关系。

（1）移动平均线向上，市场强势仍将持续，股价向上运行。此时股价向上突破均线时，做多信号最强，买入。

（2）移动平均线走平，市场处于横盘态势，股价方向不明。此时股价向上突破均线时，做多信号一般，观望或在回抽确认突破有效时跟进。

（3）移动平均线向下，市场处于弱势之中，股价向下运行。此时股价向上突破均线时，做多信号最弱，谨慎操作或在回抽确认突破有效时跟进。

（4）移动平均线呈 45 度角运行时最为理想。角度太陡，谨防回落；角度平坦，支撑力度较弱。此时股价向上突破均线时，可以积极做多。

（5）当股价向上突破均线系统时，黏合后的移动平均线出现同步向上发散，可以加强做多信号，可以积极做多。

（6）当股价向上突破均线系统时，移动平均线已呈多头排列，则进一步加强做多信号。

### 二、形态假突破

股价在高位震荡过程中，经常形成某些技术整理形态，比如，圆弧形、潜伏形、箱体形、三角形、楔形或旗形等。股价一旦成功向上突破这些技术形态，说明技术形态成功构筑完毕，股价将沿着突破方向继续向上运行，达到"最小量度"升幅，因此是一个较好的买入信号。可是在实盘中，经常出现假突破现象。当散户纷纷买入股票后，股价却很快出现下跌走势，庄家露出了真实的出货意图，此时散户已经被套牢其中。

股价向上突破技术形态，通常以突破某条趋势线为开端。当这条趋势线在某个交易日被突破后，股价朝突破方向走出不远即反身退回，甚至反方向突破，这就形成假突破走势。这种突破也叫反向假突破，即在突破前往往有一个与真突破方向相反的假动作。常言道：举手是为了更好地下打，抬脚是为了更好地下踩，而股价拉起来打下去是为了更好地下跌。因此，假突破一旦成立，后市股价往往出现较长时间的下跌走势。

图 5-11，西藏城投（600773）：该股在长时间的底部震荡过程中，形成一个小的盘

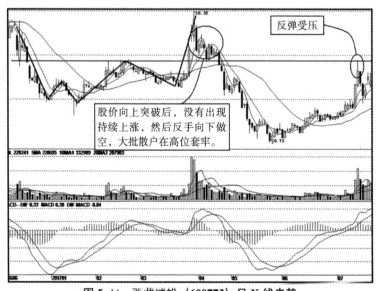

图 5-11 西藏城投（600773）日 K 线走势

区，股价似乎已经跌不下去，散户惜售心理显现。这时庄家抓住散户的大众心理，在2017年3月28日股价放量向上突破双重底的颈线压力，这时前期持仓的散户信心十足，坚定持股不动，而持币者也在回落时大举介入。可是，事与愿违，股价在突破位置稍作停留，在买盘减少后，选择向下运行，将散户全部套牢。然后，庄家在低位吸纳低价筹码，当股价再次回升到突破位置附近时，散户往往选择止损离场操作，这样庄家基本完成建仓计划。这是出现在底部区域的假突破现象，这种盘面走势同样出现在大幅的高位，大家应当引起重视。

一般而言，当股价向上突破技术形态时，说明股价下跌或回调结束，是一个较好的买入信号。但在实盘操作中，经常出现假突破走势，这给投资者测市判势增添了不少的难度。对此根据多年实盘经验，提炼出以下几方面的技术要点，谨供大家参考。

（1）有效突破的前提是股价的位置和阶段。如果股价处于底部吸货阶段、中途整理区域、庄家成本区域附近的，若向上突破则其真突破的概率较大，若向下突破则其假突破的概率较大。如果股价处于高位出货阶段、远离庄家成本区域的，若向上突破则其假突破的概率较大，若向下突破则其真突破的概率较大。

（2）股价向上突破时，盘面必须有气势、有力度，并有可持续性。如果仅仅是短暂的冲破，则突破肯定无效。另外，掌握一般技术形态的构筑时间，微型的技术形态可靠性不高，股价的突破意义也不大。

（3）在考察成交量时一定要注意价与量的配合。如果量价失衡（巨大的成交量突破后快速缩量、突破后放量不涨或突破时成交量过小，均属不正常的现象），则可信度差，谨防庄家以假突破的方式出货。

（4）当股价处于无量突破形态的颈线且突破的幅度不足以确认为正式突破时，此时有出现假突破的可能。如果股价在突破后不久又再度回到形态的颈线之下（注：并非颈线回抽确认），应予以卖出观望。

（5）分析突破时的一些盘面细节，有利于提高判断准确性。比如，当天的突破时间早晚，通常当天的突破时间越早越可靠，特别是在临近尾盘的突破更应值得怀疑；观察当天的突破气势，突破时一气呵成，刚强有力，气势磅礴，可靠性就高；突破后能够坚守在高位的，可靠性就高，如果仅仅是股价在当天盘中的瞬间碰触，那么突破肯定不能成立。这些盘面细节十分重要，应当细心地进行观察分析。

（6）符合百分比法则和时间法则。突破的幅度要超过3%，持续时间应在3天以上。

## 三、前高假突破

股价经过持续的大幅上涨或反弹行情后，庄家为了能使筹码卖个好价钱，而刻意在高位拉升股价，成功地突破了前期的一个明显高点，形成强势的多头市场特征，以

此引诱散户入场接单。这时，散户看到前期高点压力位被突破后，认为股价上涨空间被有效打开，于是纷纷买入做多。这种做法在理论上讲没有错，关键是在实盘中经常出现"破高反跌"现象，股价创出新高后未能坚挺在高位，尤其是盘中瞬间冲高后快速回落，则更具有欺骗性。可见，在高位出现突破前期高点走势，不见得都是好事，操作不慎很容易中了庄家的诡计。

图5-12，方大炭素（600516）：该股庄家在低位吸纳了大量的低价筹码后，股价被大幅炒高，顺利完成主升浪上涨行情。这时庄家的首要任务就是出货，但对于大幅炒作后的个股，庄家出货绝非易事，因此就要讲究出货章法。庄家常用的做盘手法之一，就是以突破的方式继续创出新高，形成股价上涨空间非常巨大的假象，来吸引散户踊跃参与。该股在2017年9月中旬，股价在高位连续拉出放量大阳线，成功突破了前期高点压力，盘面上形成新一轮上涨的攻势。这时有的散户以为新一轮上涨行情又开始了，且受该股前期大涨的诱惑而纷纷跟风介入。谁知这是庄家精心布局的一个多头陷阱，当散户不断介入后，随之而来的就是缓缓下跌，这种温柔的走势将高位买入的散户全线被套。

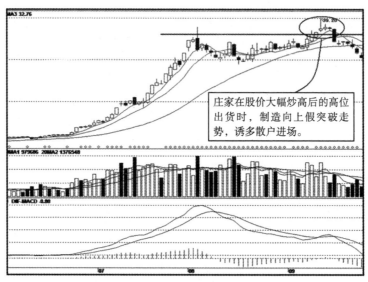

庄家在股价大幅炒高后的高位出货时，制造向上假突破走势，诱多散户进场。

**图5-12　方大炭素（600516）日K线走势**

为什么说该股突破前期高点是一个多头陷阱呢？

（1）股价已经完成了主升浪炒作，后市即使上涨也是涨后余波行情，上涨空间十分有限，介入风险极大。

（2）连续上涨的大阳线呈收敛形组合，即上涨的幅度一天比一天小，K线的长度一天比一天短，显示上方压力日趋增大，庄家出货坚决。

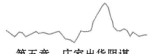

第五章　庄家出货阴谋

（3）MACD、RSI、KDJ、W%R 等多项技术指标呈现顶背离或钝化状态，不支持股价进一步走高。

因此，投资者在实盘操作中，遇到经过主升浪炒作之后的个股，无论出现多么诱人的看涨信号，也不要轻易介入，以免落入庄家设置的多头陷阱之中。夕阳余晖，虽然美丽，但已是落幕前的残波。

图 5-13，上港集团（600018）：股价经过快速大幅拉升后，短期涨幅较大，庄家获利丰厚而急于兑现获利筹码，但出货就要讲究做盘手法了，于是就采用假突破方式，创出股价上涨新高。不久，在高价区域出现一根放量涨停的大阳线，表面上看起来多头非常强劲，大有再来一波快速拉升的意思，这时就有不少散户被骗了进去。第二天，股价开盘后继续大幅冲高，刷新了前期高点，在当日盘中不少散户纷纷追高买入。但到收盘时股价大幅回落，收出一根带长上影线的"流星线"，当天买入的散户全线被套。第三天，股价跳空低开低走，报收跌停大阴线，并留下一个当日没有回补的向下跳空缺口，在高位构筑一个"黄昏之星"形态，而且股价向下击穿了 10 日均线的支撑，随后 10 日均线掉头向下，股价渐行渐弱。这时散户才明白，原来这是庄家拉高出货所为。

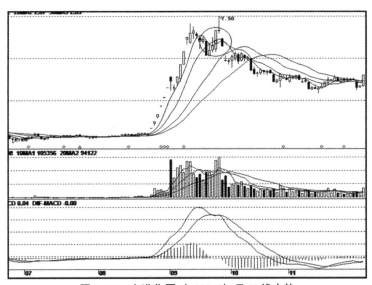

**图 5-13　上港集团（600018）日 K 线走势**

判断股价突破的关键，就在于股价所处的位置。当时该股股价处于快速上涨后的高位，市场本身累积了较大的风险，因此每次上涨都可能是诱多行为，或是多头涨后余波所致。因此，分析股价突破的背景非常重要，以免掉进庄家设置的诱多陷阱之中。

并且在盘中出现对倒放量嫌疑，说明上涨动能渐渐衰弱。短期均线也从上升转为

平走状态，爆发力渐渐消退，股价已处于摇摇欲坠之中。更为重要的是，在股价突破的当天出现冲高滑落走势，形成一根长长的上影线K线，显示庄家撤退迹象非常明显。第二天股价低开低走，最终报收跌停，从而进一步暴露出前一天突破的虚假性。因此，股价向上突破是庄家诱多行为的表现，投资者要谨慎看待。

## 四、盘区假突破

股价在长时间的震荡过程中，往往形成一个盘整区域或成交密集区域，该区域对股价具有重要的支撑和压力作用。如果股价向上脱离盘区时，意味着股价摆脱盘区的制约，将出现新一轮上涨行情，因此是一个普遍看好的买入点位。但在实盘中，经常出现假突破现象，庄家利用假突破制造多头信号。当散户纷纷在这一位置介入时，庄家却在暗中不断派发筹码，最后股价快速回落到该盘区下面，从此股价进入弱势调整走势，散户被骗受套。

图5-14，天房发展（600322）：该股经过大幅下跌后，出现一波较大的反弹行情。然后，股价在高位出现震荡走势，在此形成一个盘整区，庄家在此进行减仓操作。2017年1月12日，放量向上突破，股价出现涨停，但随后两个交易日又回落到盘区的底边线附近，此时股价再次企稳形成向上突破，似乎市场即将迎来新的上涨行情，可以作为买入信号。但是买入股票后，股价经过短暂盘整后，选择向下盘跌走势，套牢追涨买入的散户。

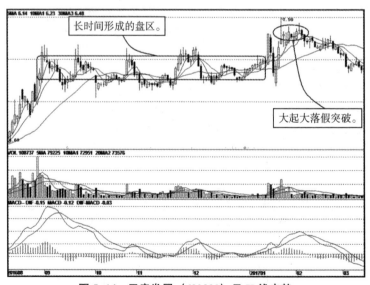

**图5-14 天房发展（600322）日K线走势**

股价突破盘整区域的现象，在上涨后的高位、下跌途中以及反弹高点都有可能出现，投资者应予以谨慎。图 5-14 中的天房发展（600322）就是一个出现在反弹高点的假突破例子。在该股中庄家坐庄手法就是通过向上突破盘整区域，让散户产生股价形成向上突破的误判，把前面的整理走势错误地看作多头蓄势整理，把向上突破错误地理解为整理结束，因而散户就轻易地上当受骗。

那么，如何看待这样的盘面呢？从图 5-14 中可以看出，在股价向上突破时，受到前期套牢盘和低位获利盘的明显抛压，在股价向上突破整理区域后，没有形成持续的攻势，成交量也没有持续放大，说明买盘不积极，投资行为十分谨慎。此时，投资者应观望随后几天的走势。如果股价继续强势走高，则向上突破成立，可以在回调时逢低介入；如果股价回落时，在盘区附近得不到支撑的话，应逢高抛出，持币者保持观望，不要盲目追涨买入，不妨另觅其他潜力股。

# 第五节　高位涨停、跌停阴谋

## 一、涨停背后——诱多入场

股价涨停总是令人兴奋的，意味着股价有加速上涨之势，但在股价大幅上涨后的高位出现涨停时，未必都是好事。这可能就是一个美丽的多头陷阱，特别是股价在涨停位置有所反复的，投资者更要小心其中有诈。

图 5-15，七喜控股（002027）：该股庄家完成建仓计划后，出现一波井喷式拉升行情，连续拉出 5 个"一"字型涨停，短期股价累计涨幅已经超过一倍。这时庄家在高位逐步兑现获利筹码，股价出现震荡走势，成交量出现对倒放大。为了引诱更多的散户入场做多，在高位再次收出一根涨停大阳线，并创出本轮行情的新高，股价形态十分漂亮。不少投资者认为新一轮上涨行情开始了，因而纷纷买入。可是，随后的几个交易日里股价出现震荡走势，在图形上收出多根带长上下影线的 K 线，并很快脱离阶段性顶部，股价进入中期调整。此后，该股在 2014 年 2 月 19 日出现同样的走势，同属一种诱多手段。

该股庄家就是利用高位涨停板来吸引散户入场接单。这种出货方式在实盘中经常遇到，在高位庄家发力把股价拉到涨停板价位，然后故意在涨停板上堆放不大不小的封单。此时有的散户见到前面股价上涨势头，认为当天股价肯定会封住涨停板，估计次日会高开高走，这样可以稳赚一笔差价，因而在涨停板价位挂买单排队。

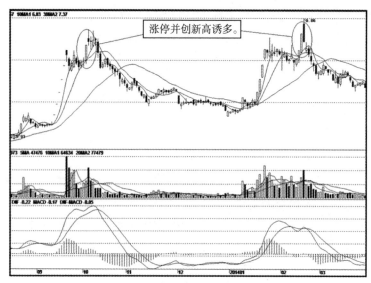

涨停并创新高诱多。

图 5-15　七喜控股（002027）日 K 线走势

当盘中堆积了许多散户的买单时，庄家把自己先前的封单逐渐撤掉，用同样数量的买单同时挂出。这样盘口上的封单基本上没有明显的变化，但庄家自己的封单就会改挂在后面排队，而排在前面的封单便都是散户的了，而且庄家非常清楚盘口上的封单，有多少是自己的，有多少是属于散户的。此时庄家根据散户买单大小，不断将获利筹码抛给散户，按照时间优先交易原则，散户的买单就会很快得到成交。

这样庄家在涨停板位置就可以顺利地出掉不少货。当散户的买单渐渐减少时，庄家又封上一笔买单，再次吸引跟风盘追涨，然后又撤单，再次派发，这样反复操作自然可以达到高价出货的目的。所以在高价位区域，如果一只股票涨停后又多次打开，且成交量比较大，十有八九是出货行为。因此，散户千万不要盲目地追涨杀跌，以免上当。明智的做法就是要仔细观察盘口，涨停后是否迅速关门，成交量大小，换手率高低，然后再决定操作方向。

在股价整个拉升过程中，庄家要投入大量的资金。这部分资金需要在高位兑现，才能获得真实的盈利，否则只能是纸上富贵。因此，庄家经常采用涨停板的方式持续拉高，这样既稳定了盘中的持股者，又可吸引场外的散户踊跃参与，从而使自己完成胜利大撤退。

图 5-16，先河环保（300137）：庄家在低位完成建仓计划后，借"雄安新区"利好消息，在 2017 年 4 月出现一波快速飙升行情，股价连续出现多个"一"字涨停板，短期庄家获利丰厚。此时，庄家悄悄地在盘中派发获利筹码，为了掩人耳目和吸引场外散户的积极追捧，股价继续维持在高位震荡。经过短期整理后，分别在 5 月 2 日和 16日在高位继续拉出两根涨停大阳线，形成新一轮上攻之势。有的投资者以为第二波上

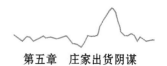

涨行情启动，而纷纷跟风买入，结果股价快速回落，形成头肩顶形态，散户被套其中。

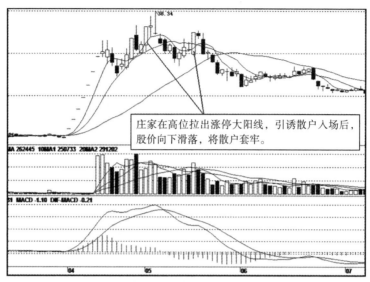

图 5-16　先河环保（300137）日 K 线走势

这样的大阳线有什么技术意义呢？投资者如何操作？

（1）由于短期涨幅过大，拉升过急，多方需要回调蓄势，因而容易形成阶段性头部。而且也是主升浪之后的涨后余波行情，短期上涨空间非常小，介入风险大。

（2）短期股价远离移动平均线，造成乖离率偏大。根据葛氏移动平均线八大法则，股价有回归移动平均线附近的要求。

（3）RSI、KDJ、DMI、W%R 等多项技术指标出现钝化或顶背离现象，不支持股价继续走高。

因此，这是庄家拉高出货的手段。投资者遇到短期暴涨的个股时，不要轻易介入，以免落入庄家设置的陷阱之中。在认识判断上，也可以从量度上进行把握，一般连续五个以上涨停板或短期持续涨幅超过 60%时，应视为高风险区。无论该股后市潜力大小，这时股价离阶段性头部已经不远了。对于三个以下涨停板或涨幅在 30%以下的个股，可以用常规方法进行分析研判。

从上述实例分析可知，连续大涨或短期暴涨之后，在高位出现的涨停大阳线大多是庄家出货阳线。此时介入的风险非常之大，投资者切莫受暴利思想的驱使而贸然介入。其实，这里的风险非常直观，无须用太多的精力去分析研究，就能一目了然，倘若落入这样的多头陷阱之中，实属炒股之大悲矣。当然，若是超级短线高手，倒是较好的选股对象。因为此时股价震荡幅度较大，如果能够精确把握买卖点，短线收益也不错。

## 二、跌停背后——打低引诱

股价跌停是投资者不希望发生的，它反映后市前景黯淡，很难从市场上获得回报，对投资者起到警示作用。那么庄家是如何利用跌停板进行出货的呢？在实盘操作中，有的股票开盘后股价直奔跌停板，或直接从跌停板开盘，且瞬间堆放大单封盘，接着庄家用巨量买单，打开跌停板。这时有的人一看股价即将打开跌停板，认为是庄家洗盘动作，生怕买不到低价筹码而纷纷跟进。有的股票早上直接从跌停板价位开盘，把所有的集合竞价买单都打掉，这时有的人一看到股价大幅低开，就会产生抄底的冲动，结果买入后被套，而且庄家在跌停板位置打开又封盘，封盘又打开，反复进行着，反正在这个市场里总是有人被骗的。

图 5-17，无锡银行（600908）：庄家在低位吸纳了大量的低价筹码后，对股价进行了成功的炒作，股价累计涨幅非常之大，庄家获利十分丰厚。该股庄家在出货过程中，除了其他出货手法外，最典型的一招就是采用跌停出货法。有趣的是，在 2017 年 4 月 27 日出现跌停，随后股价连拉 4 个涨停。如果在跌停板买入，短线就轻松获取盈利，也就是说，给人的感觉就是跌停板是一个较好的买点。

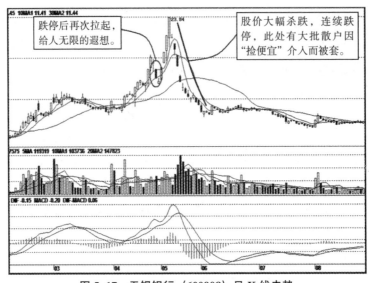

图 5-17　无锡银行（600908）日 K 线走势

在这种思想诱导下，庄家先将股价拉高后，然后采取跌停手法出货。2017 年 5 月 15 日，直接在跌停价位开盘后，用巨量买盘打开封单，引诱散户跟风介入。可是，当天收盘时股价继续封于跌停板，次日继续下跌，随后出现连续跌停。这期间，有不少喜欢"捡便宜"的散户，纷纷"逢低"买入，而庄家就在跌停板位置巧用挂单和开板

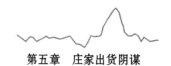

手法暗中进行派发，散户的希望一次次地破灭，成为实实在在的"套牢族"。

图 5-18，长城影视（002071）：该股庄家利用跌停出货时，其手法发挥得更加自如。在股价被大幅炒高后回落，股价被打到跌停位置，庄家在跌停位置封盘后再打开。这时场内的散户见封盘有希望而持股不动，而场外的散户见股价打开跌停而买入。这样庄家顺利地派发了大量的筹码，最后股价离跌停价位相差一个价位收盘。虽然是一根大阴线，但股价毕竟没封跌停位置，给散户带来几许幻想。在此后的两个交易日里，股价惯性下探后再次被拉起，基本收回了大阴线的失地，这样可以说给场内的散户吃了一颗"定心丸"，持股信心坚定了许多。可是，不久庄家采用同样的方法继续出货，这时有的散户受到前面股价跌停后能够再次被拉起的影响，也跟风介入做多，所以庄家出货效果也非常好。

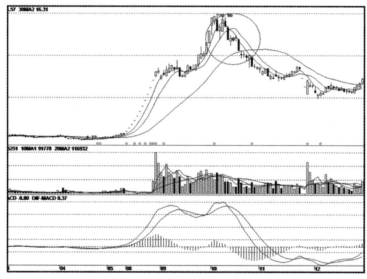

**图 5-18　长城影视（002071）日 K 线走势**

投资者在遇到股价跌停时，要分析股价跌停的性质、所处的位置和庄家意图。辨别这种盘面的方法就是：如果不是庄家出货，属于洗盘性质的跌停，那么股价就会立刻复原，散户根本就不可能买进来。如果散户居然在跌停板附近从容买进许多，且股价弹升又乏力时，绝对证明庄家以跌停方式出货。

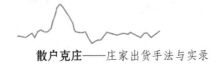
# 第六节  虚假的成交量

## 一、放量对敲阴谋

在长期的实盘中，投资者已经对成交量进行重点关注，越来越多的人重视对成交量的分析，"放量上涨"或"放量突破"已经成为不少投资者的操盘经典。但是，如果股价经过大幅炒作后，在高位成交量持续放大，未必就是好事，这往往是庄家运用对敲手法出货。因此高位放量更具有欺骗性，投资者应谨慎看待。

图 5-19，冀东装备（000856）：该股经过大幅炒作后，庄家获利十分丰厚，在高位出现明显的放量对敲出货。在 2017 年 5 月中上旬这段时间里，成交量保持很高水平，每天换手率超过 30%，但股价没有出现明显的上涨，表明庄家在暗中对敲出货。当庄家筹码基本派发成功后，股价开始进入中期调整走势。

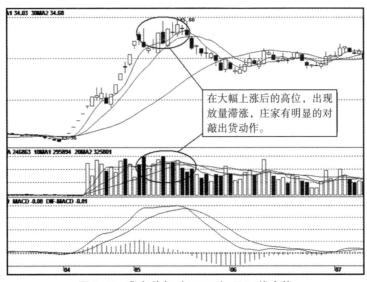

在大幅上涨后的高位，出现放量滞涨，庄家有明显的对敲出货动作。

**图 5-19  冀东装备（000856）日 K 线走势**

图 5-20，读者传媒（603999）：该股见底后大幅回落，2016 年 10 月出现一波反弹行情，成交量巨幅放大，放量拉出三个涨停后，在高位出现放量滞涨走势，平均换手率超过 30%，庄家减仓行为显露端倪。可见庄家运用对敲手法，将股价维持在高位震荡，当减仓目的基本达到后，股价开始向下走低，市场进入中期调整格局。

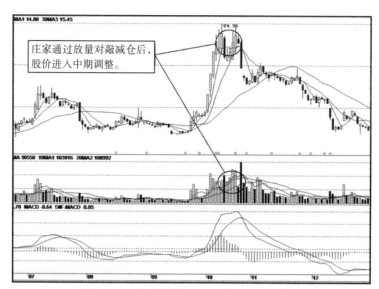

庄家通过放量对敲减仓后，股价进入中期调整。

图 5-20　读者传媒（603999）日 K 线走势

可见，股价缩量上涨不可靠，对敲放量上涨也不可靠。那么什么样的成交量最好呢？在分析成交量时，并不在于成交量的大小，而是在于量和价的配合上。量价配合默契，涨跌符合韵律，这才是分析的重点。

## 二、巨量冲高阴谋

在上涨行情的末期，经常出现放量冲高走势，股价伴随着巨大的成交量产生飙升现象，在完成冲高后股价出现快速回落，从而形成中长期的头部。在冲高过程中，上涨势头非常凶猛，行情极其诱人，散户很容易受骗，而庄家在股价冲高过程中完成出货目的。巨量冲高比对敲放量更加明显，成交量达到近期天量水平。冲高走势可分为单日冲高和多日冲高两种，但无论属于何种走势，头部冲高走势要具备三个基本条件。

（1）在上涨后的高位出现快速拉高。

（2）拉高过程中伴随着近期大成交量。

（3）冲高结束后股价出现快速回落。

这三个条件必须同时具备，缺少其中的任何一个条件都不属于头部冲高走势，走势应另当判断。出现冲高走势的内在因素是庄家最后的宣泄，目的是欺骗散户跟风入场，顺利完成自己的出货计划。

图 5-21，中科信息（300678）：这是典型的持续多日冲高走势例子。该股经过第一波上涨之后，在 2017 年 8 月 11 日开板整理，然后展开第二波大幅拉高行情。2017 年 9 月 4 日，出现第二次调整走势，在高位收出一根十字星，随后出现最后的拉升动作。

在最后的拉高过程中，庄家对倒出货手法表现得非常明显，经过放量拉高后股价进入中期调整走势。

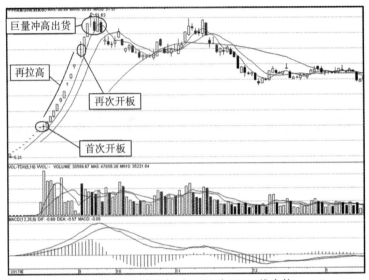

图 5-21　中科信息（300678）日 K 线走势

该股符合冲高走势的三个基本条件，投资者分析这类股票的重点是冲高后的盘面走势。如果股价快速回落，则属于典型的冲高走势，此时应果断离场，后市股价必有一跌。倘若确实依恋该股的话，可以在回落企稳后重新介入，成功做一把逆差价。如果股价冲高后能坚挺在高位，则应另当别论，可能是真正的上涨行情，或是一次试盘动作，这一点投资者应当严格掌握。另外，冲高走势一旦有效形成，第一天产生的低点将成为今后较长时间的阻力位，一般短期很难有效突破。

单日冲高也可以分为两种情形：一种是单日冲高后，第二天股价回落；另一种是单日冲高，当天股价回落。

图 5-22，天瑞仪器（300165）：这是典型的单日冲高次日回落的例子。股价经过一轮快速上涨后，在高位形成震荡走势，庄家不断向外出货。为了完成最后出货计划，庄家实施了一次明显的欺骗动作，在高位股价放量向上突破整理区域，收出一根涨停大阳线，形成新一轮上涨之势。此时，有的散户以为新的行情开始了，于是纷纷追涨买入股票。从盘面看，的确非常吸引人，上涨理由也很充分，股价上涨有量，突破整理平台，又得到均线的支撑，因此一波上涨行情为大家所预期。可事实恰好相反，这是一次假突破走势，第二天小幅高开后没有继续冲高走势，股价逐波走低。当天收于跌停板，将前一天的大阳线全部吞没，形成标准的"阴包容"K 线组合形态，此后股价跳空走跌，盘面渐行渐弱。

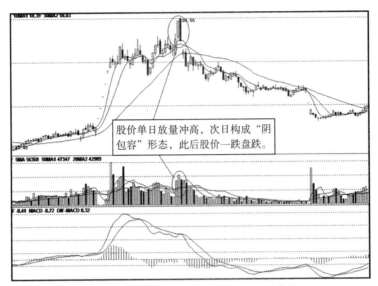

图 5-22　天瑞仪器（300165）日 K 线走势

图 5-23，方大炭素（600516）：这是典型的单日冲高当日回落的例子。该股经过充分的调整后，庄家入场收集了大量的低价筹码，2017 年 6 月 23 日开始股价出现加速上涨，股价从 11 元附近启动快速拉升到 34 元上方，短期涨幅十分巨大。2017 年 8 月 4 日，股价乘势而上，开盘后大幅冲高到 8 个多点，可是当天风云突变，急转直下，股价出现大跳水，当天收盘下跌超过 7 个多点，形成单日内冲高回落走势，从而也形成一个短期顶部。然后，经过一段时间调整后，9 月 12 日出现同样的走势，此后股价长时间的弱势调整。

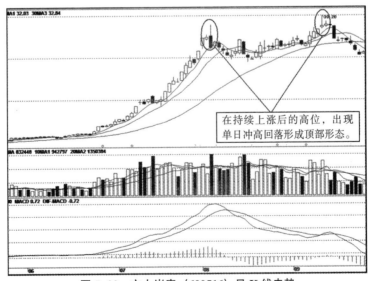

图 5-23　方大炭素（600516）日 K 线走势

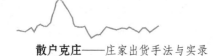

从图 5-23 中可以看出，该股完全符合冲高走势的"高位快速拉高、成交量放大、快速回落"这三个基本条件。这些条件中的第三个条件非常重要，它是对前面两个条件的验证，起到肯定和否定作用。具体认识方法就是是否属于"快速回落"，若是"快速回落"，必是冲高走势，后市定有一跌，在"快速回落"的当天收盘前退出，可以成功做一回逆差价，这样操作你的财富就不会缩水；若没有"快速回落"，则有可能是涨升行情，投资者可以逢低跟进。单日冲高走势有时候当天就回落，形成一根带长上影线的 K 线，如果第二天股价继续走低，也符合冲高走势的条件。

# 第七节　庄家诱多护盘手法

## 一、庄家如何护盘

庄家将股价炒高以后，虽然获得巨大的账面浮动盈利，但要想将这些盈利转化为实际利润并非易事。由于庄家持筹较多，一时难以完成派发，股价下跌就会造成盈利缩水。为了减少下跌的幅度，维持高位出货，庄家就少不了护盘行为。护盘是指为了制止股价下跌过快过大，庄家在某一个价位大单买入或挂单，有时也拉高几个价位，以稳定军心。从大一点来说，庄家拉升大盘指标股，带动大盘指数上升，来维护市场人气。从更高的层面来说，还有管理层救市护盘，当股市面临严重的危机，为阻止危机的扩散，管理层往往出手救市，凝聚市场信心，以阻止股市崩盘。这里所研究和关注的以个股庄家护盘为重点。

在大盘下跌时最能体现出个股的强弱，投资者从盘面中观察有无庄家护盘动作，从而可判断出庄家有无弃庄企图。如果个股在大盘调整时下跌之势犹如决堤之水，一泻千里，在重要的支撑位（线）毫无抵抗动作，说明庄家已无驻守的信心，后市自然难以乐观。如果个股与大盘的走势背道而驰，说明庄家在其中扮演重要角色，此类个股值得重点关注。一般来说，护盘的基本方法有以下四种：

### 1. 维持强势

庄家护盘积极的个股，在大盘回调、大多数个股拉出长阴时，不愿随波逐流，而是保持强势整理态势，期间庄家也暂时停止出货计划，等待大盘转暖后伺机出货。

图 5-24，新莱应材（300260）：2015 年 6 月 15 日 A 股市场拉开"股灾"序幕，大盘出现快速下跌行情，个股形成千股跌停悲壮场景，而该股初期走势明显有别于大盘，股价在高位维持强势震荡并创出新高，吸引了不少散户的参与，其实这是庄家的护盘

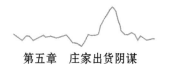

行为，目的是在高位派发筹码。当庄家派发了大量的筹码后，最终也放弃护盘行为，股价开始悲壮的"大跳水"，将散户套牢在高位。

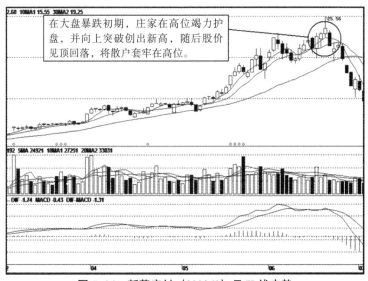

在大盘暴跌初期，庄家在高位竭力护盘，并向上突破创出新高，随后股价见顶回落，将散户套牢在高位。

图 5-24　新莱应材（300260）日 K 线走势

区分是不是庄家护盘行为，不光是看股价拒绝下跌、维持盘面强势，还要观察大盘企稳后的走势如何。如果大盘企稳后，股价走势明显强于大盘，说明前面的强势是真实可靠的，投资者可大胆持股；如果大盘企稳后，股价走势明显弱于大盘，说明前面的强势是虚假的，是典型的庄家护盘行为，此时投资者应谨慎，一旦走弱应立即撤退。

2. 尾市拉抬

尾市拉抬情况比较复杂，应区别分析。一般来说，若股价涨幅已大，当天股价逐波走低，在尾市却被大笔买单拉起的，这类个股应警惕。这类个股通常是庄家在派发之后为保持良好的技术形态刻意而为的。有些个股涨幅不大，盘中出现较大的跌幅，尾市却被买单收复失地，也是庄家护盘的一种形式。有的当前涨幅不是很大的个股，某天盘中跌幅较大，到尾市却被大量买单抬升，一般而言也有庄家在其中护盘。

3. 顺势回落

有些庄家错误地估计了大盘走势，在大盘回调之际逆市拉抬，受拖累后回落。若收盘时出现带长上影的 K 线，但整体升势未被破坏，这种情况属于庄家"拉升未遂"。对这类股票庄家不一定会放弃，在短期有望卷土重来，可多多关注。

4. 大单托盘

有的个股经过连续下跌，出现了经常性的护盘动作。在其买一、买二、买三位置大手笔买单挂出，这是绝对的护盘动作，但这不意味着该股后市止跌了。因为在市场

中，股价靠护是护不住的，"最好的防守是进攻"，庄家护盘，证明其实力欠缺，否则可以推升股价。此时，股价往往还有下降空间。但投资者可留意该股，一旦市场转强，这种股票往往是一鸣惊人。

## 二、庄家在哪些地方护盘

庄家在出货时，护盘中免不了的，甚至是一种不可缺少的手段。因为一路的下跌是不会吸引买盘介入的，特别是庄家在筹码没有派发完毕以前，要尽可能地使股价的走势更漂亮一些。庄家经常会选择以下这些位置进行护盘。

（1）在移动平均线、趋势线（通道）附近，很多时候成为多空分界线。

（2）在前期高点、低点附近，该位置经常成为多空最后的一道防线。

（3）在跳空缺口附近，缺口大多具有突破性意义，技术作用非常之大。

（4）在整数价位、整数点位附近，对投资者具有一定的心理作用。

（5）在成交密集区、盘整带附近，堆积着巨大的成交量和高换手率。

（6）在重要的时间之窗里，出现变盘的概率较大，为技术人士所关注。

（7）在黄金分割线（位）附近，决定市场强弱的标志，其技术意义大。

此外，还可参考技术指标、形态、浪形、K线等。当股价遇到上述这些重要位置时，通常具有一定的支撑作用和心理预期，为大众投资者所看好。庄家在这些位置进行护盘可以起到"四两拨千斤"的效果。

图5-25，飞利信（300287）：这是庄家在30日均线附近进行护盘出货的例子。该股有实力强大的庄家入驻其中，在长时间的底部震荡过程中吸纳了大量的低价筹码，

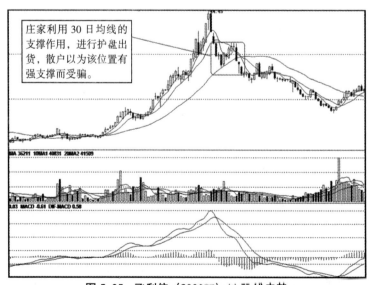

图 5 25　飞利信（300287）日 K 线走势

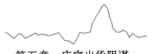

然后进行大幅炒作，在 16 个月时间里股价累计涨幅超过八倍（复权价）。庄家在高位不断派发获利筹码，但出货需要一定的时间和空间。不久，股价回落到 30 日均线附近。由于庄家手中还有不少的筹码等待兑现，于是就利用 30 日均线进行护盘出货，股价停止了下跌势头。30 日均线附近是不少投资者认可的重要支撑位，从盘面看股价在此似乎也遇到较强的技术支撑，有望得到企稳回升，因而不少散户纷纷在此介入做多。可庄家在该位置大量出货，经过几个交易日的盘整后，庄家手中筹码所剩无几，随后股价开始震荡走弱。

图 5-26，上海钢联（300226）：这是庄家在前期回调低点附近进行护盘出货的例子。该股被大幅炒高后，庄家在高位兑现获利筹码，股价出现大幅震荡。当股价回落形成一个明显的低点后，出现冲高走势，此后当股价回落到该低点上方时，庄家进行护盘，股价再次被拉起。不久，股价第三次回落到前期低点时，庄家再次出手护盘，股价出现企稳走势。可见，有不少散户会选择在前期低点附近作为买入点，因此也上了庄家阴谋之当。在股价几起几落中，庄家基本达到了出货目的，于是放弃了护盘计划，股价向下突破前期低点支撑。此后，盘面渐渐走弱，前期低点由支撑转化为压力，股价两次反弹到该位置附近时遇阻回落。

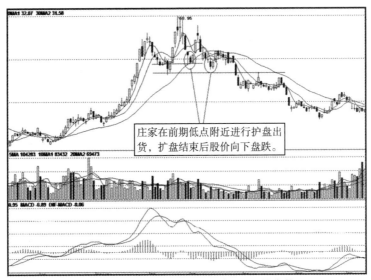

图 5-26　上海钢联（300226）日 K 线走势

因此，投资者在实盘操作中，当股价回落到某些技术位置附近时，一定要引起高度警惕，要区分是受庄家护盘影响而暂时阻止股价下跌，还是股价真正遇到技术支撑而企稳回升。其区别方法如下：

（1）股价回落到重要技术位置附近时，能够被快速拉起的，可能是真正的技术支撑

位。如果股价围绕技术位置盘整的，大多是庄家护盘出货，股价很快就会击穿支撑位。

（2）股价遇到重要技术支撑而放量上涨的，可能是真正的技术支撑位。如果出现等量或缩量盘整时，大多是庄家护盘所为，若是股价放量不涨，则庄家护盘出货更为明显。

（3）遇到重要技术位置，股价创出新高或突破一个技术压力位的，则技术支撑作用可靠性高，否则应以庄家护盘对待为好。

（4）股价多次回落到同一个技术位置附近的，为庄家护盘的可能性更大。触及的次数越多，支撑力度越弱。通常当股价 3 次以上回落到同一技术位置附近时，该位置很快就会向下击穿。

（5）在大盘下跌时，而个股不跌，但当大盘下跌后企稳回升时，个股却出现下跌走势，说明前期的"抗跌"属于典型的护盘出货走势。如果大盘下跌而个股不跌，在大盘企稳回升时，个股出现上涨或大涨，则后市继续看高。

### 三、护盘的盘面特征

护盘的目的是使股价保持在一个相对的价格区间以内，不至于破坏股价的"势"和"形"，这是庄家为了有利于自己出逃，在一些重要位置做些必要的救护动作。但这种救护的强度不大、时间不长，股价很快脱离护盘区。其主要特征如下：

（1）在分时走势中，庄家看见大盘下跌或跳水时，特意将股价向上拔高几个价位，以安定民心。但当大盘企稳时却不动了，甚至出现下跌走势。

（2）护盘时间不会太长。如果有较大的抛盘出现时，庄家很快就会放弃护盘行为。先顺势下跌，然后偷袭拉高。

（3）被套庄家在护盘时，大多呈横盘或微升走势，一般不敢贸然拉升护盘，以免再栽跟头。但当大盘真正企稳上升时，它却走下跌路。即使不走下跌路，但其涨幅也远小于大盘的升幅，因为庄家在借势出货。

（4）被套庄家的护盘一般成交量不大，因为没有也不敢有新增资金介入。

（5）庄家在盘中的买一、买二、买三、买四、买五几个价位里，堆放大单托盘，使散户误以为抛盘轻、接盘大，从而使场内的投资者放心持股，让场外的投资者纷纷介入甚至高几个价位介入为庄家买单。

（6）当盘中股价下跌后，迅速用小量买单将股价拉起。尤其是在大盘下跌时，死守关键位置或价位，或者在尾市拉升股价，并控制好开盘价格和收盘价格（特别是大量派发的时候），如移动平均线、颈线位、轨道线、重要成交密集区等。在分时走势中，当大盘跳水急跌时，个股不但不跌，反而向上拉升几个股位。以此误导散户"该股抗跌性强""庄家介入深""庄家在悄悄吸纳"等，安定民心，吸引买单。

（7）在大部分筹码没有派发完毕以前，尽量将股价维持在上升通道、技术形态、波

段调整等走势形态之中，谨防股价破坏图形等。

（8）成交量方面随着庄家筹码派发程度而逐步缩小，往往采取化整不零、多卖少买的方法进行护盘。有耐心的庄家每次只卖几十手甚至几手，很少超过 100 手，而且巧用时间差进行操作，如抛出 9 手，几乎在同时买入 1 手，在统计显示的时候，就成了 10 手买入单。

# 第六章 解读出货盘口语言

## 第一节 出货时的盘口现象

庄家建仓时必须实实在在地买进筹码，而出货时必须实实在在地卖出筹码，庄家巨额资金进出一只股票时，想要不在盘面留下痕迹是十分困难的。

### 一、日K线盘口

股价经过飙升行情后，继续上行遇到了巨大的阻力，同时也积累了丰厚的获利盘，股价就会见顶回落。常见的日K线盘口如下：

开盘，经常以跌停板开盘，且全天封盘不动，或连续大幅跳空低开，且跳空缺口近日不予回补，交易时股价逐波走低，直冲跌停价位附近，盘中筹码松动，上行压力明显增大。

盘中，股价出现一波上行后，很快就被卖盘压下，股价呈逐波下探之势，基本运行在前一日收盘价下方，股价反弹受当日均价压制明显。

收盘，股价往往以最低点或次低点收盘，下跌势头十分强劲。日K线经常出现"一"型、"⊥"型或大阴线。庄家实力不大、控盘程度低的个股将快速脱离底部，步入下降通道；庄家实力强大、控盘程度高的个股，出现盘头走势，构成复合形头部。

有时候，庄家经常利用长下影线引诱和麻痹大众止损意识。事实上，目前有大部分散户都是因为没有及时止损而造成亏损的。那么，是什么原因导致这些投资者风险意识的麻痹呢？这和庄家利用所谓的探底调整有很大关系，不少个股在每天盘中直线打低，然后在临近收盘时又被大单强行拉上去，日K线上留出很长的下影线，投资者以为短期调整即将结束，继续持仓观望，或者有的仓位不重的投资者干脆继续加仓，试图降低自己的持仓成本，有的散户甚至在临近收盘的最后几分钟买进。但是，随后的时间里，几乎天天都是低开3%以上，这种一买就套的情况，让人走也不是，留也不是，这样的欺诈手法被不少庄家采用，成为庄家套牢众多投资者的阴险手段。

## 二、分时图盘口

（1）化整为零。有耐心的庄家每次只卖 2000~8000 股，根本不超过 1 万股，几乎所有的软件都不会把这种小成交量统计成庄家出货。

（2）多卖少买。操盘手抛出 99 手，同时买进 1 手，在显示的时候，就是成交了 100 手，而且是按照买入价格成交，一般软件会统计成主动买入的量。这是庄家利用红箭头、绿箭头来蒙骗投资者。

（3）大幅砸低。庄家将股价砸低到一个低点，然后在此价位出货。如目前价格是 11 元，有的操盘手会突然用巨量将股价砸到 10 元，然后股价回稳再缓升，买进的人以为捡了便宜，没有买的人以为也可以捡便宜，所以积极在 10 元附近挂买入盘，然后操盘手可以再次卖出大量股票。由于股价是突然下跌的，所以买进的人多，操盘手可以出的货比较多，而且实际上 10 元就是他预定的出货价格。

（4）先吃后吐。操盘手先把股价拉高到目标利润线以上的 5%~10%，而且在高位放出大量，并显示买盘量，多数人以为庄家在买进，风险不大，所以也跟风买进。然后，庄家开始出货，股价逐渐下跌。在这里，庄家在高位买进的可能确实是实盘，但随后他可以在目标出货价附近抛出很多货，这是很划算的。

（5）跌停打开。开盘以巨量直接封于跌停板，接着庄家用巨量买入，许多人一看股价即将打开跌停板，生怕买不到股票而纷纷跟进。这种方法的辨别就是：如果不是出货，股价常会立刻复原，你根本就不可能买进来。如果你居然在跌停板附近从容买进许多，以后可能就要吃不了兜着走了。

（6）涨停出货。庄家把股价拉升到涨停板附近，然后故意在涨停板上放几十万或者上百万自己的买单，等待追涨的人挂买单，有的时候还自己吃掉一些。当盘中堆积了许多散户的买单时，庄家把自己的买单逐渐撤掉，放在最下面（按照时间优先原则，先挂上去的先成交）。然后挂出卖单，将筹码抛散户，如果没卖完，为引诱散户买盘，庄家再在涨停板价位处虚挂巨额买单，这样反复操作自然可以达到高价出货的目的。所以，如果一只股票在涨停板上的成交量比较大，就是出货的迹象。因此，散户千万不要盲目地追涨杀跌，以免上当。明智的做法是，要仔细观察盘口，涨跌停后是否迅速关门，成交量大小，换手率高低，然后再决定操作方向。

（7）买单推进。这是一种比较常见的盘口现象，操盘手在每一个买盘价位上挂几万甚至几十万的买盘，促使股价逐渐步步上移，总会有沉不住气的人勇敢买进，其实上面的卖盘都是庄家自己的，因为持仓者都想卖最高价格，所以，你如果买进来，那就离下跌差不多了。要注意：多数人认为大单推高是庄家拉高的方式，其实这是一种出

货方式。

（8）买单托盘。在一些个股累计涨幅比较大的情况下，盘中的委托盘会出现另一种异常情况，当开盘之后股价震荡下跌，当跌到一定幅度时在买档位置出现大笔买单，好像有庄家在吸纳，股价无法继续下跌。但在这个位置股价反弹时明显无量，而且从成交明细来看，盘中主动抛盘（内盘成交）较多，而且股价重新下跌时抛盘踊跃。虽然在某一价位有强大的买盘托着，但股价总体呈下跌趋势，则很可能是庄家出货的先兆。原因很明显，如果只是护盘的话，就不应该在低位象征性地挂单，一面是买盘非常强大，另一面是反弹无量，这本身就是矛盾的。所以投资者在盘中见到这种情况一定要小心为上，先出局了事。

（9）尾市拉高。在分时图上，股价前市一直走势平淡，但在临收市前半小时或者更短的时间内，突然出现一波放量的急速拉升，在K线图上出现一根放量上涨的大阳线，而此时的大盘并无明显异动迹象。但第二天该股却出现低开低走，之后一连数个交易日也是呈现出明显的走弱迹象，令人费解。那么，这种走势的盘面意义究竟何在呢？

这种走势一般出现在大盘疲软的情况下，而且是在个股图形的中部或平台附近，这时的尾市拉高带有明显的欺骗性，往往是庄家出逃的前奏，拉高的主要目的是吸引跟风盘，随后不可避免地出现连续下跌。如果这种走势出现在个股的平台整理区域，后市极有可能出现平台破位下行的走势，持股者宜迅速止损出局。如果上述情形出现在图形的高位区域，是一个极其危险的信号，表明该股已经处在头部区域。

### 三、盘口走势图

庄家盘中采用什么方法出货，要观察市场人气状况，根据人气强弱不同和自己出货的决心，而采取不同的出货手法。

第一种手法：上涨出货。在人气最旺的时候，庄家预先在上档挂好卖单，然后借助大势向好、人气旺盛，一路带着散户向上吃。追涨热情不足时，庄家就亲自出马，大笔吃掉几个卖单，向上拉出一段距离，等散户的热情被激发起来了，庄家就停手，让散户去吃。这样始终维持股价上涨，但实际上庄家买得少卖得多，在悄悄出货。

第二种手法：冲高回落出货。在开盘后快速拉起来，这时由于盘中卖单少、阻力小，拉高成本低，基本上整个上午都维持在高位，中间可以制造几次向上突破的假象，做出蓄势待涨的姿态，这样在拉高和高位盘整阶段，都会有追涨盘。到了下午，庄家可以根据大盘走势而定，如果大盘走势不太好，就开始打下面的买单，一路向下抛，把盘中一天挂出的买单都给打掉，来不及撤单的散户都成交了。如果大盘走势较乐观，庄家就坚挺在高位或上拉几个价位进行出货，这样筹码卖得较高。

第三种手法：下压出货。在人气不旺的情况下，靠上涨激发追涨盘成本诱高效果也不好，庄家不再做冲高盘整诱人追涨，而是开盘后小幅上拉，乃至不拉，仅通过控制开盘造成一个上涨，留出出货空间，然后就一路出货。盘中下档出现了一些买单，庄家就抛货，下方买单打没了就停手，做出要反弹的样子，等下方积累了一些买单后再打下去。如此，一个价位一个价位的下压，充分利用每一段空间出货，而且控制下跌速度，稳定散户，不诱发恐慌性杀跌盘，这样散户的卖单仍以挂单委托在上方，庄家就有条件抢先出货。庄家在盘中基本上不做反弹，让犹豫不决的、挂较高的卖单都无法成交，而一路下压把所有的买单都打掉。

第四种手法：打压出货。在人气低迷时，庄家不再被动地等下方出现买单，而要在盘中制造快速下跌，然后制造反弹，诱使抄底盘介入。然后股价掉头向下，把抄底盘打掉。只有打得足够深、足够快才能引发抄底，但这样一来牺牲的价格比较多，而且会诱发恐慌性抛盘，使人气受到较大创伤，以后承接力更弱，很难再出货了。所以，这是一种杀鸡取卵式的办法，庄家一般在不得已的情况下采用。

从日K线上看，第一种方法形成阳线，第二种方法形成带上影线的阳线或阴线，第三种方法和第四种方法都形成阴线，但长度不同。

## 四、量价关系

这阶段的成交量猛增至天量后，出现逐步萎缩，股价急速下跌。表明涨势将尽，上升乏力，盘面上随着人气的狂热，出现能量剧增，这就是常说的"天量天价"。它可分为两种：①单日放天量。成交量原先保持温和状态，量价配合理想，股价节节攀升，某日盘中放出巨量，量价配合失衡，第二天缩量下跌，在成交量指标中出现"顶天立地"长柱。②多日放天量。股价长期运行在上升通道之中，成交量适中，量价配合理想，股价逐波上扬，气势如虹。不久，股价在高位持续多日放出天量（有时庄家为了做盘需要，也能做出量价配合的K线图形），很快股价反转向下。

在价方面，股价先迅速下跌一个台阶，不给散户任何思考时间。在量方面，从天量逐渐缩小，但总体规模仍是较大的。如果错过了大势提供的最佳出货时机，也会出现低量出货、自然出货，即有人买就出，能出多少是多少，在未达到出货的总量之前股价一般不会大幅下跌。如果在拉升末期见量太大，且升幅较高，也会出现出货量。量价方面要把握以下几点：

（1）价涨量增。股价经过一段长期升势后，突然爆发一轮急涨升势，成交量显著增大，然后股价又突然向下反转。表明庄家拉高股价借势大举沽货，短期慎防见顶，应考虑将获利货沽出。

如果在尾盘出现价增量增，在下跌的初期，一旦均线形成空头排列，这种价量俱增的尾盘少见，即使有也多为庄家拉高出货的行为，不宜追涨，如果这种尾盘发生在

跌势末期，是反弹征兆，由于没有经过长期的横盘，这种反弹不宜看得太高。

如果在下降趋势的盘局中，尾盘出现价量俱增，要视30日均线的位置与角度，若30日均线走平，且与10日均线相距较近时，这种盘面表现多为结束调整信号，可介入，次日有望上攻均线。若30日均线尚未走平，这种尾盘可视为反弹行情，中线不宜进场。

（2）价跌量增。股价下跌而成交量增大，价量出现背离。此时有三种启示：①若股价在跌势初段或下跌趋势中段，出现价跌量增，反映沽压沉重，后市仍看跌。②若股价原先处于升势，突然止升下跌，而成交量有小幅度的增加，显示高位承接开始乏力，但这未构成股价立即转向的变化，故宜先行观望。③若股价原先处于升势，突然止升下跌，且成交量大幅度增加，可视为大户出货的举动，后市看跌，持股者应趁最后机会先行沽货套利。

如果在尾盘出现价跌量增，投资者应视周RSI的位置而定，若周RSI未处低位，而跌势中尾盘出现价跌量增，仍是恐慌性抛盘，次日也必将低开盘，因此，不宜抢反弹，而应果断离场。若周RSI已进入超卖区，尾盘无重大利空条件下，价跌量增，有可能是庄家的诱空行为，一旦次日出现平开或高开的情况下，反弹有望展开，投资者可择机而入。

如果在下跌趋势的盘局中，尾盘出现价跌量增，该盘面如果发生在一个调整时间等于或大于下跌时的时间，要慎防诱空行为，不宜贸然杀出，应视次日的盘面变化再作抉择；若此种尾盘发生在一个调整时间小于下降时的时间，这种盘面多为弱市特征，次日继续下跌的概率极大，不宜抢进做反弹摊薄操作。

（3）价平量增。股价持平，涨跌幅很小，但成交量却突然增加。若股价上升已有一段时间，接近升势末段时，出现价平量增的现象，反映卖方分批有秩序地沽货，将股价维持在稳定水平，无论如何，这都是代表抛压逐步增加的现象，预示股价将会有秩序地反复下跌。

（4）价涨量平。股价上涨，但成交量却与前几日差不多。如果股价原先以上涨居多，出现价涨量平，反映多空双方的力量已趋均等，多方再占不了上风，后市股价有可能会止涨下调，具有转向意味。

如果在尾盘出现价增量平，这种情况多属庄家所为，无成交量的配合空头能量得不到释放，反弹必然受阻，次日很难挑战均线，一般而言，不参与这种弱势反弹。

（5）价跌量平。股价下跌，而成交量与前几日差不多。在下跌趋势中，价跌量平是投资者分批离场的信号，下跌仍会持续下去。

如果在尾盘出现价跌量平，若均线系统刚形成空头排列初期，出现尾盘价跌量平，纯属买盘不济，投资者对后市信心不足的盘面表现，这种无量下跌不能单纯理解为惜

售，反而，卖压得不到释放，会引起大跌发生。若股价出现连续下跌之后，而周 KDJ 进入了超卖区时，这种价跌量平多为惜售所致。此时，不宜恐慌抛出，但买入则要等待次日探底时择机而入。

（6）价平量平。股价的涨跌幅度很小，成交量与前几日差不多，反映多空双方受不明朗因素困扰，对后市走势不明，故作观望休息，一般散户在此阶段中不宜入市。

（7）价涨量缩。股价上升，但成交量未能配合上升，反而减少，量价出现背离。在升势的末段时（可以观察股价上涨的时间，股价累积升幅在 50% 以上等来判断），出现量价背离反映高位缺乏承接力，小心这是下跌先兆。

（8）价跌量缩。股价下跌，而成交量减少，这是大势趋弱、买盘欠积极表现，不宜在此阶段做买卖。若股价刚从高处下跌，成交量迅速减少，出现价跌量缩，反映庄家正悄悄地分批沽货。预期跌势正有秩序地展开，底部不容易得知，持股者宜沽货离场。

（9）价平量缩。股价升跌幅微少，且成交量减少。若股价涨幅已大，反映高位追货买盘不足，后市随时停止升势而转跌。

# 第二节　高位尾盘异动

## 一、尾盘拉高陷阱

庄家为什么选择在尾盘拉高呢？在股价高位出现尾盘急拉，一般是为了加大出货空间，但出货有个时间和空间之差的问题。如果庄家过早地在盘中拉高股价，就有可能在拉高后引发抛盘出现。这样庄家为了将股价维持在一定的高位，还得在盘中高位接下一定数量的抛筹，甚至还要增加仓位，这对出货庄家来说是得不偿失的。

特别在遇到大盘下午走坏时，市场抛压会特别大，要想把股价维持在一定高位就要大量的护盘接筹。没有雄厚的资金是扛不住的，扛不住股价就有可能出现抛压下跌，这样庄家的盈利就大幅缩水，因此尾盘拉升的目的就不言而喻。在采用尾盘偷袭方式拉高，甚至拉升持续至收盘，这样可以避免或者缩短拉高后股价横盘的时间，减少拉高股价后庄家为了将股价维持在一定的高位在盘中还要接筹的操作。尾盘偷袭方式既达到拉高股价的目的，又可以节省拉升成本。对于想出货的或资金实力一般的庄家来说，这是一种较好的操盘技巧。

在技术图形上，尾盘拉高后可能出现以下四种情况：

（1）当天小幅震荡后，最后出现尾盘拉高，形成一根漂亮的大阳线或假阳线，确保

第二天的出货空间。

（2）早盘冲高后一路出货而股价回落，通常尾盘拉高缩短K线上影线或收出阳线，保持K线形态的完美性，稳定市场人气。

（3）在股价震荡下跌过程中，庄家尾盘拉高使日K线形成长下影线K线，显示下方有支撑作用，吸引场外资金。

（4）通过尾盘拉高形成假突破图形，构筑漂亮的技术形态，给散户带来几许想象空间。

图6-1，万向德农（600371）：该股在2014年5月初见底后，出现一波涨幅超过一倍的上涨行情，此时由于大盘环境欠佳，庄家炒作手法有所收敛，不断地在高位兑现获利筹码。

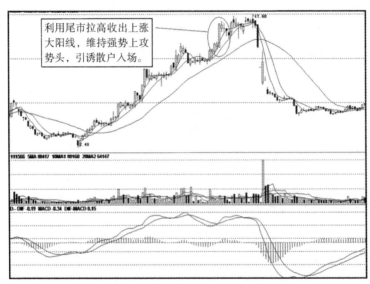

图6-1　万向德农（600371）日K线走势

2014年5月5日，全天股价窄幅震荡，在临近收盘前半小时，庄家刻意将股价拉到涨停价位。其目的有三：一是维护日K线的上升形态完好，使一般散户从日K线上看不出庄家在进行减仓操作；二是尾盘用少量资金就将股价快速拉到涨停板位置，为日后继续高位减仓出货腾出足够空间；三是在日K线上出现向上突破前期小高点压力，误导散户洗盘结束、股价打开上涨空间的假象。随后，股价维持在高位震荡走势，庄家不断地向外派发筹码。当庄家所剩筹码不多时，2014年5月27日出现一根跌停大阴线，从此进入中期调整走势。

图6-2，为万向德农（600371）2014年5月5日尾市拉高走势。

图6-3，中兴商业（000715）：庄家经过近一年的成功炒作后，股价有了两倍多的

涨幅，庄家不断在高位减仓操作，股价形成横盘震荡走势。2014 年 4 月 2 日股价维持一天的强势震荡后，在尾市 20 分钟时间里股价迅速涨停，K 线图中产生一根上涨大阳线，这根大阳线无疑吸引了不少散户的热情追捧。可是，次日开始连续下跌收阴，把前面的大阳线全部吞没，此后股价维持一段时间的横盘震荡。5 月 14 日开始，股价出现跳水行情，在拉高介入的散户全部被套牢其中。

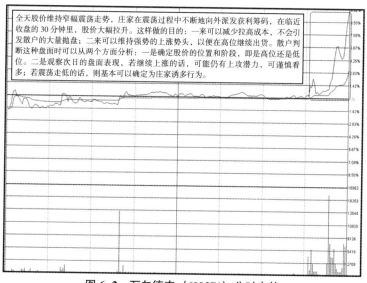

全天股价维持窄幅震荡走势，庄家在震荡过程中不断地向外派发获利筹码，在临近收盘的 30 分钟里，股价大幅拉升。这样做的目的：一来可以减少拉高成本，不会引发散户的大量抛盘；二来可以维持强势的上涨势头，以便在高位继续出货。散户判断这种盘面时可以从两个方面分析：一是确定股价的位置和阶段，即是高位还是低位。二是观察次日的盘面表现，若继续上涨的话，可能仍有上攻潜力，可谨慎看多；若震荡走低的话，则基本可以确定为庄家诱多行为。

图 6-2　万向德农（600371）分时走势

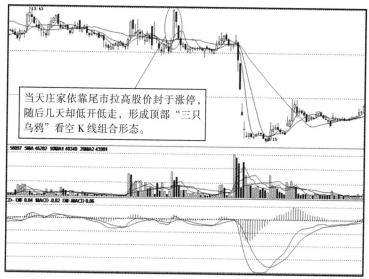

当天庄家依靠尾市拉高股价封于涨停，随后几天却低开低走，形成顶部"三只乌鸦"看空 K 线组合形态。

图 6-3　中兴商业（000715）日 K 线走势

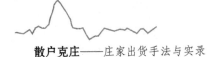

图 6-4，为中兴商业（000715）2014 年 4 月 2 日尾市拉高走势。

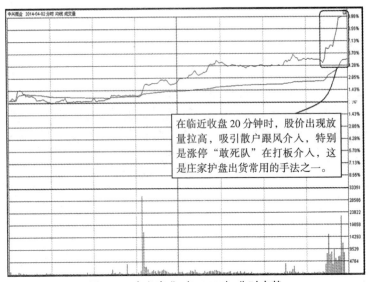

> 在临近收盘 20 分钟时，股价出现放量拉高，吸引散户跟风介入，特别是涨停"敢死队"在打板介入，这是庄家护盘出货常用的手法之一。

**图 6-4 中兴商业（000715）分时走势**

在下面这个例子中，庄家尾盘拉高出货手法更为凶悍，出货意图极其明显。一般这类个股次日绝大多数为开低，投资者遇到这种个股时，在次日盘中冲高时应坚决离场。

图 6-5，宝德股份（300023）：该股在 2018 年 6 月 22 日盘面出现戏剧性一幕，股价延续跌势从跌停价开盘，封盘 34 分钟后，巨量打开封盘。股价小幅上冲后，全天一直维持弱势震荡，成交量保持较高水平，显示庄家愿意以较低的价格出售。在临近收盘前最后 1 分钟，盘面出现戏剧性变化，一笔 2145 手的大单，将股价从 7.65 元拉到 8.67 元，从下跌 2.86% 一笔大单拉至涨停。全天股价从跌停到涨停，当天收出一根实体长达 20% 的大阳线。这种盘面现象大多是庄家减仓行为的表现，次日股价低开 9.92% 后弱势震荡，之后股价出现阴跌走势，直到 9 月 11 日迎来报复性反弹行情，股价连拉 6 个涨停后临时停牌。

经常有散户会问："庄家出货谁来接啊？"这样问的散户一般经验都不是很丰富，从该股走势就可以回答这个问题。庄家在大盘表现温和的时候，先是横向盘整，有人接盘就给，没有人接盘时就向上拉一把。当散户眼球集中过来，然后再横盘震荡派发，总会有人买入的。最后在临近收盘时把股价拉涨停，让那些想买而犹豫不决的散户后悔了一个晚上，第二天不得不在高位买入，这时回落风险悄悄降临。

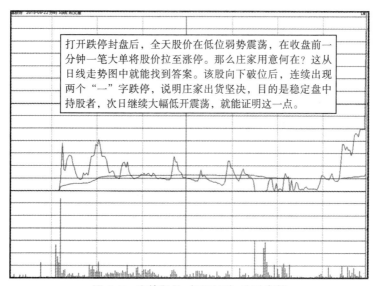

打开跌停封盘后，全天股价在低位弱势震荡，在收盘前一分钟一笔大单将股价拉至涨停。那么庄家用意何在？这从日线走势图中就能找到答案。该股向下破位后，连续出现两个"一"字跌停，说明庄家出货坚决，目的是稳定盘中持股者，次日继续大幅低开震荡，就能证明这一点。

**图 6-5　宝德股份（300023）分时走势**

## 二、尾盘跳水陷阱

尾盘是一日之内最重要的时刻，有时个股全天都在震荡上涨，但临近收尾的数分钟却变成"跳水"。这其中当然有各种各样的用意，但肯定也是出货的一种形式。

一般而言，在 14：30 之后，特别是收盘前的最后 10 分钟，是多空争夺阶段，双方僵持不下。如果采用尾盘进行杀跌，可起到"四两拨千斤"的作用，但前提是 14：30 之前两者实力相差不大，否则，在胜负已定的背景下无论哪一方努力也都是功亏一篑。从趋势角度分析，戏剧性的尾盘杀跌容易发生在下面四个阶段：

（1）涨势末期，追高乏力之下空方在尾盘反手惯压。

（2）形态整理结束，股价尾盘见分晓，做出方向性选择。

（3）久盘不涨的个股，高位容易在尾盘出现巨量杀跌。

（4）在特殊技术或心理关卡的支撑沦陷时，尾盘将引发强烈的杀跌意愿。

在高位出现尾盘跳水可能有三方面的目的：一是庄家打掉所有的当天委托买单，达到快速出货；二是为第二天留下一个高开的机会，挤进涨幅榜前列，吸引散户目光；三是在出货后期，庄家不计成本地抛售。

图 6-6，石化机械（000852）：2017 年 5 月 26 日，该股当天开盘后出现冲高走势，股价在高位维持震荡盘整，庄家在盘整过程中大量减仓，然后在 2 点开始出现回落走势，尾盘继续杀低，把当天所有的散户买单全部打掉，只要有散户接盘，庄家就会给你，有多少给多少。第二天，股价跳空低开低走，出现跌停板，说明庄家减仓意愿非常坚决，此后股价步入中期调整走势。

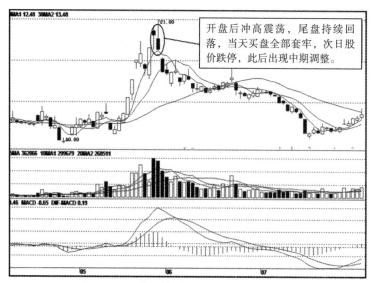

开盘后冲高震荡，尾盘持续回落，当天买盘全部套牢，次日股价跌停，此后出现中期调整。

图 6-6  石化机械（000852）日 K 线走势

图 6-7，深圳华强（000062）：该股前期出现飙涨行情，累计涨幅接近 3 倍，庄家出货无须指责和质疑。2015 年 6 月 15 日，股价开盘后一直围绕 2015 年 6 月 14 日收盘价震荡，临近尾盘时大幅下挫，以跌停板收盘，目的是第二天高开或拉高出货，以"红盘"吸引散户参与。这种盘面如果出现在大涨后的高位，那么股价离暴跌已经不远，投资者应及早离场。

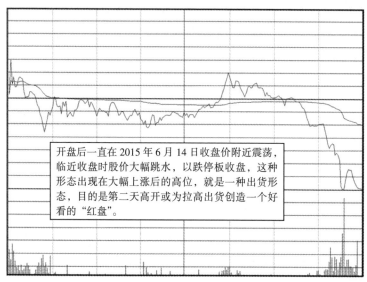

开盘后一直在 2015 年 6 月 14 日收盘价附近震荡，临近收盘时股价大幅跳水，以跌停板收盘，这种形态出现在大幅上涨后的高位，就是一种出货形态，目的是第二天高开或为拉高出货创造一个好看的"红盘"。

图 6-7  深圳华强（000062）分时走势

### 三、尾市看盘技巧

在股市中，有很多散户不注重尾盘的分析，认为差半小时就收盘了，股价不会再有什么变动了，其实每天股市最后这半小时是十分重要的。可以通过这半小时的盘面变化，判断庄家在干什么，以及将要干什么，然后根据庄家意图采取相应的操作策略，这样就可以踏准庄家节拍。因此，认真分析个股尾盘拉高或打压，对研究后市股价走势具有重要的意义。

那么，散户应当如何去分析和应对尾盘拉高和打压现象呢？根据多年实盘经验，可以围绕以下几方面的因素进行考量。

（1）在大盘的不同状态下。在大盘弱势时，个股尾盘拉升基本属于吸货打压，或者拉高股价寻找出货机会，次日下跌的概率极大。因此应对的办法是及时逢高卖出，越拉越卖，千万不要犹豫，不要错过减仓的好机会。在大盘强势时，如果股价处于高位，大多属于拉高出货行为，如果股价在低位蓄势已久，则也有借机突破的可能。

（2）在个股的不同位置时。在股价低位出现尾盘急拉现象，一般说明庄家掌握的筹码不足，拉高是为了吸货，以备打压股价之用。次日甚至此后数日，下跌概率极大。因此应对的办法是逢高卖出，以后加强观察。

在股价中位出现尾市盘拉现象，一般说明处于拉升中继，如果全天股价均在高处，则次日上涨的概率较大；但如果全日股价处于盘整状态，而尾盘急拉，说明洗盘即将开始，尾盘拉升是为了加大洗盘空间但同时又不愿深跌，以免廉价筹码被散户抢去。因此应对的办法是：既可以出局，也可以观察待变。

在股价高位出现尾盘急拉现象，一般是为了加大出货空间，使自己的筹码卖个好价钱，此时逢高及时卖出是明智的选择。此外，对庄家高度控盘的个股出现尾盘拉升时，一般可以不理会、不参与，因为庄家可以随意定义股价，既然可以拉升，也完全可以打压。

（3）在股本不一的个股中。在大盘股中，出现尾盘拉升的概率一般要大于小盘股，因为大盘股难以控盘。近几年以来，由于受到庄股"大跳水"影响，高度控盘的股票越来越少，取而代之的操作手法：不控盘操作正在被市场广泛应用。如何做到既不控盘又能推高股价？一是充分利用大盘气势和板块效应；二是多次使用尾盘拉升手法。因为尾盘的时间短、抛压小，拉升时成交量不大，庄家投入的资金有限。第二天，如果大盘不是太坏的话，一般股价都能在高位撑住，甚至继续上涨的概率较大。此时的应对办法是：只要股价不在高位，说明处于拉升中途，仍可继续持股。

（4）在不同的拉高手法中。一天的盘面角逐没有结束之前，多空双方的博弈依然激烈，尾盘的走势能反映出双空强弱的一方。所以，最后半小时内的走势是重要的盘口

语言，对第二天的走势起着非常重要的作用。但盘面走势千差万别，投资者也不可能全部把握，重点要掌握以下几种特殊的尾盘走势。

第一，直线式拉升。前几天和当天的走势都很平淡，尾盘最后几分钟突然拉升，中间不出现震荡回调，基本是一条直线上行。成交量快速放大，不给任何人追进的机会。如果全天的成交量因为尾盘的放大而明显放大，显示庄家资金无法出逃，必须采取拉高再想办法出货的方式了。后市庄家还是会以出货为主，不然走势不太看好。

第二，震荡式拉升。在最后的半个小时里开始出现放量震荡拉升，不是平滑的直线式上涨，全天成交量也明显比先前放大，K线上看是量增价涨的态势，但是实际上这是庄家力量不强的表现，这种尾盘的震荡拉高其实是一种对敲。这样的拉升方式主要目的还是吸引跟风入场，以降低庄家拉升成本，又为以后的出货加大空间，这种走势出现后往往股价还能走高，但持续时间不会很长。

第三，前期个股十分活跃拉升，成交量始终维持较高水平。但是股价无法拉高，当日尾盘突然放量拉升，放大的程度非常大，甚至一直快速拉到涨停。虽然成交量中有对敲造势的成分，但是也说明跟风盘非常踊跃。拉升中以最大限度地吸引人的眼球，而第二天开始股价却没有高开高走，反而突然疲软。这是庄家利用散户的惯性思维做盘。不少散户认为股价涨停后应有继续拉高动力，否则就要卖出，庄家因此进行打压洗盘，为后市拉高扫平障碍。

当然，也有其他的情况，现在庄家的手段也不断翻新，还有很多被人看不到也看不懂的手段，这就需要投资者从实盘中不断地去总结经验了。不过尾盘突然拉高的过程始终不是进场的好机会，不管后市能否拉升，这样尾盘入场的成本始终太高了。

（5）在不同的个股盘口中。作为理性的投资者还应当仔细分析盘中的每笔交易后才能下结论，如果没有对盘中交易过程的观察，就很难对这一现象得出正确的结论。下面根据盘中的交易，分析几种常见情况。

第一种情况，该股全天的成交非常平淡，大单子也很少出现，因此结论就是"庄家护盘"。在分析了盘中交易以后再做出这个相同的结论，就是一个理性投资者的境界。

第二种情况，在盘中有主动性抛单向下打压股价，一旦下方出现稍大的单子就立刻有主动性的单子砸出来使其很快成交，股价走势明显弱于大盘，也是属于"庄家护盘"。

第三种情况，在盘中出现过一些较大的成交量，但都是在一个特定的较低的价位附近出现，而且单子比平常的单子要大。比如，一般的买卖单都是几十手，但这些较大的单子都是100手以上。这是有大单子在进行盘中交换，其价格是有"默契"的，因此在成交以后庄家还会将价格拉回到原来的位置。这种现象的背后，可能是庄家将一部分筹码在一定的价格附近通过市场转让给其他投资者，或者是其他要退出者将某

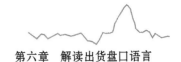

张大单子还给庄家。

第四种情况，庄家在出货，盘中观察不断有主动性打压盘出来。一旦有稍大一些的接盘就会被砸掉，与第二种情况一样，但结论却与"庄家护盘"完全不同，而是"庄家出货"，拉抬收盘价的目的是第二天能够更好地出货。现在关键是如何与第二种情况区别，这才是真正的智力较量。判断的一个要点是出货狠不狠，另外还可以估计一下做收盘价所用的量与盘中出货量的比例。如果做收盘价的量不到出货量的两成，则是出货者为了第二天更好地出货，反之就可以确认是"庄家护盘"了，庄家是绝不会再花大资金去做收盘价的。

（6）尾盘看盘心得。可以将14：30以前出现的盘中最高价和最低价描出，并取其中间值作为参照价。如果此时股价在中间值和最高点中间运行，则尾盘将以震荡走强或突破新高的概率较大；如果此时股价在中间值和最低点中间运行，则尾盘通常以震荡走软而收低。如果14：30股价已突破新高，则尾盘势必还有一番拉抬，使股价再度走高。反之，如果股价此时跌破盘中最低点，则收盘前卖方压力不可小觑，股价会疲弱难支，通常以最低价收盘。

在尾盘进行杀跌的末期，特别是最后5分钟可以观察各项指标，以便判断次日的技术走势，做出是否持仓的决定。作出判断的最重要诀窍是先定义K线的不同阶段，因为涨势中、跌势中或盘整中的尾盘，其次日开盘大不相同，趋势以10日均线的上涨或下跌为标准。

（7）其他因素。一是尾盘拉高的股票通常说明庄家实力弱小、资金有限的一面，尤其是大势震荡的时候，通过尾盘急速拉高做高股价，能够节省做盘成本。二是注意将个股价格和个股技术形态结合判断分析。如果一只股票构筑缓慢的上升通道，并走进最后的五浪加速期，那么，这个时候的急速拉高属于本身趋势形态上涨加速。在股价快速起飞的初期，可以适度跟涨，反之，则应该观望。三是高位横盘的个股经常出现尾盘急速拉高时应该警惕，特别是每一天的交易时间里，基本保持震荡下跌，而在收盘时候，就有大买盘主动推高股价，并且这样的股票累积涨幅已经不小，应该考虑庄家骗线做图，掩盖自身出货痕迹。四是区分有量急拉和无量上涨的两个不同。前者属于庄家对敲做盘，从买卖档可以看到很多大单、整数单的大举买进。这样的情况，十有八九属于庄家故意炫耀实力给散户看，引诱跟风盘，而后者则是突发消息刺激，场外资金急切抢进，股价不用放量就轻松上涨甚至涨停。这往往说明两个含义：一是庄家惜售；二是筹码高度集中。这种情况下的无量拉高，特别是无量封住涨停，后市绝对可以看高一线。

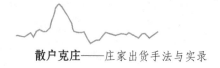

# 第三节  出货盘口玄机

## 一、大单托盘玄机

在庄家出货阶段，经常会在盘口出现大单托盘现象。这时有的投资者不太理解，既然庄家要向外发货，那么为什么又在买档位置堆放大单托盘呢？庄家的目的有二：一是稳定场内散户持股信心；二是吸引场外散户买入意愿。

当股价上涨了一定幅度的高位后，在盘口出现委买量大大超过委卖量的大单托盘现象，显示买盘十分强大，股价一时难以下跌，形成股价可以轻松上涨的假象。大单托盘的意图就是在高位给场内散户足够的信心，起到稳定军心的作用，同时刺激场外观望散户的入场欲望，诱使更多的散户争相买入股票。在实盘中确实有很多散户认为，买入位置出现明显的大单是庄家积极做多的表现，因而坚定持股或加仓买入，结果被套牢在高位。

那么庄家是如何出货的呢？庄家会运用一些盘面技巧实现自己的出货手段。一是在大单托盘价位上方进行对倒交易（庄家出货离不开对倒手法），维持繁荣的盘面气氛，这时或多或少会有一部人被吸引过去的。二是巧用托盘方法，庄家一般不会在买一位置托盘，而是在稍后的买档上挂出，让场内外的散户在前面的价位上进行买卖，庄家从暗中出货。三是变化无穷的托单手法，庄家的托盘单挂了又撤、撤了又挂，比如撤了前面的100手，同时再挂单100手，在电脑上看不出来托盘数量的变化。而此时的挂单意义已经发生重大变化，也就是说100手挂单已经在散户的后面排队，根据"优先成交"原则，成交的是前面散户的单子，而不是后面庄家的大单，所以庄家不会在高位接手高价筹码。这就是庄家的操盘秘密。

在一些个股累计涨幅比较大的情况下，盘中的大单托盘会出现另一种异常情况。在开盘之后股价震荡下跌，当下跌到一定幅度时在买档位置出现大笔买单，好像有庄家在吸纳，股价无法继续下跌。但在这个位置股价反弹时明显无量，而且从成交明细来看，盘中主动抛盘（内盘成交）较多，而且在股价重新下跌时抛盘踊跃。虽然在某一价位有强大的买盘托着，但股价总体呈下跌趋势，这是庄家常用的出货手段。原因很明显，如果是庄家护盘的话，就不应该只是象征性地挂单托盘，而是真实性地买单才是，一方面是托盘非常强大，另一方面是股价回升无量，这本身就是矛盾的。所以，投资者在盘中见到这种情况一定要小心为上，先出局了事。

当然，大单托盘除了上述庄家手段外，同时也起到控制股价下跌作用。如果股价出现快速下跌走势，对庄家出货是不利的。最好就是在平稳的环境实现出货，因此大单托盘具有调节股价的功能。散户只要认真分析盘面细节，就会识破庄家的大单托盘手段。

## 二、大单买入玄机

大单买入阴谋是指在某一时段里，盘面出现较大的买入成交单，但股价未见得出现上涨，有时甚至是下跌走势，形成量价失衡现象，而庄家在暗中实现出货。

一般而言，如果盘中出现持续性的大单买入，往往说明买盘非常积极，投资者纷纷看好后市，预示股价上涨潜力较大，是普遍看好的信号。但大单买入并不一定真实反映股价的内在因素，恰恰是庄家运用大单买入实施高位出货的手段。当股价处在上涨后的高位，庄家也是急切希望兑现获利筹码，但如果不顾盘面状态，一味向外出货，势必造成股价快速大幅下跌。这样对庄家后期出货十分不利，所以运用大单买入，造成虚假的成交盘面，以此稳定场内散户做多信心，同时吸引场外散户入场接单，而庄家在暗中不断向外出货。

那么，大单买入是不是庄家真的买进筹码呢？庄家又是如果出货的呢？盘中大单买入不是庄家的本意，庄家也不会随意接过高位筹码，只是在关键时刻吃进少量的抛单，总体是"多卖少买"，划得来。这里面有很多的技巧和方法：一是与大单托盘相结合，在较远的买四、买五档位置挂出大单，然后在买一、卖一价位放量，形成股价立即要上涨的假象，散户看到下面有大单委托，在心理上具有安全感。股价一时不会下跌，而且在大单委托后面排队不一定成交，因而散户会在买一、卖出价位选择委托或即时成交，这样庄家暗中不断出货。二是庄家利用几笔对倒单，迅速拉高几个价位，形成"井喷"迹象，此时有的散户就会迅速追高买入，这样庄家就可以派发不少的筹码。三是利用快速挂单撤单手法出货，庄家在盘中撤了前面的单子后，迅速挂出相同的单子，欺骗散户跟单场。这就是庄家的操盘秘密。

投资者在实盘操作时，在高位看到连续单向的大单买入后，股价不涨或小涨时应引起警惕。一旦发现庄家出货，就应果断退出。

## 三、识别盘口方法

在股价上涨后的高位，盘口总是显得十分热闹，但盘口背后隐藏着巨大的庄家阴谋。大单托盘和大单买入恰恰是庄家实施阴谋的基本手段。投资者透过盘口现象，观察庄家的蛛丝马迹，从而揭穿庄家阴谋，更好地把握买卖时机。

（1）在高位出现大单托盘时，股价不但没有上涨，反而出现向下滑落，为假托盘。

如果大单托盘时，股价渐渐向上攀高，每上一个价位后，大单托盘随之向上抬高，表明庄家依然顽强地上攻，升势可能仍在延续之中。此时应密切留意盘口变化，一旦大单托盘撤掉时，应立即出局。

（2）在大单托盘出现时，随着大单卖出，显示庄家在其中活动。若股价重心渐渐下移，疑似庄家暗中出货，则为假托盘，散户及时离场；若股价没有出现明显的下移走势，而是微微上移，谨防庄家诱多出货。

在大单托盘出现时，随着大单买入，这是庄家行为。若股价没有出现上涨，则为假托盘和假大单买入；若股价出现上涨，说明仍有一波涨后余波行情。此时可以谨慎持股，在盘口出现反常现象时果断退出。

在大单压盘出现时，如果买卖单子都不大，说明散户行为，庄家观望。无论是股价上涨还是下跌，都应注意后市动向，一旦苗头不对就应立即撤退。

（3）大单托盘出现在较远的买四、买五位置时，这是挂出给散户看的诱多动作，庄家并不希望这笔托单真正成交。如果大单托盘出现在较近的买一位置，可能是一笔真托单，股价暂时遇到护盘力量。但总体而言，护盘是被动的，投资者应小心瞬间出现变盘。

（4）在高位出现大单买入时，股价不但没有上涨，反而出现下跌走势，为假买单，属于典型的诱多行为；相反，在大单买入时，股价也随之上涨，为真买单的可能性较大，有可能出现一波冲高行情，投资者可以谨慎持股，静观其变。

（5）在大单买入时，上方有大单压盘，大多是庄家行为，利用上下夹板出货的可能性较大。若股价重心下移，大单不断下移压盘价位，为假买单；若股价重心上移，大单不断上移压盘价位，为真买单，但应提防庄家诱多。

（6）上方压盘不大，但出现大单买入，大多是庄家诱多行为。若股价出现下跌，则为假买单；若股价出现上涨，为诱多式出货行为，短期而言是真买单，中长期则是假买单。

（7）在高位出现大单买入时，导致股价快速上涨，上涨后股价能够坚挺在高位，没有快速回落到原先的价位附近，这大多是实力强大的庄家再次拉高行为。如果股价被一两笔买入大单快速上冲后，股价很快回落到原地踏步或出现下跌势头，说明大单买入是典型的诱多行为。如果在盘中经常出现这种走势，则庄家出货意图更加明显。

# 第四节　经典分时出货形态

庄家出货是正常的市场行为，买卖筹码是股市生存的形式和条件，没理由谴责和质疑。有时候出货不代表个股后市股价就下跌，很多时候也只是市场某一时期的阶段性行为或短期波动，所以不能一概而论。这里介绍几种典型的分时出货形态，以飨散户投资者。

## 一、高开低杀

在高位股价大幅跳空高开，甚至从涨停板价位开盘，但封盘不久开板震荡，股价逐波向下回落，庄家不断派发筹码。当日 K 线在高位收出放量大阴线，形成"绝顶大阴线"。这种形态有四个特征：一是处于前期大涨的高位；二是大幅跳空高开 5% 以上；三是大阴线实体大于 7% 以上；四是出现巨大的成交量。

图 6-8，必创科技（300667）：该股庄家完成低位建仓计划后，从 2018 年 3 月 26 日开始，股价连拉 6 个涨停。第 7 个交易日，股价从涨停价位开盘，封盘 19 分钟后，巨大抛单砸开封盘。之后，股价逐波下跌，庄家不断派发筹码，当天股价下跌 5.12% 收盘，大阴线实体长达 15.12%，当日放出巨量，换手率达到 69.88%。这种盘面现象明显就是庄家对敲出货走势，次日股价继续下跌。

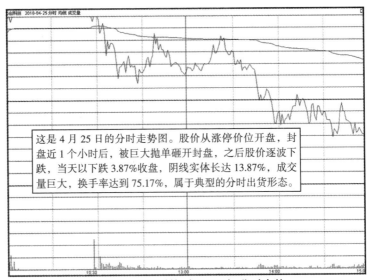

> 这是 4 月 25 日的分时走势图。股价从涨停价位开盘，封盘近 1 个小时后，被巨大抛单砸开封盘，之后股价逐波下跌，当天以下跌 3.87% 收盘，阴线实体长达 13.87%，成交量巨大，换手率达到 75.17%，属于典型的分时出货形态。

**图 6-8　必创科技（300667）分时走势**

由于该股涨得快、跌得急，庄家也一时难以全部脱身，很快股价企稳上涨，于是展开第二波拉升走势。2018 年 4 月 25 日的盘面表现与 2018 年 3 月 26 日的盘面走势如出一辙，典型的高开低杀出货现象。

图 6-9，万兴科技（300624）：该股完成第一轮新股上市涨停潮后，出现短期回落调整。从 2018 年 3 月 1 日开始，展开新一波更为猛烈的拉升行情，在 17 个交易日中拉出 14 个涨停，股价短期涨幅巨大。4 月 10 日，股价大幅高开 9.56%后，盘中秒封涨停。封盘到 11：07，被巨大抛单砸开封盘。股价急速下跌，盘中翻绿，午后震荡走跌，当日下跌 6.13%收盘，大阴线实体长达 15.69%，当日放出巨量，换手率高达 52.06%。从此之后，股价进入中期调整。

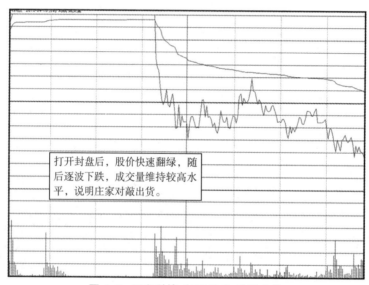

图 6-9　万兴科技（300624）分时走势

## 二、大幅震荡

在高位股价大幅跳空高开，甚至从涨停板价位开盘，然后几笔或一笔大卖单将股价"秒杀"到前一日的收盘价附近，个别凶狠的庄家可能从涨停板打到跌停板位置。然后，股价又放量快速拉起，涨幅达到八九个点，或再次触及涨停板位置。之后，全天呈现逐波震荡走低态势，成交量渐渐萎缩。这种"途穷日暮式"的分时形态，对于盘感不佳或者动作迟钝的散户有一定杀伤力，稍微迟缓，账户缩水明显。对于观望者难以产生购买欲望，如此大幅下挫谁还敢跟进？对于持有筹码的散户，可在早盘开盘挂好单子以备不测盘面。

图 6-10，东方新星（002755）：该股连续拉出 20 个涨停后，2015 年 6 月 12 日股价从涨停板价位开盘，但封盘时间仅维持 15 分钟，9：46 连续几笔大卖单抛出，股价

直线回落到前一日收盘价附近。此时，原先低位持股者眼看 10%的涨停板被完全抹去，就不甘心卖出了，计划等待股价回升时再抛。随后股价放量快速拉起，再度封上涨停板，但很快被打开。这时持股者看到股价还很强势，在贪婪的心理作用下，还是舍不得抛。可是，此后股价逐波走低，盘面渐渐走弱，尾盘还出现小幅跳水动作。从第二天开始股价出现暴跌走势，就这样散户在犹豫中被套牢，庄家在喜悦中开溜。

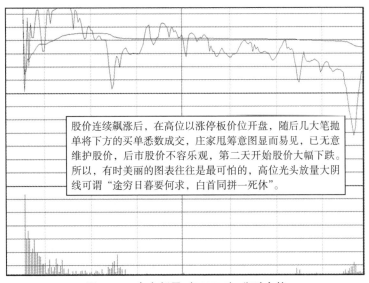

股价连续飙涨后，在高位以涨停板价位开盘，随后几大笔抛单将下方的买单悉数成交，庄家甩筹意图显而易见，已无意维护股价，后市股价不容乐观，第二天开始股价大幅下跌。所以，有时美丽的图表往往是最可怕的，高位光头放量大阴线可谓"途穷日暮要何求，白首同拼一死休"。

图 6-10　东方新星（002755）分时走势

图 6-11，梅雁吉祥（600868）：该股庄家手法更为阴险，股价拉出 9 个涨停板后，2015 年 8 月 18 日跳空以涨停板价位开盘，然后连续几笔大卖单抛出，股价从涨停价"秒杀"到跌停价。之后，股价又放量直线拉升到 9 个多点，接近涨停板价位，可是又快速回落，股价在大起大落中逐波走低，庄家在巨幅震荡中分批出货，最终以跌停板收盘，当日收出一根幅度达到 20%的大阴线。

### 三、低开高冲

这种形式与"高开低杀"相反，在高位股价大幅跳空低开，甚至从跌停板价位开盘，然后放量向上拉起，个别凶狠的庄家可能从跌停板拉到涨停板，而庄家在拉升过程中不断派发筹码。在分时走势中，大多以直线向上拉升，每拉一波行情后，庄家就抓住时机赶紧出货，股价向下震荡回落，回落时盘面并不凶猛，如同"一把不见血的温柔之剑"，所以在分时图中杀伤力不明显。只是股价大涨之后离大跌就不远了，所以已经涨高了的个股追涨需谨慎。这时判断一只个股是否"脱壳"其实成交量已经不大管用，短期爆炒的个股成交量都很大，主要可观察分时中回调的力度和空间。

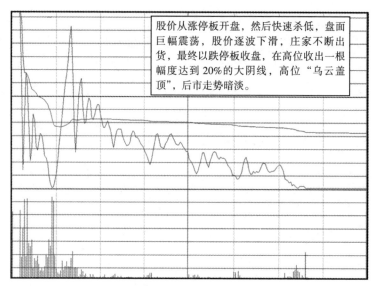

> 股价从涨停板开盘，然后快速杀低，盘面巨幅震荡，股价逐波下滑，庄家不断出货，最终以跌停板收盘，在高位收出一根幅度达到20%的大阴线，高位"乌云盖顶"，后市走势暗淡。

**图6-11　梅雁吉祥（600868）分时走势**

图6-12，德新交运（603032）：该股大幅下跌后，在2018年8月20日开始出现一波报复性反弹行情，股价从11元下方快速拉升到27元上方，短期涨幅非常大。9月14日，大幅跳空低开8.96%后，股价快速封于跌停板。午后1：50巨量打开跌停板，然后股价逐波震荡上涨，庄家边拉边出，股价上涨很流畅，当天以上涨9.61%收盘，形成长达18.57%的大阳线，吸引了不少跟风盘介入。可是，次日股价大幅低开9.36%，全天弱势震荡，尾盘跌停，之后股价出现调整。

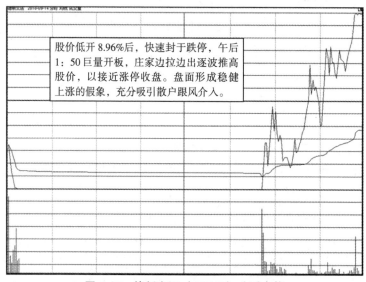

> 股价低开8.96%后，快速封于跌停，午后1：50巨量开板，庄家边拉边出逐波推高股价，以接近涨停收盘。盘面形成稳健上涨的假象，充分吸引散户跟风介入。

**图6-12　德新交运（603032）分时走势**

图6-13，双杰电气（300444）：该股在2015年5月28日出现了从涨停到跌停的"高开低杀"式出货，次日股价从跌停板价位开盘，然后巨量打开跌停板拉高股价，庄家从震荡中派发了大量的筹码后，股价从跌停附近直线拉起，涨幅接近8个点时停止拉高，庄家在震荡回落中不断出货，最后以下跌9.38%收盘，在日K线图中形成一条长长的上影线，市场发出明确的见顶信号，此后股价出现暴跌行情。

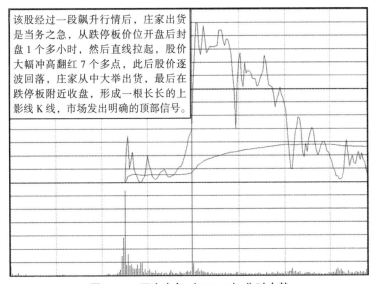

该股经过一段飙升行情后，庄家出货是当务之急，从跌停板价位开盘后封盘1个多小时，然后直线拉起，股价大幅冲高翻红7个多点，此后股价逐波回落，庄家从中大举出货，最后在跌停板附近收盘，形成一根长长的上影线K线，市场发出明确的顶部信号。

图6-13 双杰电气（300444）分时走势

## 四、顽强攻击

这种形态在开盘后不久，多头咄咄逼人，摆出一副大涨的架势，向上发起猛烈攻击，股价逐波强劲上涨或直线单波上行，涨幅达到八九个点后停止拉升，或一度封盘后快速开板，然后股价开始震荡，庄家大规模出货，大多在尾盘还会出现跳水动作。有的个股更加凶猛，股价顽强上攻，一步步向涨停板逼近，似乎在告诉大家股价封涨停板已经没有悬念，于是大批"涨停敢死队"纷纷扑进。可是，当眼看股价就要强势封涨停时，多方偃旗息鼓，拉升戛然而止，随后股价缓缓走低，以最低点或次低点收盘，K线上形成长长的上影线。

这种走势总的一句话，就是"上午拉高，下午出货"，在目前市场中庄家采用比较多，几乎每次坐庄都在使用，投资者实盘中需多加研究总结。

图6-14，建新股份（300107）：2018年5月21日，股价小幅低开1%后，先是作短暂的震荡，接着一波快速拉高，然后从6%附近开始顽强向上攻击，盘中一度封涨停。封盘半个小时后开板，股价在涨停板附近强势震荡，盘面形成再次封板的假象。这种盘面看起来非常强势，吸引不少散户热情追捧，庄家不断在震荡中出货。直到尾

盘 20 分钟时间里，股价大幅跳水，庄家大量抛售，出货意图暴露无遗。当日股价仅涨 0.47%，勉强收于红盘，K 线留下长上影线。之后，在高位维持 3 个交易日，股价出现向上变盘，进入中期调整。

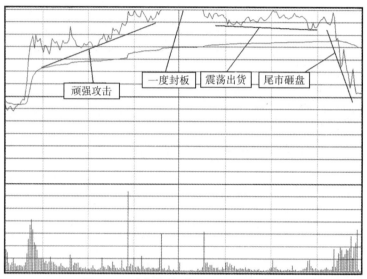

图 6-14　建新股份（300107）分时走势

图 6-15，道恩股份（002838）：2018 年 2 月 1 日，开盘后庄家大摆架势，咄咄逼人，顽强上攻，股价三波奔向涨停板，给人的感觉就是当天股价封板没有任何悬念。此时"涨停板敢死队"纷纷介入，以为股价能封住涨停，博取第二天股价冲高的盈利

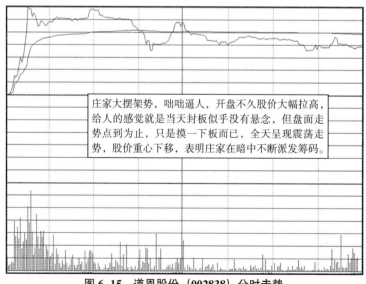

图 6-15　道恩股份（002838）分时走势

机会。可是，股价走势如蹦极，仅仅碰触一下涨停板，然后全天呈现震荡走势，股价重心不断下移，表明庄家在暗中不断派发筹码。

### 五、停而不封

这种形态就是股价拉涨停但不彻底封死盘面，在涨停板附近反复进行。通常在早盘 10：30 前后快速拉到涨停板后，出现短暂（几分钟）的封盘，然后打开再封盘，反复进行，形成"停而不封"的走势形态，但在收盘时往往能封在涨停板位置，不过封单一盘都不大，大多次日会低开震荡。这就是庄家让喜欢追涨停板的散户有足够的买入时间，是庄家常用的出货方法之一。

图 6-16，贵州燃气（600903）：该股前期出现飙升行情，获利丰厚的庄家在高位寻找出货机会。2018 年 3 月 8 日开盘后，股价逐波上涨，拉到涨停板位置后，庄家故意不封盘，在涨停板附近反复开板震荡。这不得不让人产生怀疑，如果庄家真的想拉升股价的话，就会果断封死盘面，不给散户有介入的机会。在涨停板附近如此敞开大门让散户进入，背后一定怀有不良目的。

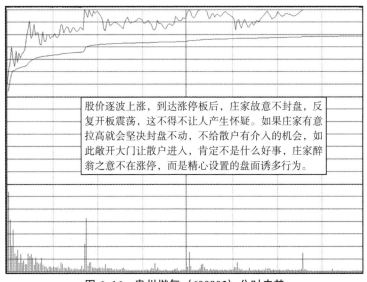

图 6-16　贵州燃气（600903）分时走势

图 6-17，新光药业（300519）：2018 年 5 月 22 日，开盘后股价三波拉高，触及涨停板时不封盘，回落横盘震荡，形成回调蓄势假象，给散户一个介入的机会。庄家在股价横盘中不断出货，尾盘牵强收于涨停板，保持强势盘面状态，让当天追板介入的散户晚上安稳睡一觉。第二天，次日股价不但没有强势上涨，反而低开 5.04% 后，弱势震荡走低，从此开启持续阴跌行情，将前一天追板买入的散户拴在高位。

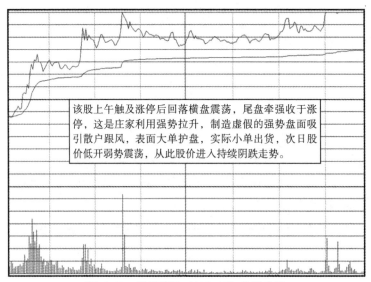

该股上午触及涨停后回落横盘震荡，尾盘牵强收于涨停，这是庄家利用强势拉升，制造虚假的强势盘面吸引散户跟风，表面大单护盘，实际小单出货，次日股价低开弱势震荡，从此股价进入持续阴跌走势。

图 6-17　新光药业（300519）分时走势

## 六、上下穿梭

这种形态在分时盘面波动幅度不大，股价上下穿梭，呈锯齿形状走势。具体有两种盘面现象：

（1）纯粹的横向波动，股价开盘后小幅上涨或下跌，然后形成震荡走势，全天基本围绕均价线上下震荡，直至收盘。

（2）股价大体上沿着一个方向震荡运行，上涨不急，下跌不凶。

这种形态对于看盘功底不深的人来说，很难从分时上判断庄家明显的出货行为，因此一定要结合日 K 线图、价位高低以及前期的市场表现（有无快速拉高行情）等情况综合分析。

图 6-18，绿地控股（600606）：2015 年 6 月 12 日，该股开盘后先是小幅下跌，然后回升穿越当日均价线，之后，全天围绕当日均价线上下穿梭，而均价线呈横向发展，盘面没有大的起伏，成交量保持恒等，直至收盘这种局面没有被打破。散户遇到这种盘面怎么办？可以采取两点策略：一是观察日 K 线图，分析股价位置和前期股价表现；二是观察次日或随后几个交易日的盘面变化情况。就该股而言，股价处于大幅上涨后的高位横盘，震荡幅度渐渐收窄，K 线实体不断缩小，构成一个小型的三角形整理形态，预示股价将要发生变盘，通常在高位出现这种走势向下变盘的可能性大。

图 6-19，盐田港（000088）：2015 年 7 月 1 日，该股小幅低开后逐步向上震荡，然后股价回落到开盘价附近，此时庄家出手护盘，股价又回升，但股价回升到早盘高点附近时，再次出现回落走势，全天在分时图形成一个"M"头形态。仔细观察当天的

分时走势可以发现，无论是上涨还是下跌，盘面都比较温和，股价上下穿梭朝一个方向运行一段距离后，反转朝另一个方向温和运行，而中间呈现锯齿形态。结合日K线图分析，可以定义为庄家行为，应及时逢高离场。

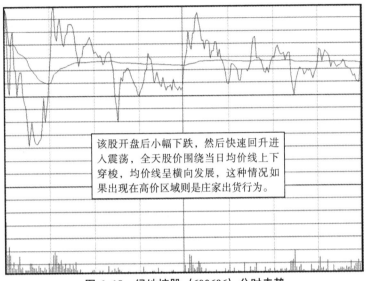

> 该股开盘后小幅下跌，然后快速回升进入震荡，全天股价围绕当日均价线上下穿梭，均价线呈横向发展，这种情况如果出现在高价区域则是庄家出货行为。

**图 6-18 绿地控股（600606）分时走势**

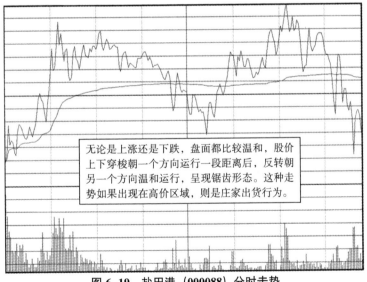

> 无论是上涨还是下跌，盘面都比较温和，股价上下穿梭朝一个方向运行一段距离后，反转朝另一个方向温和运行，呈现锯齿形态。这种走势如果出现在高价区域，则是庄家出货行为。

**图 6-19 盐田港（000088）分时走势**

## 七、定位对敲

庄家在出货时很多时候会在某一个价位进行定位对敲和托盘出货。所谓定位对敲出货，就是庄家在某一价位的卖档位置堆放大卖单，然后自己逐一吃掉，反复在这一

价位进行对敲，显示下方买盘积极，由此吸引散户入场。

定位对敲所对应的就是托盘出货，所谓托盘出货，就是庄家在某一价位的买档位置堆放大买单，承接少量的散户抛盘，吸引更多的散户吃掉上方的抛单，反复在这一价位进行托盘，显示下方支撑有力。这是一种比较流行的出货方法，也是一种拉高手法，有时候庄家在买盘上挂上大单，促使股价逐渐飘带式上移，市场总会有一些沉不住气的散户勇敢买进。

图 6-20，中国中车（601766）：如果关注该股走势的投资者，一定没有忘记 2015 年 6 月 11 日庄家进行定位对敲出货的一幕。这天庄家在 26.67 元价位堆放巨大的卖单，然后庄家逐一吃掉，吃完了再堆放大卖单，然后继续吃掉，在这一价位多次进行，造成下方买盘积极的假象。直到中午收盘前股价出现向下跳水，当天介入的散户全线套牢，庄家则抛掉了大量的筹码。

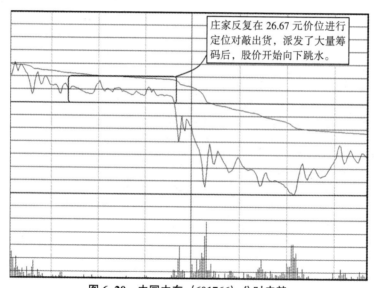

庄家反复在 26.67 元价位进行定位对敲出货，派发了大量筹码后，股价开始向下跳水。

**图 6-20　中国中车（601766）分时走势**

# 第七章  出货阶段看盘技巧

## 第一节  出货的市场特点

（1）市场人气狂热。庄家吸货、拉升需要一定的时机和市场环境，同样，庄家出货更需要如此。庄家为了出货，必须制造一个狂热的市场气氛，才能达到派发的目的。它可分为两种：大势火爆和个股火爆。

大势火爆。此时人气聚集，交投活跃，证券交易大厅人头攒动，座无虚席，生怕买不到股票，市场出现白热化，甚至有的个股达到疯狂境地。

个股火爆。一般表现为局部或个股行情，多属非主流板块或主流板块中的部分个股，除基本面因素外，往往有庄家资金关照。

（2）股价巨量天价。盘面上随着人气的狂热，出现能量剧增，这就是常说的"天量天价"。庄家只有在巨量的成交中"浑水摸鱼"，无量的下跌多属洗盘或空头陷阱。它分为以下两种：①单日放天量。成交量原先保持温和状态，量价配合理想，股价节节攀升，某日盘中放出巨量，量价配合失衡，第二天缩量下跌，在成交量指标中出现"顶天立地"长柱。②多日放天量。股价长期运行在上升通道之中，成交量适中，量价配合理想，股价逐波上扬，气势如虹。不久，股价在高位持续多日放出天量（有时庄家为了做盘需要，也能做出量价配合的K线图），很快股价反转向下。

（3）股价大跌小涨。这种现象正好与庄家拉升时的图形相反，庄家趁着市场人气旺盛，交投活跃之机，将股价呼呼地往上拉，随后不久股价迅速回落，出现1~2根长长的阴线，接着产生1~2根小阳线或十字星，然后再度拉出长阴或多根阴线。此时，由于股价回调幅度较深，不少散户认为这是庄家刻意打压洗盘，或者认为瞬间跌幅较大，而纷纷介入，结果个个被套之中。

（4）股价快速脱顶。股价见顶后迅速脱离头部，形成加速下行之势，气势转弱。在实盘中，有不少散户当股价在相对高位进行强势调整时不敢介入，担心股价炒高了会

下跌，其实这是涨升的刚刚开始，偏偏在股价深幅回落走弱时介入，以为调整已到位，其实这是下跌途中的暂时停顿。这就是常说的"强者恒强，弱者恒弱"，涨得让你不敢相信，跌得让你无法接受。在一轮行情中，会涨的股票是不会下跌的，会跌的股票是不会上涨的，这就要求散户懂得"弃弱从强"的道理。快速脱顶也有两种现象：①单日脱顶。这是指股价快速上冲后，当日就翻脸向下迅速脱离顶部。常见的有两种走势：一种是股价急速上冲后快速回落，当日K线上留下长上影线；另一种是高开或涨停价位开盘后，股价快速回落（此种现象多属于阶段性头部）。②多日脱顶。这是指股价经过多个交易日的连续上涨后，快速翻脸向下迅速脱离顶部。往后的盘面就是涨小跌多，阴长阳短，行情步入漫漫熊市之路。

# 第二节　出货的技术特征

庄家出货行为较不隐蔽，手法也较为高明，但庄家在抛售筹码的行动中，或迟或早，或多或少，总会露出一些蛛丝马迹的市场征兆。一般来说，如果有以下现象出现时，就要注意庄家很可能是在出货。

## 一、均线系统

当股价经过数浪上升，涨幅已经较大时，如5日均线从上向下穿过10日均线，形成死叉时，将显示短期头部已经形成。5日、10日、30日均线在高位出现死亡谷（死亡谷是指短期均线由上向下穿过中期均线并继续向下穿过长期均线，随后中期均线也向下穿过长期均线，不久长期均线也出现下行，从而在顶部形成一个尖头向下的不规则三角形，这个三角形就叫死亡谷或死亡角），说明中短期股价见顶。60日均线走平或向下拐头，构成中期转势信号。

## 二、指标特征

（1）周KDJ指标在80以上，形成死叉，日KDJ在高位严重钝化，通常是中期顶部和大顶的信号。

（2）10周RSI指标如运行到80以上，10日RSI指标严重超买并出现顶背离，预示着股指和股价进入极度超买状态，头部即将出现。

（3）TOW指标经过数浪上涨，在高位两平头、三平头或四平头翻绿时，是见顶信号。

（4）MACD 指标在高位形成死叉、顶背离或 M 头时，红色柱状不能继续放大，并逐渐缩短时，绿柱出现并逐渐增长，头部已经形成。

（5）股价随 BOLL 通道上升较长时间，当股价向上越过 BOLL 上轨线后回落，下穿 BOLL 中轨线，随后又下穿 BOLL 下轨线时，上升通道拐头。

出现上述一种信号时，则应果断卖出以避免造成利润的减少和不必要的损失。

### 三、K 线特征

在出货阶段，K 线组合在高位呈阴阳相间，或阴线出现次数增多，或在高位连续出现放量中阴线、大阴线，或高位放量长上影线及缺口向上的十字星等，表明股价正在构筑头部，虽然此时买盘仍较旺盛，但已露疲弱之态，显示庄家已在派发离场，此时应果断出货。

庄家要撤退，总会在 K 线图上留下一些痕迹，若某股已有较大的涨幅，某天出现一根带长上影的 K 线，随着较大的成交量，此形态通常为庄家逃跑时来不及销毁的"痕迹"，股价短期将见顶，后市极有可能反复下挫。这种 K 线形态为一根 K 线（可为阳线亦可为阴线），带着长长的上影线，同时伴随着较大的成交量，股价往往当日反转向下。此形态通常在升势末期出现，股价加速上扬之后出现跳空缺口，当日股价快速拔高之后直线下挫，留下长长的上影线。出现此形态的原因：①庄家诱多，早市先大幅拉高，吸引跟风盘涌入，待散户介入之后再反手做空，股价先升后跌。②股价连续上升后获利盘丰厚，对后市看法出现分歧，多头阵营出现变化，散户纷纷落袋为安，导致股价冲高回落，亦会留下长长的上影线。

投资者对带长上影的 K 线宜保持高度警觉，特别是大批股票同时出现该形态时，大盘见顶的可能性极大，出现带长上影 K 线的同时一般伴随较大的成交量，此为庄家出逃的"铁证"，宜及时出局。

在出货阶段经常出现的 K 线组合形态有墓碑形 K 线、反攻阳线、孕星线、穿头破脚、乌云盖顶、垂死十字、三只乌鸦、下跌三部曲、平顶、黄昏十字、吊颈、射击之星、顶部弃婴、大敌当前、顶部三星、跳空缺口等，这些都是股价见顶的信号。

### 四、波浪特征

出货阶段在波浪理论中，属于 A 浪多翻空的大转变。A 浪为下跌三浪中的第一攻击浪，回落幅度通常不大，多以平台或三角形的方式出现，原因在于人们还未从长期的牛市思维中转变过来，部分投资者仍以为升势尚未结束，仅仅是回档而已，未来会有更大的升幅，因此杀伤力不大，跌幅也不会很深。A 浪中震荡幅度加大，庄家出货坚决，成交量放大股价却下跌。

A 浪下跌的形态，对研判后市强弱具有十分重要的意义。若 A 浪调整呈 3 浪下跌，后市下跌力度较弱，接下去的 B 浪反弹会上升至 A 浪的起点或创新高。若 A 浪是 5 浪下跌走势，表明庄家对后市看淡，B 浪反弹高度仅能到 A 浪跌幅的 0.382、0.5 或 0.618 倍，后市 C 浪将比较弱。

## 五、切线特征

在长期上涨过程中，形成明显的上升趋势线，对股价回档具有支撑作用；在高位横盘震荡时，可能形成成交密集区。如果股价向下有效击穿上升趋势线或成交密集区时，意味涨势结束，头部初步形成，为卖出信号。

## 六、形态特征

在这阶段中，传统的顶部形态的分类十分复杂，经常出现的有圆形顶、潜伏顶、倒 V 顶、岛形顶、M 头、三重顶、头肩顶、扇形顶、盘形顶、横向形、长方形等形态，都是非常明显的顶部形态。这里将其分成三种：单峰顶、双峰顶和三峰顶（多峰顶）。

第一种：单峰顶。单峰顶又可分为：圆形顶、潜伏顶、岛形顶、倒 V 顶等。

第二种：双峰顶。双峰顶又可分为：M 顶、倒 N 顶、单肩顶（头肩顶的变异体）等。

第三种：三峰顶（多峰顶）。三峰顶又可分为：三重顶、头肩顶、扇形顶、盘顶形、长方形等。

这里仅就倒 N 顶形态作一介绍，因为这一形态在其他书籍中很少谈到。倒 N 形顶是双重顶（M 头）的变异体。股价经过一轮持续性上升行情之后，先期低位持仓者开始沽货套利，股价回落，形成一个顶端，成交量逐步减少。当股价下跌至某一点位（支撑位或线）时，庄家停止打压出货，股价获得企稳。这时回补盘和短线盘介入，股价展开反弹行情，但成交量明显减少，股价很快回落，并轻松击穿前期低点，形成一个倒"N"形。我们对于一浪低于一浪的倒"N"形波，称其为下跌潮。一个下跌潮包含"下跌—上升—下跌"，当股价向下跌破倒"N"形波的转折低点时，为一个完整的向下倒"N"形态。一个大的倒"N"形波可以包括许多个小的倒"N"形波。倒"N"形态的特征及操作策略为：

（1）当股价向下突破颈线时，一般以收市价低于前一个低点超过3%以上，倒"N"形获得成功确认。有时突破后可能产生短暂的反抽，以收市价计，只要未突破颈线3日以上，仍可视为反抽之内，后市应看淡。股价在跌破前期低点时，无须有大成交量的配合。

（2）倒"N"形形成的时间长短尚无标准，三五日有之，几周、几月也有之。在实盘中，形成时间短的，短期下跌力度却很强；形成时间长的，后市跌幅越大，利淡信号更为明显。

（3）量度跌幅：测出第一次反弹高点至颈线间的垂直距离，再从突破颈线点向下量出等倍距离，即为至少量度跌幅。一般情况，实际跌幅比量度出来的大得多。

（4）买卖策略：当股价突破颈线或回抽颈线成功时，持股者坚决抛出，持币者观望。

图7-1，科远股份（002380）：该股在见顶后的下跌过程中，连续出现两个小型的倒"N"形态，股价都有一定的跌幅。股价见顶后回落，经小幅反弹后再次回落并击穿前期低点，形成第一个倒"N"形下跌。经小幅反弹后再次下跌，形成第二个倒"N"形下跌，同时也是一个头肩顶形态，头部特征非常明显。

图7-1　科远股份（002380）日K线走势

# 第三节　出货的时间与空间

## 一、出货时间

庄家出货是整个坐庄过程中最难的工作，要有步骤、有计划地"撤离"，在这个阶段中需要一定的时间，而出货时间的长短主要根据庄家持有的筹码多少、大势的好坏、操盘手法的高低等因素而定。

一般而言，在一轮完整的行情中，庄家出货最短需要2周到3个月。以快速拉升并快速砸盘方式出货的，需要时间1个月左右。拉升后高位震荡方式出货的，在半年

以上甚至更长。庄家以跌停板出货的时间一般在 2 个星期以内。股票涨幅几倍的特大牛股，因股价太高，没人接盘，股价在盘跌过程中突然大幅跳水，一刹那股价仅剩下 1/3 或 1/4，时间一般不超过 10 日。严格地说这不是庄家出货，而是慌不择路的"出逃"，无奈的"跳楼"。一个完整的中级顶部形态的出货时间在 3~5 个月，如圆形顶、潜伏顶、M 头、三重顶、头肩顶、盘形顶等形态。

## 二、出货空间

出货空间是指庄家出货所需要的幅度，假设一只股票底部价 10 元，最高价 20 元，庄家都在 20 元一带出货是不可能的，只能在 18~20 元出货。因此，没有足够的空间庄家就出不了货。

如何判断庄家已经进入出货空间？依经验之见，上涨幅度较大，且又进行了充分盘整后，再度上涨且走势强劲，股价到达至高位，成交量显著放大，可以认定股价到达出货空间。

庄家出货所需要的空间最低在 20% 以上，累积上涨幅度越大的股票，所需要的出货空间也越大，翻了几倍的股票可能还需要将股价再拉升 30%~50% 的空间，或者往下砸盘跳水 20%~30% 的空间才能出货。一个完整的中级顶部形态的出货空间在 30%~50%。

图 7-2，北方导航（600435）：该股累计涨幅已经超过 5 倍，庄家在高位不断出货。先后经过出货—下跌—砸盘—反弹—再出货的过程，出货时间为 4 个月左右，出货空间在 20% 左右，庄家比较顺利地完成了撤退任务。

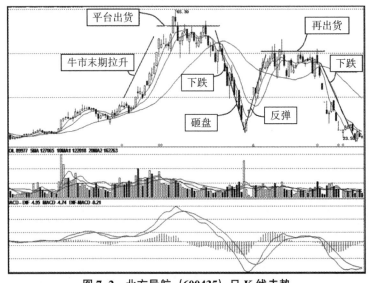

图 7-2　北方导航（600435）日 K 线走势

# 第四节　庄家出货的八个破绽

在流通筹码不变的情况下，庄家和散户总是对立的。庄家想赚钱，只能骗散户。但是，散户也在寻找庄家的破绽下手。所以，庄家耍花招时，就看散户的防伪能力了。这里讲解一下庄家出货的八个破绽。希望对大家的实盘操作有所帮助。

庄家出货的八大破绽，记住任意一点都不再被套牢。庄家出货招数再怎么多变、手法再怎么巧妙，也不可避免地要在走势图形上留下一些"痕迹"，体现在 K 线特征上就会形成一些图形定式。这里所列出的 K 线组合形态，都是一些常见的庄家"痕迹"，有时候这些图形虽不是庄家的力量刻意打造的，但也是市场合力形成的下跌征兆，预示着个股或大盘即将短线或中线见顶，投资者见到这类 K 线组合形态时，最好做空观望，以回避股价进一步下跌的风险。

## 一、短线逃顶技巧之冲高回落

在股价大幅上涨的高位，出现平台震荡整理，然后向上突破平台（往往放量涨停的形式出现），展开新一波拉升之势。但是，突破平台之后的第二天，股价冲高后快速回落，收出长上影线，当天接近最低价收盘，像似坠落的巨石。这显示是追高意愿不强，获利回吐的抛压有所加大，意味着股价将要见顶。

具体操作要点：

（1）股价前期出现较大幅度的上涨。

（2）平台整理之后，再次放量拉升或涨停。

（3）第二天股价冲高回落，收盘价接近当天最低价，K 线收出长上影线的星线或小阳小阴线。

核心技术：向上突破之后，第二天冲高回落。需要注意的是，次日成交量并不重要，放量冲高回落，说明庄家对倒拉高出货，而缩量冲高回落，反映庄家虚张声势，市场跟风稀少。

图 7-3，绿庭投资（600695）：该股大幅上涨后，在高位形成小平台整理。2018 年 11 月 16 日，股价放量涨停，向上突破平台整理区域，似乎开启新一波上涨行情。可是，第二天股价冲高回落，收出带长上影线 K 线，说明庄家已经在暗中不断出货。投资者遇到这种情况时，应及时逢高离场。

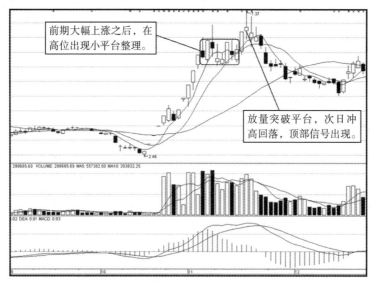

图 7-3　绿庭投资（600695）日 K 线走势

## 二、短线逃顶技巧之大阴灭火

股价的连续涨停凸显了赚钱的效果，投资者的追涨热情似火，突然一根巨大的阴线把投资者火辣的热情浇灭，股价很快见顶，之后快速回落。

具体操作要点：

（1）股价短期出现连续的涨停。

（2）股价越上涨，量能却开始萎缩，表现为缩量涨停。

（3）顶部巨量大阴线，为近一两年来的天量。

核心技术：连续的涨停，量能却在萎缩，之后放量回落。

图 7-4，张江高科（600895）：在该股持续上涨的高位，股价连续涨停，但成交量出现缩量现象。2018 年 11 月 19 日，股价大幅高开 6.68%后快速冲板，但未能有效封盘，两度冲板失败，盘中震荡回落，当日收出大阴线，当日换手率达到 10.45%。形成顶部"大阴灭火"形态，随后股价阴跌而落。

这类个股大多是股价大幅高开后，庄家快速涨停封板的结果，一般在 10：30 前后就封板。主要有两个市场因素所致：一是大幅高开；二是快速封板。庄家这样做的意图就是，大幅高开为的是距离涨停板位置近一点，在盘中拉涨停省力，如果开盘很低的话，那么后面的拉升就会遇到不小的阻力。快速封盘为的是稳定心态，让散户安心持股，如果震荡时间过长，必然会有短线获利盘涌出，防止"多米诺骨牌效应"出现。

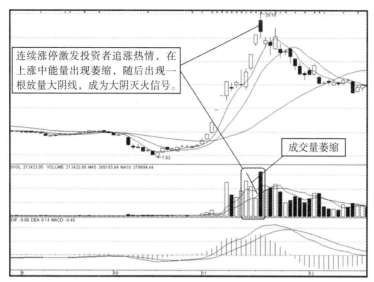

连续涨停激发投资者追涨热情，在上涨中能量出现萎缩，随后出现一根放量大阴线，成为大阴灭火信号。

成交量萎缩

**图 7-4 张江高科（600895）日 K 线走势**

### 三、短线逃顶技巧之诱敌深入

在高位收出一根大阴线后，第二天却收出上涨大阳线，全线收复大阴线的跌幅。按理说，这是强势上攻的中继走势，其实这是庄家为了欺骗散户去追击这种股票，故意在撤退之前密谋诱敌深入计策，很快股价开始见顶回落。

具体操作要点：

（1）在技术形态上，跟其他的阳包阴形态一样，但是 KDJ 指标没有随股价创新高而创新高。

（2）股价已经有了大幅上涨行情。

（3）第二天直接快速下杀，反映庄家毫不犹豫地出货。

核心技术：在股价持续上涨的高位，出现阳包阴形态后，股价没有因此走强，反而出现快速杀跌时，KDJ 指标形成死叉走势。

图 7-5，亚振家居（903389）：该股出现一波大幅跳水后，在底部企稳并出现一轮强势反弹行情，当股价回升到前期跳水位置附近时，盘面出现大幅震荡。2018 年 11 月 20 日，低开 4.18%后逐波回落，几度封于跌停板，尾盘开板，收出一根大阴线。次日，低开 2.31%后，盘中逐波震荡走高，形成阳包阴形态，但同期的 KDJ 指标已形成死叉。所以，盘面不会因为有了阳包阴形态的出现而走强，随后股价开始走弱。

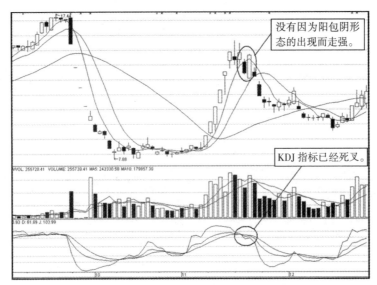

图 7-5 亚振家居（903389）日 K 线走势

（图中标注文字：没有因为阳包阴形态的出现而走强。 KDJ 指标已经死叉。）

## 四、短线逃顶技巧之死亡穿越

在高位一根大阴线向下击穿三条均线，表明股价运行趋势由强转弱，均线系统被有效破位后，预示股价将有继续下跌的空间，所以称为死亡穿越，这是一种强烈的卖出信号。

具体操作要点：

（1）通常在本轮行情的高点之后出现，且在高位有过一段时间的盘整。

（2）一根大阴线跌破 5 日、10 日、30 日均线的支撑。

（3）该 K 线是一个标志性信号，将使均线由此改变为空头排列。

（4）出现该 K 线时，成交量明显放大。

核心技术：股价从高位回落，某日出现一根大阴线，跌破 5 日、10 日、30 日均线的支撑。表明大盘或个股顶部构筑成功，行情由强转弱，后市将展开调整走势，此时应卖出观望。

图 7-6，光线传媒（300251）：该股经过快速上冲后，在高位出现震荡走势，2018年 3 月 21 日一根光头光脚的大阴线，向下击穿了 5 日、10 日、30 日均线，形成"死亡穿越"形态，短期均线开始出现空头排列。

该形态在实盘中的杀伤力极大，在一轮行情的高点之后，经过一段时间的盘整，最终选择了向下破位走势。若投资者未能在最高点卖出，在该形态出现时是最后的逃命机会。在没有出现该形态时，即使短期内股价出现波动，亦可继续持股。

该形态不仅适用于判断大盘，也适用于个股分析。若盘中多数个股同时出现这种

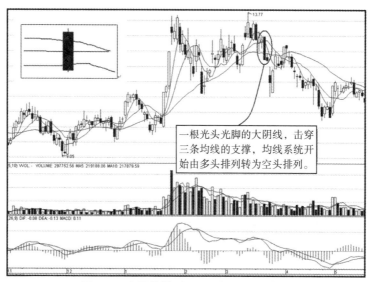

一根光头光脚的大阴线，击穿三条均线的支撑，均线系统开始由多头排列转为空头排列。

图 7-6 光线传媒（300251）日 K 线走势

形态，大盘通常已经见顶；如果在股价下跌过程中出现这种形态，则强化了下降趋势的有效性，这时投资者要坚决看空后市，不要轻易介入抢反弹。

## 五、短线逃顶技巧之流星之线

该形态在高位如同流星一般，股价快速冲高后回落，意味着头部的到来，是一种较明确的卖出信号，也是一种经典的庄家出货形态。

具体操作要点：

（1）该形态通常在升势末期出现，股价已经有较大的涨幅。

（2）某日出现一根带长上影线的 K 线，伴随着较大的成交量。

（3）这根 K 线可为阳线亦可为阴线，一般以阴线居多，上影线需超出实体的 3~5 倍。

相对高位的长上影线，与超买指标相伴，往往是庄家大幅拉高出货所致。该形态与定海神针形态有相似之处，但一个是用于测顶，另一个是用于测底，由于作用不同，影线的方向也不同。

核心技术：流星之线形态在实盘中意义重大，是庄家出逃时在 K 线图上留下的痕迹。股价经过一波拉升，突然携量上攻，呈加速上涨之势，但冲高回落后，出现放量滞涨现象。股价往往当日反转向下，股价快速拔高之后直线下挫，留下长长的上影线，这是较为经典的见顶形态。该形态通常为庄家逃跑时来不及"销毁"的痕迹，说明股价短期将见顶，后市极有可能反复下挫，这是投资者清仓出货的好时机。

这类形态都是典型的庄家大量出货所留下的痕迹，其形成的原理有以下两种：

（1）庄家诱多。这是庄家出货时的惯用伎俩之一。股价经过持续上涨，面临巨大获

利盘和解套盘的双重抛压，庄家为了顺利出货，在盘中拉升，刻意放量诱多。一般是先扬后抑走势，在当日早市先大幅拉高，吸引跟风盘涌入，待散户奋勇接盘后，庄家反手做空，在全天最低价或次低价收盘。筹码在高位易手后，庄家放弃护盘，导致股价顺势而下。

（2）市场获利盘抛压。股价连续上升后获利盘丰厚，累积到一定的程度后，市场对后市看法出现分歧，多头阵营出现突变，短线投机者纷纷落袋为安，导致股价冲高回落，亦会留下长长的上影线。

图7-7，诚迈科技（300598）：2018年4月25日，当股价再次上攻到前高附近时，由于市场跟风不足，遭到获利盘和解套盘的双重抛压，股价出现冲高回落，在高位收出一根流星线，且成交量大幅放大，显示有庄家资金出逃。第二天，股价大幅跳空低开后，盘中出现快速回落走势，收出一根跌停大阴线，从而验证了流星线的有效性，此时见顶信号有效确立。第三天，股价再次跌停，击穿双重顶的颈线支撑，此后股价进入弱势调整。

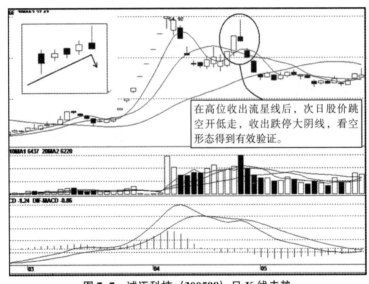

在高位收出流星线后，次日股价跳空开低走，收出跌停大阴线，看空形态得到有效验证。

图7-7　诚迈科技（300598）日K线走势

在实盘中，投资者对带长上影的高位流星之线应保持高度警觉，特别是大批股票同时出现该形态时，大盘见顶的可能性极大。实盘操作中需要注意的是：

（1）高位流星之线出现当天，应立即果断清仓。

（2）若当天误入的，应在第二天开盘即抛，或趁股价惯性上涨时退出。

（3）第二天卖出一般不如流星之线当天卖出的价位高，如果收盘前10分钟股价仍无回天之力，不能形成阳线实体，则不可留恋，坚决离场为上。

### 六、短线逃顶技巧之日薄西山

日薄西山之后，定是黄昏之星，夕阳从西山之巅缓缓下落，意味着黑暗的到来。市场经过持续的涨势之后，已激情不再，就像再好的筵席也有散场之时。黄昏之星形态是股价见顶回落的信号，预示着市场趋势已经见顶，卖出的时机悄然来临。

黄昏之星形态的形成过程是：第一天，市场在一片狂欢之中继续涨势，并且拉出一根大阳线。第二天，股价继续冲高，但尾盘回落，形成上影线，实体部分短小，构成形态的主体。第三天，股价突然下跌，盘中出现恐慌性抛压，收出大阴线，抹去了前两天大部分涨幅。

具体操作要点：

（1）黄昏之星K线组合由三根K线组成，出现在上升趋势的后期。

（2）第一根K线是一根长阳线。

（3）第二根K线波动较小，形成一根小阳线或小阴线，构成K线组合中的主体部分。

（4）第三根K线是一根实体较长的阴线，它深入第一根K线实体之内。

核心技术：第一根K线为承接前期上升走势的大阳线，表示买盘强劲，升势仍在持续。第二根K线可为出现在裂口高开后的十字星或纺锤形，此信号显示买方攻势逐步趋于平缓，股价大有可能见顶。倘若第二根K线有与流星之线相同的上影线，利淡转向信号的可靠性大为提高。第三根K线是卖盘强劲的大阴线，此时市况已发生了根本的转变，跌势一直持续到收市。

图7-8，安正时尚（603839）：2018年5月30日，该股在反弹高位以放量大阳线报收，但次日冲高回落，收出长上影线，成交量较大，这是典型的庄家出货形态，投资者应将手中的筹码立刻卖出离场。第三天收出下跌大阴线，形成黄昏之星形态，说明头部已成，为短线最后的卖出时机。

黄昏之星是股价见顶回落的信号，实盘操作中黄昏之星充当顶部的概率非常之高，在牛市的后期，要特别警惕这种反转信号。投资者遇到这种K线组合，不宜再继续买进，应考虑及时减仓，并随时做好停损离场的准备。

### 七、短线逃顶技巧之乌云盖顶

乌云盖顶形态由两根K线组成，由一条阳线和一条阴线组成，阴线在阳线收盘价之上开盘，在阳线实体内收盘，形成乌云盖顶之势，显示行情走势转弱，阳线实体被阴线覆盖得越多，表明买气减弱，空方攻击力度增强，利淡信号强烈。

具体操作要点：

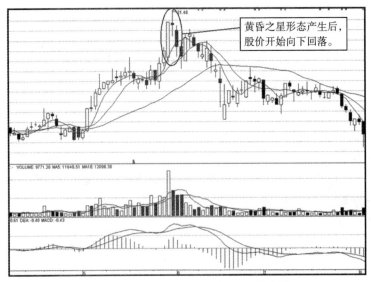

黄昏之星形态产生后，股价开始向下回落。

图7-8　安正时尚（603839）日 K 线走势

（1）第一天，一根坚挺向上的大阳线或中阳线，显示涨势强烈。

（2）第二天，股价跳空高开低走，收出大阴线或中阴线，第二天的开盘价超过第一天的最高价，也就是说超过第一天 K 线上影线的顶端，但是收盘却收在大阳线的实体之内，且接近最低价收盘。

（3）第二天的阴线收盘价明显向下深入第一天阳线实体的一半位置以下，通常深入第一天阳线实体的幅度越大，则该形态的技术含义越高，即顶部反转形态的可靠性越高，如果全部吞没第一根阳线实体，就构成穿头破脚形态，则见顶信号更加明确。

图7-9，韶钢松山（000717）：股价经过一波快速拉升后，分别在 2017 年 9 月 4 日和 9 月 12 日两次出现乌云盖顶形态，当天成交量巨大，说明盘中抛盘较大，庄家筹码出现松动，此时会强化形态的看跌效果，应以卖出为主。

## 八、短线逃顶技巧之倾盆大雨

打雷不一定下雨，这是生活常识，但打雷却是下雨前的一种征兆。在股市中，如果见到打雷的信号，特别是"倾盆大雨"的信号，应该选择赶紧离场。

该形态的多空力量演变过程：多方力量由强转弱，空方力量发动突然袭击（开盘低开就是突然偷袭），并且乘偷袭成功之机发动攻击，最终空方力量完全战胜了多方力量。该形态是上升趋势中的见顶信号，大阳线之后的第二天，股价低开低走收大阴线，使多方信心受到了极大的打击，股价后市看跌。其技术特征为：

（1）出现在上涨趋势中，股价已经有了一定的升幅之后。

（2）由一阳一阴 2 根 K 线组成。

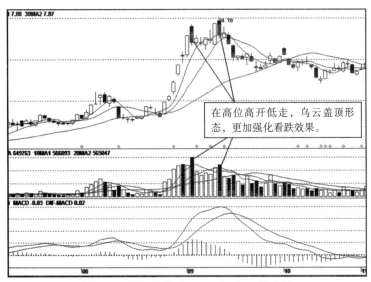

在高位高开低走，乌云盖顶形态，更加强化看跌效果。

**图 7-9　韶钢松山（000717）日 K 线走势**

（3）先是一根大阳线或中阳线，接着出现一根低开的大阴线或中阴线，阴线的收盘价低于前一根阳线的开盘价。

（4）第二根阴线实体低于阳线实体部分越多，转势信号越强烈。

**核心技术：**倾盆大雨形态中的第一根中阳线或大阳线，说明了当天多空双方在争夺股价阵地之后，空方力量被打败，多方力量取得较大胜利。第二根 K 线为低开低走的阴线，显示了当天多空双方在激烈搏杀后，空方力量最终取得大胜利。该阴线在开盘之时就与前一天的阳线大相径庭，它间接反映出空方经过一夜的酝酿之后，空方力量在集合竞价之时就开始发动进攻计划，最终空方力量将多方力量打得落花流水，使其惨败收场，并且在收盘时，空方力量不但吞掉了前一个交易日多方的全部成果，而且还打破了前一个交易日的开盘价。这一切都说明了做空动能异常强劲。

图 7-10，华锋股份（002806）：股价经过一波快速拉升行情后，盘中堆积了大量的获利筹码，在高位出现震荡走势，2018 年 5 月 22 日收出一根上涨阳线，创出本轮行情的新高，可是第二天却低开低走低收，收出一根跌停大阴线，收盘价低于前一天阳线的开盘价，从而形成倾盆大雨形态，此后股价开始回调整理。

在实盘中，倾盆大雨形态中的第二根低开低收的阴线，说明人们已不敢追高，而想低价出售筹码的投资者却大有人在，低收更是全面反映了市场看淡该股的大众心理。这种 K 线组合出现，如伴有大的成交量，形势则更加糟糕。故很多有经验的投资者见此图形，第一个反应就是减磅操作。

当然，也并非这个图形出现后股价就非跌不可，这中间也不排除庄家利用此招进行中途洗盘的可能，为日后股价上升夯实基础。但这种情况大多数是发生在股价涨升

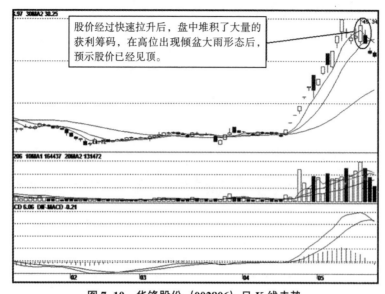

股价经过快速拉升后，盘中堆积了大量的获利筹码，在高位出现倾盆大雨形态后，预示股价已经见顶。

图7-10 华锋股份（002806）日K线走势

初期，一般不会发生在股价已有相当升幅之后的高位。因此在涨势中，尤其在股价涨幅较大之后看到这种图形，从规避风险的考虑出发，还是减磅操作为好。一旦发现在此之后股价重心仍在下移，就要坚决抛空离场。

# 第五节　出货阶段散户如何操作

## 一、基本操作要领

在出货阶段，原则上不符合跟庄要素，所以不主张在这一阶段跟进。一旦介入，若不及时退出，即遭套牢，不缺胳膊断腿很难离场。但是，个别短线高手，愿意承受风险去虎口拔牙，如果操作得当，也能获得不错的回报，而且极可能是短线暴利。

在此阶段散户常犯的错误有二：一是误将出货当洗盘。在实际投资中，散户经常把庄家洗盘当作出货而过早出局，错失获利良机，或者把出货当作洗盘而持股不动，错失了出货良机而遭套牢之苦。二是误将出货当空头陷阱。散户常把庄家出货当作空头陷阱而纷纷介入，以为捡了便宜，却不知风险悄然而至，或者把空头陷阱当作出货而仓皇逃离，眼看股价升而捶胸顿足。

1. 基本操作策略

在这一阶段操作股票对于绝大多数人来讲，都是风险很大的时段。如果确信自己属于短线高手，也不要忘记设止损来保护自己。另外，还要讲究快进快出，做到心快、眼快和手快，该出手时就出手，不仅要求技术好，还要求心态佳。

在此阶段主要任务是将筹码还给庄家，那么作为大众投资者有没有办法寻求到合适的卖出点呢？有，但不绝对精确。庄家出局是在一定的价格区间内进行的。将股票在最高价位出局，那是股坛高人；在庄家派发时的高位区域出局，那是理想境界。要想寻找到合适的卖点，就要把握"庄家走，我也走"的原则。

在操作中，应掌握以下操作策略：

（1）适可而止。采用本章第四节的测算方法，估算庄家可能拉升的目标位，到达目标位附近（±10%）时结合盘面变化，一旦发现庄家的筹码出现松动迹象，就坚决出局，一去不回头，不管日后还能升多少，勿贪图恋战。最终留住一份胜利果实，保持一颗平常心态。

（2）分批减仓。当跟进的庄股已经有一大段升幅后，随时都会出现回调，投资者可以制定分批抛出的计划，比如每升多少个价位，抛出多少股；一旦盘面有突变，立即抛空清仓。

（3）设定止盈。就像有些散户设止损点一样，中线跟庄的投资者在庄家拉升后已有获利时，可以通过设定止盈点来帮助我们持仓到终点。庄家洗盘的极限位一般是成本区，拉升的第一目标位是脱离成本区30%~50%，我们可以将第一止盈点设在其成本区20%上方。日后，伴随股价的拉升，可以不断地调整止盈点的位置，比如上升通道下轨线、30日均线或根据庄股的个性灵活掌握。

（4）兼听则明。当某些利好消息公布之时，股价往往已高高在上，此时理性的投资者应具体分析消息的力度、对公司实质影响、二级市场庄家的成本。估算目标位，有无拉升空间。若跟进，如何制定完善的跟庄计划等。对股评及推荐的股票仅作参考，投资者一定要形成一整套自己的投资方法，熟练运用，坚持以自己的分析为主，厘清思路再作出判断。

（5）技术为先。股价经过连续上升后形成单日反转，为连续下跌。这种形态相对较易识别，当一只个股以45°的斜率连续单边上升，涨幅超过30%或50%以上时，应考虑其可能形成反转。

股价经过主升浪大幅上升后，在高位长达一个月的横盘整理。在此过程中，股价反复冲击最高价，均无功而返，且每次成交量递减，当30日均线走平和渐成向下趋势后，股价向下破位开始急跌。在技术分析上称为"箱形顶部或者圆顶"形态，这类股票主要是超级强庄控盘的个股或者相对流通盘较小的个股或者在一些高价股中出现。

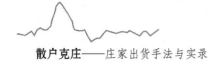

### 2. 基本操作原则

在操作时，坚持"三避免、四优先"的原则。

"三避免"是指：①避免股价已跌破年线的个股，跌破年线往往意味着较大级别的调整浪正展开，后市下行空间和时间难以预测，此时应回避；②避免股价已向上突破年线，但年线仍持续下行的个股，这种形态往往是熊股在展开反弹，反弹高度难以确定，投资者宜参与主升行情，避免反弹行情；③避免年度内已出现翻番行情的个股。原则上一年之内翻了一倍，一年之内不碰；一年之内翻了两倍，两年之内不碰。以此类推，一波行情下来翻了 n 倍的个股，n 年之内不碰。坚持：宁可错过一千匹黑马，亦不可错买一只狗熊。

"四优先"是指：在同时出现众多符合买入条件的个股，为提高命中率、扩大投资收益，以下个股可优先考虑：①长期熊股优先；②上市后第一次出现买入信号的个股优先；③小盘股优先；④低价股优先。

### 3. 看穿庄家动作

读懂庄家具体动作的含义，是实盘操作中不可缺少的基本功。

（1）看穿庄家拉抬动作。当庄家在其初期建仓区域内完成吸筹计划后，在大盘的配合下，将展开拉升，使股价迅速脱离其成本区，以免更多低价筹码落入他人手中，在盘面上表现为基本脱离大盘的干扰，走出较为独立的短线向上突破行情。实盘中可以从以下几个方面识别庄家的拉抬动作：

一是开盘形态。强庄股在其起涨的瞬间，开盘后的 20 分钟走势较为关键。如果开盘后大盘出现上下震荡走势时，个股受其干扰不大，在大盘走低时稳固运行于前一日收盘价上方横盘，均价与股价基本保持平行，量比超过 1，即使有抛单打低股价，也能被迅速拉回盘整区。在此期间，如出现向上大笔提拉的过激动作，要视股价与均价的位置决定买入时机，在股价脱离均价 2%以上，均价却无力上冲时，切勿追高买货，短期内股价必将有一个向均价回归的过程，可以在均价附近吸纳。开盘形态的强度决定了该股当日能否走强，从中可以洞悉庄家当日的操盘决心。

二是盘中形态。日线图上刚出现突破迹象的个股盘中运行一般都较为稳健，特点之一就是庄家很少将股价再打到均价下方运行，因为当天没有必要做这个动作。如果发现盘中跌破均价回抽无力时，要小心判断此时开盘形态是否是一个诱多动作，识别这个动作的要领是诱多形态开盘一小时后必然向下跌破均价走低，显示庄家无心护盘，有意作震荡。所以如果错过了开盘强势的个股，要及时发现摆脱大盘震荡而能以温和放量的方式将股价运行于均价上方的个股，尽量在均价附近进货比较稳妥。

三是尾盘形态。如当日盘口强劲，会在尾盘半小时左右引发跟风盘的涌入，使股价脱离当日大盘走势单边上行，此时庄家会借机大笔提拉，以封死下一交易日的下跌空间。由于此时跟进的买盘都有强烈的短线斩获利润的兑现心理，所以尾盘若在抢盘时出现5%以上的升幅，要小心次日获利盘兑现对股价造成的抛压以及庄家次日开盘借势打压震荡所带来的波动，因此不要在尾市过分追高抢货，以免陷入庄家次日短期震荡给仓位带来的被动局面。

（2）看穿庄家洗盘动作。洗盘动作可以出现在庄家任何一个区域内，基本目的无非是为了清理市场多余的浮动筹码，抬高市场整体持仓成本。盘中庄家洗盘一般有下面两种方式：直接打压、宽幅震荡。

直接打压较多出现在庄家吸货区域，目的是吓退同一成本的浮动筹码。在盘中表现为开盘出奇的高，只有少许几笔主动性买单便掉头直下，一直打到前一日收盘价之下，持仓散户纷纷逢高出局，在这里不要简单认为股价脱离均价过远就去捡货，因为开盘形态基本决定了当日走势，庄家有心开盘做打压动作，这个动作不会在很短时间内就完成。较为稳妥的买入点应在股价经过几波跳水下探，远离均价3%~5%以上，在此位置当日短线浮筹已不愿再出货，庄家也发现再打低会造成一定程度上的筹码流失，这个位置应该是在洗盘动作中较为稳妥的买入点，就算当日不反身向上，也是当日一个相对低价区，可以从容地静观其变，享受在洗盘震荡中的短差利润。尾盘跳水这个动作是庄家在洗盘动作时制造当日阴线的一个省钱的工具。盘口表现是在临近收盘几分钟，突然出现几笔巨大的抛单将股价打低，从5分钟跌幅排行榜中可以发现这个动作。这时买入机会不好把握，建议实盘中不要抱有侥幸心理去守株待兔地找这样的买入机会。

宽幅震荡较多出现在上升中途，容易被操作者误认为是庄家出货。识别这个动作的要领是观察庄家是否在中午收盘前出现急速冲高。一般在临近中午收盘前急于拉升股价都是为下午的震荡打开空间，此时盘中一般只用几笔不大的买单便拉高股价，且冲高的斜率让人难以接受，均线只作略微上翘，这时手中有持仓最好先逢高减仓，因为马上股价就会大幅向均价附近回归，甚至出现打压跳水动作。这种情况下，均价可能任凭股价上蹿下跳而盘整不动，此时均价的位置是一个很好的进出参考点。

（3）看穿庄家出货动作。只要不受情绪影响，出货的盘口表现一般比较容易识别。庄家运用得最多的是高开盘，集合竞价量很大，但股价难以承继前日的强劲势头上冲，掉头向下，放量跌破均价，虽然盘中有大笔接单，但股价走势明显受制于均价的反压，前一日收盘价处也没有丝毫抵抗力，均价下行的速度与股价基本保持一致，因为是庄家集中出货造成的。

## 二、解套的基本诀窍

庄家突然"变脸"，散户就容易套牢。其实，套牢并不可怕，可怕的是套牢以后不

知怎么办？所谓"套牢"是指投资者预期股价上涨，但买进股票后，股价却一路下跌，使买进股票的成本已高出目前可以售出所得市价的一种状况。任何涉足股市的投资者，不论其股战经验多么丰富，几乎都存在着在股市被套牢的可能性。如果你一旦被高价套牢，则应根据套牢状况，积极寻求金蝉脱壳的策略，化被动为主动。

（1）热门股套牢怎么办？热门股套牢以后的办法和普通股套牢以后的办法是不同的。前者，往往根据成交密集区来判断该股反弹所能摸高的位置和根据量价关系来判断该股反弹的时机。热门股涨得快，跌得更快。如其下跌10%，还不宜补仓，更不用说在同一成本增仓，因为一旦过早补仓，股价继续下跌，往往"弹尽粮绝"。由于高位追逐热门股被套，必须确立下一个宗旨：是救自己而不是再谋求盈利，因为第一步已经走错，千万不能走错第二步，不然亏损越来越大，以后"翻身"的日子都没有。在以后的大盘反弹或上升趋势中，原先热点很可能已经沉寂，即使大盘逐波走高，原热点题材很可能像普通股走势一样，随波逐流，所以采取的措施既不要急又不能拖。操作中需要从三方面进行分析：①先分析其密集区在哪里，理论上有可能存在的反弹高度；②分析其是否已具备补仓条件；③分析补多少的问题。

（2）普通股套牢怎么办？普通股套牢（一般的中位套牢），不像热门股套牢那样揪心，但解套周期较长。

通常的解套策略有：①以快刀斩乱麻的方式停损了结。将所持股票全盘卖出，以免股价继续下跌而遭受更大损失。采取这种解套策略主要适合于以投机为目的的短期投资者，或者是持有劣质股票的投资者。因为在处于跌势的空头市场中，持有品质较差的股票的时间越长，给投资者带来的损失也将越大。②弃弱择强，换股操作。忍痛将手中弱势股抛出，并换进市场中刚刚发动的强势股，以期通过涨升的强势股的获利，来弥补其套牢所受的损失。这种解套策略适合在发现所持股已为明显弱势股，短期内难有翻身机会时采用。③采用拔档子的方式进行操作，即先停损了结，然后在较低的价位，予以补进，以减轻在解套时所出现的损失。例如，某投资者以每股10.00元买进某股，当市价跌至8.00元时，他预测市价还会下跌，即以每股8.00元赔钱了结，而当股价跌至每股5.00元时又予以买进，并待今后股价上升时予以卖出。这样，不仅能减少和避免套牢损失，有时还能反亏为盈。④采取向下摊平的操作方法，即随股价下挫幅度增大反而加码买进，从而使股价成本变低，以待一定时期后股价回升获利。但采取此项做法，必须确认整体投资环境尚未变坏，股市并无由多头市场转入空头市场的情况发生为前提，或者股价真正见底企稳，否则极易陷入越套越深的窘境。

（3）高位套牢怎么办？变高位套牢为中位套牢。当大盘瀑布式直泻后，许多股票回到其长期构筑的平台附近，由于市场平均成本及多种原因，一般来说，迟早会有一波次级行情出现。许多中小投资者往往此时买一些，抱着买套的心理介入，这时不能说

不会再跌，而是中期上扬空间大于短期下跌空间。如股价出现反弹，可将补仓筹码获利回吐，从而降低上档套牢筹码成本。再进行一次循环，则上档套牢筹码就变为中档套牢筹码，更何况在涨跌停板制度下，迅速的持续的无量下跌极易形成空投陷阱，此时不买点放着，一旦出现无量上涨，且以涨停板的情况出现，想补仓或者建仓都不能如愿了。但是这种补仓并不会立竿见影，但中期赢面已定。然后，既可参照"普通股套牢怎么办？"进行操作，也可把剩余资金投入潜力股。后者一旦成功，前者即斩仓。这样，手中又拥有大量资金，可以从容选股。

### 三、空头陷阱与下跌行情的区别

由于空头陷阱与下跌行情在开始时没有什么明显的区别，所以产生的效果十分接近，是常被庄家用来戏弄散户的重要手法。空头陷阱与下跌行情的主要区别：

（1）位置不同。空头陷阱往往出现在股价的中、低价位；而下跌行情则往往出现在股价的中、高价位。

（2）阶段不同。空头陷阱经常出现在涨升行情开始之前，股价没有出现过涨幅；而下跌行情则出现在涨升行情结束之后，股价已有较高的升幅。

（3）手法不同。真正空头陷阱来势凶猛，手硬心软；而真正的下跌行情则来势"温柔"，口蜜腹剑，套得散户没商量。

（4）时间不同。空头陷阱持续时间短，下行速度快；而下跌行情则持续时间较长，熊市漫漫路。

（5）量能不同。空头陷阱出现放量下跌之势，形成庄家出货的假象，有庄家刻意打压成分，而在真正的下跌行情中，庄家力求控制好量能的变化，盘面放量并不十分明显，庄家在隐隐约约中悄然退身，散户在不知不觉中被套牢。

# 第六节　散户如何把握最佳卖点

### 一、判断股价见顶的方法

当一个顶部出现时，技术分析方法可以给出明确的头部信号或卖点信号。如果掌握技术分析方法，就可以在图形上提前发现顶部。

（1）形态法：当 K 线图在高位出现双重顶、头肩顶、圆弧顶和倒"V"形等技术形态时，都是非常明显的顶部形态。

对散户来说，卖出股票时机的选择是非常重要的，股价经过长期上涨，市盈率已经达到高价圈，股价走势图上形成明显的反转形态并向下突破形态的颈线，开始远离这个反转形态，或在股价长期下跌中反弹，形成整理形态，并且继续向下突破这个整理形态并加速远离时，是应该考虑立即卖出的时机。

（2）趋势法：一条支撑股价不断向上走高的上升趋势线被有效击穿，或形成新的下降趋势线，说明股价上涨趋势被逆转。

股价向下突破上升趋势线，收盘价跌幅超过上一个交易日收盘价的3%以上，或股价在上升趋势中出现反转，或连续拉出几根阳线之后出现反转，是考虑立即卖出的时机。

（3）K线法：在K线图上出现见顶形态，比如，在高位日K线出现穿头破脚、乌云盖顶、高位垂死十字等K线形态都是股价见顶的信号。

（4）均线法：当股价涨幅已大时，均线系统出现见顶信号。比如，5日均线从上向下穿10日均线，形成死亡交叉时，将显示头部已经形成。

当股价从低位拉升至阶段性高位后，股价与30日均价线形成严重背离，市场平均成本越来越高，伴随承接盘的转弱，股价回调至30日线是必然的选择。当股价击穿30日均线后，无力回升，导致30日均线下行，这是中线走弱的标志。

（5）指标法：周KDJ指标在80以上，形成死亡交叉，通常是见中期顶部和大顶的信号。5周、10周RSI指标如运行到80以上，预示着股价进入极度超买状态，头部即将出现。宝塔线经过数浪上涨，在高位两平头、三平头或四平头翻绿时，是见顶信号。

MACD指标在高位形成死亡交叉或M头时，红色柱状不能继续放大，并逐渐缩短时，头部已经形成。

股价随布林线BOOL上升较长时间，当股价向上穿越BOLB1，又下穿BOLB1，随后再下穿BOLB2时。

DMI指标的ADX与ADXR在高位死叉，+DI与–DI死叉，显示资金逐步撤离市场。这些技术指标都是检验头部信号的重要依据，投资者应很好地把握。

（6）波浪法：股价已经运行了五个推动浪后，盘面出现滞涨时，预示股价即将见顶。在五浪的高点即便是继续上涨，也可能是最后的冲刺动作，谨防股价反转。

投资者在逃顶时要坚决果断，一旦发现信号，要坚决卖出，坚决不能手软和抱有幻想。即使是卖错了，也没有关系。因为，买入的机会非常多，而卖出的机会往往只有一次。而且，股价通常运行在头部的时间非常短，大大少于在底部的时间，一旦逃顶不坚决，很可能被长期套牢。

## 二、从大势上寻找最佳卖点

股谚云："会买的是徒弟，会卖的才是师傅。"这里揭示了卖股票的学问和难度，

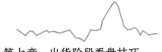

那么股票应当在什么时候卖出为好？根据多年的操盘经验，采用以下办法可以帮助我们将股价卖在相对高价位。

（1）股价从高位下来后出现反弹，如果连续三天未收复5日均线，稳妥的做法是先出来观望，或者股价反弹未达前期最高点或成交无量达前期高点时，不宜留着该只股票。

当股价在长期下跌趋势中产生的中期反弹，回升到了跌幅的1/2左右，而且连续出现几根较大的阳线，市场交易兴旺，成交量逐步增大，或股价在中期上升趋势中出现连续阳线或跳空上升形态时，要考虑卖出。

（2）股价破20日均线、60日均线或号称生命线的125日半年线、250日年线时，一般尚有8%~15%的跌幅，可以先退出来观望较妥。当然，如果资金不急着用的话，死顶也未尝不可，但要充分估计未来方方面面可能发生的变数。

（3）日K线图上突然出现大阴线并冲破重要平台时，不管第二天是否有反弹，都应该出掉手中的货，或者股价上升较大空间后，日K线出现十字星或长上影线的倒锤型阳线或阴线时，是卖出股票的关键。上升一段时间后，日K线在高位出现十字星，反映买方与卖方力量相当，局面将由买方市场转为卖方市场，犹如开车遇到十字路口的红灯，反映市场将发生转折。股价大幅上升后，出现带长影线的倒锤型阴线，反映当日抛售者多，若当日成交量很大，更是见顶信号。许多个股形成高位十字星或倒锤型长上影阴线时，形成大头部的概率极大，应果断卖出。

（4）当投资者对后市一片看好，股价大涨，连续上升，出现好几个涨停板，连平时的冷门股也出现涨停板时，或股价经过长期上涨，市盈率已达到高价圈，股价走势图上出现高位连续阳线、上升跳空形态或涨势缓和的圆形趋势，成交量减少时，要考虑卖出。

（5）重大节日前一个星期左右，开始调整手中的筹码，乃至清空股票，静待观望。

（6）政策面通过相关媒体明示或暗示要出整顿"金牌"告示后，应战略性地渐渐撤离股市。如遇重大利好当天不准备卖掉的话，第二天高开卖出或许能获取较多收益，或者股价大幅上扬后，公布市场早已预期的利好消息是卖出的关键。

（7）市场大底形成后，个股方面通常会有30%~35%的涨幅。记着，不要贪心，别听专家们胡言乱语说什么还能有38.2%、50%、61.8%等蛊惑人心的话，见好就收。若还能再涨的话，给胆子大点的人去挣吧！

（8）周边国家社会、政治、经济形势趋向恶劣的情况出现时，早作退市准备。同样，国家出现同样问题或不明朗或停滞不前时，能出多少就出多少，而且资金不要在股市上停留。

（9）同类（行业、流通股数接近、地域板块、发行时间靠近的次新股等情况下）股票中某只有影响的股票率先大跌的话，其他股票很难独善其身，手里有类似股票的话，

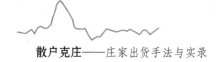

先出来再说。

（10）雪崩式股票什么时候出来都是对的，大市持续下跌中，手中持有的股票不跌或微跌，一定要打起精神来，不要太过侥幸，先出来为好，像此类股票总有补跌赶底的时候。

（11）股价大幅上扬之后，持股者普遍获利，在上扬过程中一旦出现卖单很大，特别是主动性抛盘很大，反映庄家在抛售，这是卖出的强烈信号。尽管此时买入的投资者仍多，买入仍踊跃，这很容易迷惑看盘经验差的投资者。

（12）股价大幅上升之后，成交量却出现背离现象，呈价升量缩的特点，这表明行情上涨并没有受到场外资金的追捧，只不过场内持股者惜售心理较强，导致上档抛压小，资金不大也能推高行情，但这样的行情不会持续很久，形成头部的机会很大。因为成交量是股价涨跌的原动力，股价从低位拉升至阶段性高位时，必定有成交量的配合；当股价再次上升时同样需要成交量的放大，没有成交量的支持，股价是很难继续上涨的。

所以，要关注两方面的变化：一是高位量价背离现象，是庄家出货的潜在信号；二是高位创出天量，是形成大头部区域的先前信号。

（13）股价大幅上扬之后，在高位除权日前后是卖股票的关键时机。上市公司年终或中期实施送配方案，股价大幅上扬后，股权登记日前后或除权日前后，往往形成冲高出货的行情，一旦该日抛售股票连续出现十几万股的市况，应果断卖出，反映庄家出货，不宜久持该股。

## 三、在分时图寻找最佳卖点

### 1. 分时走势的波段高点

股价在盘口上出现拉升之后，其市场人气被大大激发，形成一种极强的攻击态势。那么这往往并不是一波上升就能结束的，而是存在一个阶段性上升。那么，在盘口上的这样阶段性上升，有什么迹象和特征呢？

通过长时间的观察，发现如果分时盘口一旦进入攻击态势时的阶段性上升，现价线（白色线）经常呈现出高低点交替创新高的走势，即在拉升过程中，难免会出现回调，但回调应当不跌破均价线，然后会再次向上。假如在某一次的回调之后，股价即便再创新高，但没有持续上涨，而是很快回落击穿了前一次的回调低点（类似于盘口的双头形态，右边比左边略高），这通常是一个阶段性上升的终点，为短线卖出点，或者在某一次的回调之后，股价并没有再创新高，而是形成了略低于现价线前高点的次高点（左边比右边略高），这通常也是一个阶段性上升的终点，后面即便再有上升，大多需要大盘的配合或经过一个长时间的休整之后才能上涨，也是一个卖出点。

图 7-11，两幅图都是双头形态，左图 K 线是左低右高，但股价没有持续上涨，回落后击穿了前一次的回调低点。右图 K 线是左高右低，代表冲击前期高点乏力，气势上有明显欠缺，多为波段上涨结束。可见股价都面临回落调整，是短线较理想的卖出点。

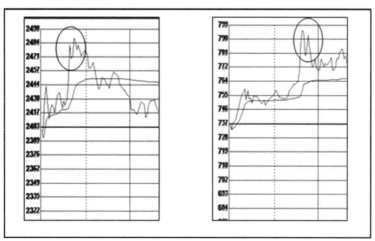

**图 7-11　分时图中最佳卖点**

在量能的变化上，也有比较明显的参考作用。如果回调之后再次上升，在冲击前一波高点时，成交量只有明显放大，才能形成有效的突破。假如在成交量上相差比较远，即便创了新高也很难维持得住。所以，根据成交量在盘口的细微变化，来预测对于是否形成上面提到的略低前高点的次高点之双头形态。

图 7-12，左图 K 线即便是左低右高的双头，如果发现盘口创新高点时，而成交量没有之前大，且明显地减少，跟价格成背离情况，多为波段上升结束。右图部分是持续拉升的个股走势，价格的上升和成交量呈相同方向，即价升量增。

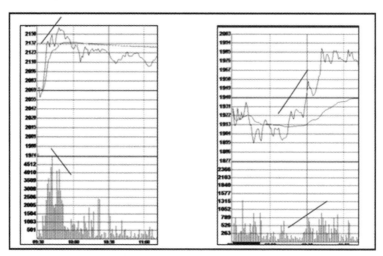

**图 7-12　分时价量分析**

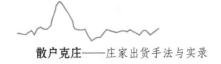

2. 实盘中的挂单技巧

散户要想在拉升过程中卖出时，应掌握一些即时盘中的挂单技巧，这在分时盘口挂单抢时间是很重要的，因为盘口瞬间变化太快。根据时间优先原则，尽量要提前挂好单，以待出现信号时在"第一时间"成交。一旦挂单时间比别人慢，那么成交的概率就低，而且需要重新挂单，这样消耗时间可能距离最高点相差好几个价位。那么在拉升过程中挂单有哪些技巧？

（1）先要分析自己手中的卖出数量，是否比买一位置上出现的委买数量大很多。通常绝大多数人的卖出数量会小于买一位置上挂单的委买数量，所以要是你卖量过大，就要考虑即时盘中的承接力问题。一般以 2 倍为分界线，假如买一位置上是 1000 手，你要卖出手数为 500 手以内。这个问题还不大，因为在拉升过程中，很多人是选择即时成交而非挂单成交。所以，真实的买入数量大于买一位置上显示的数量，而且即便不能完全卖到买一位置，随后也容易在该价位得到消化，可以不用考虑多少量的问题。如果卖量实在太大，就要考虑挂多少量和挂什么价位了。

（2）挂什么价格。为了抢盘口委托的时间，就要在盘口上进行提前挂单，如果卖量比较小，则无须考虑卖量而且卖出价格也并不需要总是换做最新的市场价格。比如在 10.00 元挂单卖出，而现价已经涨到 10.20 元，则没必要把 10.00 元改成 10.20 元。因为此时只要挂单价格低于委托买一价格，挂什么价格都不重要，最终会以买一价格成交的。所以为了节省时间，这个挂价可以比现价低很多而不需要进行价格修改。

（3）如果卖量比较大，卖出的价格就要进行适时修改。因为毕竟要考虑盘口的承受力问题，要不断上移挂单价格，可以移到买一价格的下面三个价格左右。卖量特别大的时候，也要考虑分笔卖出，而不是一次卖出，这样手中的股票就能卖个好价钱。

# 第七节　如何判断庄家在洗盘还是出货

## 一、两者主要区别

在实盘操作中，如果能够正确区分洗盘与出货，就可以从容出入，自由驾驭，稳赚不赔。可是，分清洗盘和出货是件很不容易的事，很多人不但无法完全正确判断洗盘和出货，而且往往会在两者之间造成误会。当庄家洗盘的时候误以为是出货，慌忙出逃，结果眼睁睁看着到嘴的肥肉丢了。等到庄家出货时，又误以为那只不过是庄家在洗盘而已，在最危险的时候反而死抱股票，结果煮熟的鸭子又飞了。为什么会这样

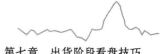

呢？如果从庄家的角度分析一下就明白了：庄家洗盘时总是千方百计动摇人们的信心，而出货时必将以最美好的前景给人以幻想的余地。其实，庄家洗盘与出货从性质上看截然不同，从手法上看各有特点，从目的上看也恰恰相反。

在实盘操作中，区分洗盘与出货的问题显得极为必要。

（1）在盘口方面。庄家洗盘时在卖盘上挂有大卖单，造成卖盘多的假象。若庄家对倒下挫时，是很难分清是洗盘还是出货的，但在关键价位，卖盘很大而买盘虽不多却买入（成交）速度很快，笔数很多，股价却不再下挫，多为洗盘。

庄家出货时在卖盘上是不挂大卖单的，下方买单反而大，造成买盘多的假象（或下方也无大买单），但上方某价位却有"吃"不完的货，或成交明细中常有大卖单卖出而买单却很弱，导致价位下沉无法上行。

（2）K线形态。从日K线形态上分析庄家是出货还是洗盘更为关键。

庄家洗盘只是想甩掉不坚定的跟风盘，并不是要吓跑所有的人，否则庄家就要去买更多的筹码了，所以必须让一部分坚定者仍然看好此股，继续跟随它，帮它锁定筹码。所以其在洗盘时，某些关键价是不会有效跌穿的，这些价位往往是上次洗盘的起始位置，这是由于上次已洗过盘的价位不需再洗，也就是不让上次被震出去的人有空头回补的价差。这就使K线形态有十分明显的分层现象。庄家经常做出经典技术中认为应做空的K线、K线组合、技术形态来达到洗盘的目的。

庄家出货则以力图卖出手中大量的股票为第一目的，所以关键位是不会守护的。导致K线价位失控，毫无层次可言，一味下跌。庄家经常做出经典技术中认为应做多的K线、K线组合、技术形态来达到出货的目的。

（3）股票重心。股价重心是否下移是判别洗盘与出货的显著标志。

庄家洗盘是把股票图形做得难看，但并不想让其他人买到便宜货，所以日K线无论收乌云线、大阴线、长上影、十字星等，或连续四五根阴线甚至更多，但重心始终都不下移，即价位始终保持。

庄家的出货虽有时把图做得好看些，收出许多阳线，从日K线图形上看，出货往往表现为高点一个比一个低，而低点也一个比一个矮，股价重心下移明显。

（4）洗盘深度一般不会很大，因为力度过大往往让散户识别后趁机捡走筹码，因而一般不会下破10日均线，即使在盘中下破也会在尾盘拉起。

出货时庄家的目的是让手中的获利筹码尽快卖出，并不介意下破多少条均线，即使在杀跌过程中在尾盘拉起，亦只是力求卖个好价钱或拖延时间。

（5）庄家洗盘往往利用大盘波动和个股利空消息进行，而出货则往往利用市场指数大幅上扬或个股利多消息趁机派发。当庄家进驻股票是在投资者和整个市场一致看好后的环境下，为了获得足够的筹码，庄家一方面进行较长期的横盘打压，另一方面也

借助外力或内部利空消息进行洗盘。大家试想，庄家持有大量筹码，在突发性的暴跌面前怎能拔腿而逃？总结历史走势可以看出，每次暴跌都是逢低买入的时机而绝不是卖股的时候。

（6）洗盘的位置一般处于第一上升浪之后，有时也会在较低的位置，一般涨幅在30%以内，而出货一般出现在第5浪上升之后的高位区，一般大于80%，甚至几倍。因此，区分是洗盘还是出货，视股价处于高档区域还是阶段性低位，投资者可以测算目前价位庄家是否有获利空间，若目前价位庄家获利很薄，苦心经营已久，岂会轻易弃庄而逃呢？若目前价位庄家获利较丰，则应高度警惕了。

（7）洗盘目的是吓出跟风盘，因而洗盘时庄家往往假戏真做，假出货真回购，把图形做得越难看越容易达到目的，图形上往往表现为大阴线，而出货则是为了尽快派发筹码，出货则是真戏假做，把出货的企图时不时用一两根阳线来掩盖。从趋势上看，出货往往表现为高点一个比一个低，重心下移明显，而洗盘最终目的是向上突破。

（8）观察庄家的洗盘次数。如果庄家在吸足筹码之后，是第一次进行洗盘，投资者不妨继续持股。如果是已经经过了几次洗盘之后再次出现回落，而且累积升幅已相当可观时，则要随时警惕庄家的出货。

（9）股价形态上连续出现多个上升缺口，高位的回落也伴随着缺口的出现，而且短期内不予回补（三天之内不回补），说明庄家派货坚决，此时应立即离场观望。

（10）洗盘时股价快速回落，往往击穿一些重要的支撑点位，但又迅速拉回，不有效击穿，说明庄家并不希望股价进一步走低，而是通过营造短期的空头气氛将盘中浮筹震荡出局。在高位形成明显的头部形态，要求形态要大一些，判断的结果才更准确。

（11）洗盘时股价的回落呈现典型的无量空跌走势，在重要的技术支撑点位会缩量盘稳，"缩量跌"是洗盘的主要特征之一。对于持仓巨大的庄家来说，他不会用大量筹码来洗盘，这既没有现实意义又没有必要，只会拿部分筹码来均衡市场。当盘中浮筹越来越少，成交量呈递减趋势，最终形成突破并伴随着成交量骤然放大，表明洗盘过程已基本结束，新的一轮攻势即将展开。庄家在洗盘过程中，盘面上成交量图形呈现明显的圆弧底特征。

庄家在派发阶段，在见顶回落前或回落当天随着巨量的出现，也就是筹码在大量抛出，成交量一直保持较高水平。因为庄家通常采取边拉边出，以高位派发为主的战术，即使股价在回落后止跌盘稳，在造势过程中也不会再度大手笔买入，股价往往在顶部形成放量滞涨或无量空涨的现象，成交量比洗盘时密集得多，但出货后期成交量不一定迅速放大，呈阴跌状态，表明庄家出货完毕，股价由散户支撑，必然继续一跌。

（12）均线发散趋势。洗盘时均线仍然向上呈多头排列，但上攻的斜率不是很陡，且喇叭口刚刚发散。出货时均线多头排列已被破坏或开始向下，先前上攻的斜率一般

已经大于45度角，且喇叭口发散程度放大，股价重心开始小幅下移。

（13）日K线是否连拉大阴线。洗盘一般不会，顶多拉2~3根中小阴线。出货时经常连拉中大阴线。此外，从当天外盘与内盘的成交量对比看，两者也有所区别。洗盘时外盘与内盘成交手数差不多，出货时一般内盘（绿单）成交手数大于外盘（红单）成交手数，且经常有大卖单出现。

（14）庄家洗盘时，作为研判成交量变化的主要指标OBV、均量线也会出现一些明显的特征，主要表现为，出现大阴巨量时，5日、10日均量线始终保持向上运行，表明庄家一直在增仓，交投活跃。此外，OBV指标在高位震荡期间始终保持向上，即使瞬间回落，也会迅速拉起并创出近期新高。这说明单从量能的角度看，股价已具备了上涨的条件。

（15）识别洗盘时下跌与出货时下跌的简单方法是，洗盘时会出现大幅跳水，而出货则不然，前者会在下跌时与均价产生较大距离，且均价对股价有明显的牵制作用，而后者表现为放量盘跌，均价对股价反压力甚大。

（16）观察重大关口变化情况，若打穿重大关口，洗盘会重新买入，派发则不会买入。

观察重大关口位置庄家是打压还是护盘。若是进行严厉的打压，以图把散户筹码震出来，则多是洗盘；若是出来护盘，则多是派发。

观察重大关口处反弹的幅度。洗盘要令散户感到大势已去，所以反弹幅度会较小，如0.382弱势反弹。若派发，庄家反倒希望强势反弹，因此会反手买入"推"一把，反弹幅度往往较大。

（17）震仓的位置往往不高，投资者可试着测算目前价位庄家有无获利空间，若目前价位庄家获利菲薄，庄家苦心经营已久，岂会轻易弃庄而逃？实际上，中线庄家途中至少要进行一次或几次洗盘，因此若是第一次，则通常是洗盘，而次数越多则危险越大。

（18）震仓往往利用指数下跌或是利空来进行，而出货往往利用指数上升或利好消息趁机派发。庄家持有大量筹码，船大难掉头，在突发性的暴跌面前绝不可能夺路而逃。大盘或个股此时放出的巨量，一是短线斩仓盘的涌出，二是由于庄家对倒放量做出派发的假象。

## 二、具体判断方法

（1）股价大幅下跌，一度接近跌停，跌到最低处有量放出来，尾市收回一半，K线形态类似"吊颈"，但是第二天全天成交价区基本比前一天的最低价位高5%。这说明前一天低位下跌是恐慌盘，不是庄家出货。

（2）如果下跌的时候，上午的量是下午的两倍，这说明其实每天上午开盘后，因为T+1 的交易制度，前一天短线抢反弹的人看到大盘走坏，该股反弹无望，就在上午离场。但是如果真是庄家出货，难道庄家下午就不出了吗？要是真出货越快越好，下午到了低位庄家出货反而会更积极，起码下午庄家是不会手软的。因此反过来证明，这种情况多是洗盘。

（3）下跌到关键位置的时候，经常会出现大卖单，同时砸盘力度也很大，但股价的下跌变慢了，这说明大卖单其实就是庄家对倒的，目的是引出散户的抛盘，可是真有抛盘庄家就低位承接，股价自然不是快速下跌。有时在买一价位上面有大单子，经常很久没有成交，要是庄家出货早对买盘下手了。

（4）下跌时盘面很弱，连反弹都没有，股价几乎和均线平行下跌。如果是庄家真正出货，盘中一定会趁大盘反弹的时候拉升一下股价，这样庄家才能在维持住股价的前提下多卖出筹码，但是连这个动作都没有，就是庄家故意示弱与人，希望别人卖出而自己却悄悄吸货。尤其是尾市，庄家用 2 万~3 万股就能将股价拉回到均线附近，出货的庄家可不会，连这个举手之劳的动作都不做。

（5）大盘走弱时，它却拒绝下跌，而在某一关键价位处横盘，而且横盘时天天缩量，说明短线盘越来越少，庄家离拉升股价的时间不远了，虽然拉升的力度不能确定，但是盲目割肉实属不智，至少反弹在即。

（6）若股价横盘的过程中庄家每天也有动作，比如每天拉升两次，这其中就很有学问——庄家可一举数得：首先是试盘，看看拉起来时跟风盘和抛盘如何，这样庄家对拉升时机就有一个估计判断；其次是吃货，股价上去再下来吸引了很多短线投机者，而短线盘是最不稳定的筹码，稍微有风吹草动，这些短线筹码很容易被庄家震出来，成为囊中之物；再次是洗盘，即使庄家没有吃到这些筹码，但是筹码从中线变成短线，经过这样的换手，对庄家将来的拉升也是有利的；最后是消磨持股者的耐心，如果你多次看股价冲上去又回来，一定耐心大减，真的再冲上去的时候就会急于抛出了。

（7）横盘时关键价位不破，比如前次三个涨停时巨量换手区域的下沿是 10 元，股价就是跌不破这个位置。因为这个位置如果突破，就意味着在将近 1000 万股的换手时卖出的人，都有了回补的机会，那么庄家轧空这部分人的第四个涨停就没有意义了——大家都要回补了，庄家今后如何拉升？但是庄家真正出货就不同了。庄家高位横盘出货往往只在尾市做一下 K 线，在 K 线上面留下一个或者多个长下影的"吊颈"，但盘中的减仓动作却是很难隐藏的。

（8）对个股的消息反应平静。在推出公告后，下午复牌后成交依旧清淡，当时同一板块的其他个股风起云涌，但是该股的换手依然缩到地量，这起码说明了筹码稳定很好，对待消息多空几乎没有分歧。如果庄家目的是出货，就会出现利好，但是股价见

利好却放量不涨，这样才是庄家卖出股票的行为。庄家洗盘时千方百计动摇人们的信心，等到出货时会以最美好的前景来麻痹人们。

　　总之，面对庄家各种形式的洗盘方法以及出货的方式，投资者应加以区分和辨别，如果能够正确地识别庄家正在洗盘，那么上下打压之时，就是逢低买入与逢高卖出之机。如果庄家在高位出货，或遇有重大利空出货，由于持仓量大，投资者的卖出时机要比庄家更快，常会使股价形成巨幅波动，多次反弹，形成较多的短线机会，投资者可以把握更多的短线机会。虽然投资者害怕被庄家套牢，而庄家更怕被广大的投资者所舍弃。

# 第八章　庄家反弹出货

## 第一节　股价为什么会出现反弹

股价下跌以后，出现短暂的一定幅度的回升过程，叫反弹。一般来说，股票的反弹幅度要比下跌幅度小得多，反弹结束后将恢复原来的下跌趋势。由于受下跌惯性的影响，庄家还没有充分出完货，价格已跌到了目标利润线之下。庄家为了达到高位出货的目的，就产生了反弹。

在股市中，上升之中有回档，下跌之中有反弹，这是股市中的对称原理。在辩证法上讲，反弹是肯定下跌中的否定现象，是一种假象。股价在回落过程中，除非是连续暴跌，一般都会有若干次反弹，即使是连续暴跌的股票，在暴跌后期也会有一定次数和一定幅度的反弹。

反弹阶段在坐庄流程中，属于次要阶段，有的庄家没有反弹过程。

那么，股价什么时候容易出现反弹？引起反弹的主要原因有以下几方面：

### 一、获利保本而反弹

由于庄家在顶部出货，震动了散户，引发股价出现较大幅度的下跌，等股价跌至庄家的目标利润线附近时，庄家利用一些其他形势的配合，如大势企稳等，主动组织反弹，从而达到充分出货的目的。如上升楔形、下降三角形、下降旗形、扩散三角形，就是由于这种反弹形式完成的。这种形式可分为两种情况：一是控盘利润线；二是持仓成本线。

图8-1，顶点软件（603383）：庄家完成建仓计划后，在2018年4月出现一波快速拉升行情。股价成功炒高后，庄家在高位派发了部分获利筹码，然后渐渐向下回落，一路下跌到起涨点位置。由于股价已经到了庄家持仓成本附近，于是引发一波弱势反弹行情，庄家在震荡中完成高抛低吸。

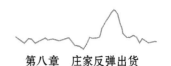

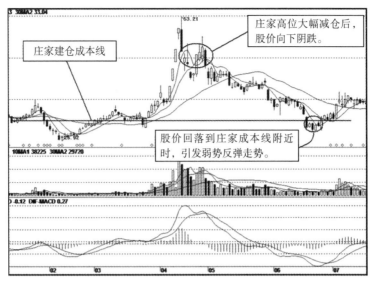

图 8-1　顶点软件（603383）日 K 线走势

图 8-2，视觉中国（000681）：该股见顶后大幅回落，当股价下跌到庄家成本线附近时，庄家为防止股价进一步下跌而造成利润损失，便出手进行护盘，促使股价企稳反弹，直到庄家全身而退后，股价再次进入弱势整理。

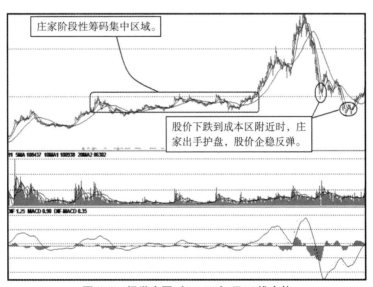

图 8-2　视觉中国（000681）日 K 线走势

## 二、技术支撑而反弹

股价回落中，受到技术支撑而引发的短暂反弹行情，如均线、趋势线、百分比线、黄金分割线等支撑，或庄家成本区、心理关口、成交密集区、股价（指）整数、前期

低点等支撑，一般均会出现大小不等的技术性反弹。有时，股价在前期上涨时，盘中留下上涨跳空缺口，一般在股价回调到这个跳空缺口附近时，具有一定的支撑作用，也能引发一波短暂的反弹行情。因此，把握好反弹的重要位置，具有重要的实盘操作意义。

技术支撑位很多，看起来眼花缭乱而不得要领，为了分析方便可以对支撑位进行梳理。受均线或趋势线支撑而反弹的，大多出现在跌势刚刚开始或跌势接近尾声之时，均线一般处于走平或微向上；受百分比线、黄金分割线支撑而反弹的，肯定出现在跌势中段位置；受庄家成本区支撑而反弹的，大多出现在跌势的后期或涨势初期；受前期低点支撑反弹的，大多出现在跌势的后期；受心理关口、成交密集区、股价（指）整数等支撑而反弹的，也都有相应的区域，投资者可以在实盘中多加摸索。

图 8-3，贵州燃气（600903）：该股大幅炒高后，于 2018 年 1 月 22 日见顶回落，股价出现快速下跌，回调幅度较大。2018 年 2 月 14 日，股价下跌到前期换手区域，得到了技术支撑后出现强劲反弹，股价反弹到前期高点附近，然后庄家继续出货，构筑一个完整的头部区域后，股价开始向下运行。因此，技术支撑位附近是短线抢反弹的较好点位，或多或少会有反弹行情出现，投资者不妨多加研究。一轮超跌反弹行情，不逊于一波中级行情的涨幅。

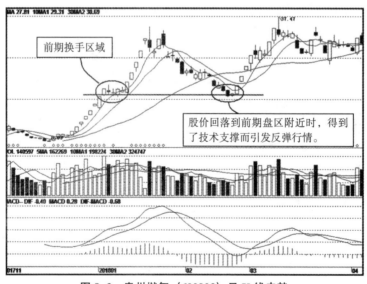

图 8-3　贵州燃气（600903）日 K 线走势

图 8-4，明家科技（300242）：该股连拉 7 个"一"字涨停板后，出现快速回落走势，股价几乎重回起涨点，甚至击穿 30 日均线的支撑位（未能形成有效突破），次日股价出现"一"字涨停，从此形成强劲反弹走势。

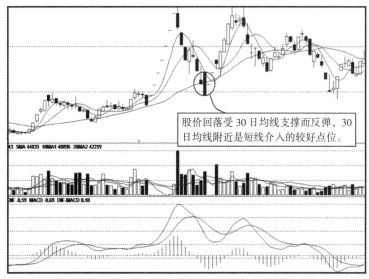

股价回落受 30 日均线支撑而反弹，30
日均线附近是短线介入的较好点位。

图 8-4　明家科技（300242）日 K 线走势

在实盘中需要注意的是，30 日均线应当处于上行状态，只要股价不在高位，大多
会出现反弹；如果 30 日均线平走或下行，则支撑力度有所减弱，此时应结合其他技术
综合分析。

### 三、利好消息而反弹

在下跌过程中，遇到某种突发性利好消息而引起短暂的反弹行情。在实盘中，突
然出现的利好消息引起的反弹，往往力度都不大，行情也难以持久。因为庄家对此没
有进货的准备，在庄家没货的情况下，任何反弹都是形式上的表示。如果这一现象出
现在庄家刚刚开始出货的时候，这只能给庄家带来一次出货的机会。如果将此作为进
货的依据，其结果是可想而知的。

图 8-5，湖北宜化（000422）：该股因基本面恶化，股价出现大幅下跌，从 12 元上
方逐波跌到 2 元之下。2018 年 7 月 11 日晚公司发布公告称，公司重大资产出售工作完
成，主导产品价格同比上涨，在此背景下预计上半年净利润为 2.1 亿~2.5 亿元，同比增
长 154.27%~202.70%，公司甩掉巨亏"包袱"。受此利好消息影响，该股出现一轮反弹
行情。

### 四、股价超跌而反弹

股价经过一轮深幅下跌后，空方能量消耗过大，往往引起超跌反弹。当个股连续
跌幅超过 30% 或 50% 以上时，一般会出现短期反弹（问题股除外）。一般来讲，跌幅越
大，速度越急，反弹力度则越大。

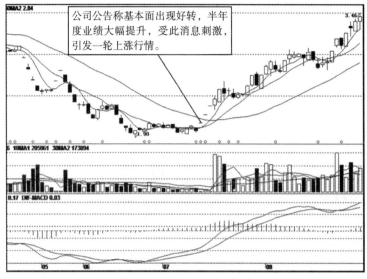

**图 8-5　湖北宜化（000422）日 K 线走势**

图 8-6，荣安地产（000517）：该股在 2018 年 1 月 5 日出现一波快速拉高行情，上涨行情结束后，股价一路下跌，几乎跌去了全部涨幅，短期严重超跌，反弹要求强烈。这时，投资者可以低逢轻仓介入，之后股价产生一定幅度的反弹行情，这种盘面适合于短线操作。

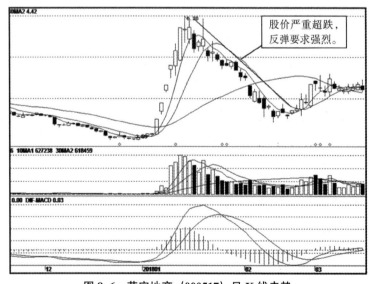

**图 8-6　荣安地产（000517）日 K 线走势**

图 8-7，科蓝软件（300663）：该股在 2018 年 1 月 10 日出现一波快速反弹，股价连拉 5 个涨停，然后从反弹高点持续震荡下跌，收回了全部涨幅，股价回到了起涨点，

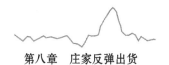

短期严重超跌，同时又遇到前期底部盘区的技术支撑，因而股价新一波反弹行情。投资者可以在前低附近逢低介入，之后出现企稳回升走势。

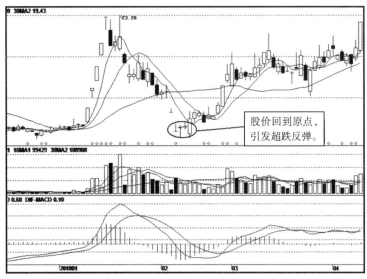

股价回到原点，引发超跌反弹。

**图 8-7　科蓝软件（300663）日 K 线走势**

俗话说："下跌容易上涨难"。反弹比下跌难得多，从表面看，一只股票下跌 50%与下跌 70%似乎相差并不大，但仔细一算，会让你吃惊不小。比如，一只原来股价为 10 元的股票，下跌 50%为 5 元，要涨回到原来的价格，需要上涨 100%，如果下跌 70%的话，则为 3 元，要涨回到 10 元则需要上涨 233.33%，被套后解套难度相差何止一倍。

# 第二节　反弹的三个阶段

在股市里，上涨的方式有很多。针对不同的上涨，采取不同的操作方法，才能够更好地立足于股市。研究反弹行情就是解决这个问题，反弹行情是暂时的，上涨之后还要回到前期低点，甚至创出新低，而反转行情是持续的、稳定的，在上升过程中不断创出一个又一个的高点。这里简单地了解一下趋势的级别。

基本运动：市场的主要运动形式，是股价运行的大趋势。分为基本牛市和基本熊市，时间通常在一年以上，具有稳定性和持续性。

次级运动：基本运动中的重要回撤，与基本运动的方向相反，就是牛市中的次级

回调，熊市中的次级反弹，时间在三周至数月之间。

日常波动：出现于基本运动和次级运动的过程中，没有明确的方向，时间不超过10 天，通常在一周之内。如果投资者能准确辨别趋势的级别，那么抓住反弹行情就是一件轻而易举的事情。

对于庄家来说，将股价大幅炒高后，在高位兑现获利筹码是重中之重。但按照预定的坐庄计划顺利完成出货是一件非常困难的事，很难一次性地在某个价位区域成功出货。因此在庄家出货过程中会出现多次反弹走势，而各个阶段出现的反弹行情，其性质、特征和操作策略都有所不同。反弹大体可分为以下几个阶段。

## 一、高位反弹

庄家在高位不断出货，而导致股价回落，但高处不胜寒，散户恐高心理加重，入场意愿开始谨慎起来，使庄家很难全身而退。因此庄家借助某技术支撑而展开反弹走势，从而继续维持高位出货。这是庄家出货的重大手段，由于此时市场炒作热情并没有完全消退，加之庄家运用某些技术支撑来忽悠一下，散户就轻易上当受骗。高位反弹是头部的组成部分，当庄家筹码派发所剩无几后，股价开始大幅下跌或中期调整。通常有以下几个特征：

（1）高位反弹的前提条件是，庄家没有顺利出局，属于护盘行为。

（2）成交量普遍较大，但比起前期上涨时已经萎缩很多。

（3）股价明显受制于前高压力，有时强劲反弹时也会瞬间冲破高点。

（4）大多遇到某些散户显而易见的技术支撑，如均线、趋势线、下轨线、前期高点或低点、百分比以及形态、浪形等。从这一点而言，股价依然有强势的一面，图形并没有完全走坏，因而容易欺骗散户。

图 8-8，GQ 视讯（300076）：该股庄家拉高股价后，在高位悄悄派发获利筹码，股价出现滞涨回落。当股价回落到 30 日均线附近时，庄家借该位置的支撑作用出现短暂的停顿，形成一个多头上攻的陷阱，2016 年 9 月 6 日一根上涨大阳线如利剑出鞘，形成强大的上攻之势。此时，有的散户以为股价展开新一轮上涨行情，继而纷纷跟风介入。随后股价在高位出现盘整走势，不久出现向下破位，股价进入中期调整。

图 8-9，上海新阳（300236）：该股庄家在出货过程中，就利用前期高点和低点的支撑作用，欺骗散户诱多出货。在股价第一次回落到前期高点附近时（又是 30 日均线附近），庄家出手护盘，将股价向上拉起，从而引诱一些技术派人士入场。然后在高位继续出货，同时也形成一个明显的低点，为下一次回落形成新的支撑点。当股价到达前高附近时受阻回落，股价重新回落到前期高点和低点位置，此时庄家用同样的手法进行护盘出货，从而使股价在高位出现震荡走势，为高位出货营造一个良好的市场环

境。此后，当庄家筹码派发接近尾声时，股价出现向下突破。

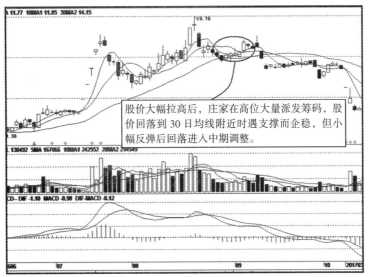

股价大幅拉高后，庄家在高位大量派发筹码，股价回落到 30 日均线附近时遇支撑而企稳，但小幅反弹后回落进入中期调整。

图 8-8　GQ 视讯（300076）日 K 线走势

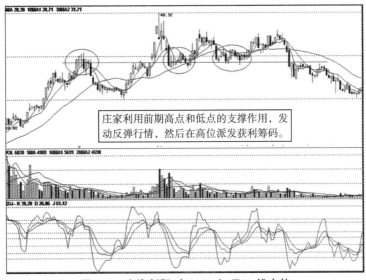

庄家利用前期高点和低点的支撑作用，发动反弹行情，然后在高位派发获利筹码。

图 8-9　上海新阳（300236）日 K 线走势

## 二、中位反弹

在股市中，如果遇到某种突发消息，或资金介入较深，或大盘走势极端，或操盘手法不精，庄家往往难以顺利脱身，而散户遇到风吹草动之时，由于资金小可以很快溜之大吉，而庄家只能等待时机成熟才能出局。因此股价下跌到中途时，经常出现一

次或多次的反弹行情。这种行情结束后，股价大多还会下跌一截，股价再创下跌新低，因而属于反弹自救行为。中位反弹有以下五个特征：

（1）股价距离顶部高点有一定幅度，下跌趋势也已形成，属于自救行为。

（2）成交量比较活跃，庄家对倒动作明显，有时也出现缩量反弹。

（3）股价距离移动平均线较远，乖离率（BIAS）偏大，根据葛氏移动平均线八大法则，股价有回归平均线附近的要求。

（4）当股价遇到上方技术压力时，容易产生放大效果，主动性抛盘加大。

（5）股价短期超卖严重，具有超卖超买功能的指标出现低位钝化，如 KDJ、RSI、W%R 等指标出现低位徘徊。

图 8-10，永盛股份（603090）：该股上市后连拉 17 个"一"字涨停，开板后经过短暂的整理，庄家继续拉高出货，然后股价缓缓下行进入中期调整，30 日均线拐头向下，对股价构成反压。2016 年 12 月 22 日，股价放量反弹，当日涨停收盘，但股价受 30 日均线反压非常明显，次日股价平开低走，股价接近跌停收盘，K 线形成阴包阳形态。说明庄家利用反弹机会不断出货，此后股价渐渐向下走弱。从图 8-10 中可以看出，该股完全符合中位反弹的特征，投资者可以结合实盘进行分析。

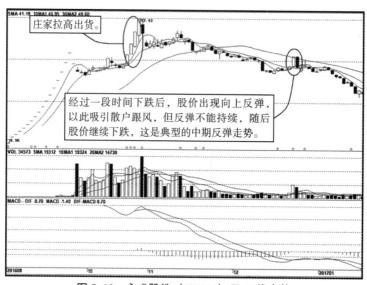

图 8-10　永盛股份（603090）日 K 线走势

### 三、低位反弹

股价经过大幅下跌后，做空能量得到较好释放，此时一些补仓资金或部分抄底资金介入，推动股价出现反弹行情。这种行情出现在大幅下跌的后期，市场熊市思维依然占据上风，股价反弹结束后大多还会再创新低，但下跌幅度和空间已经不大，或股

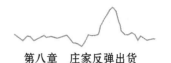

价回落到反弹的起点后形成盘整。从中长线来讲，低位反弹属于底部组成部分，或者叫筑底走势。低位反弹有以下五个特征：

（1）股价调整时间长，累计下跌幅度大，已经到了大底区域。

（2）成交量极不规则，有时出现无量反弹，有时则对敲放巨量。

（3）移动平均线下降趋势放缓，做空势头减弱。

（4）部分散户蠢蠢欲动，抄底念头有所增强。

（5）短期技术指标出现背离现象，如有背离功能的 KDJ、RSI、W%R 等技术指标出现底背离形态。

图 8-11，昊志机电（300503）：该股见顶后进入中期调整，调整时间较长，下跌幅度较大，基本已经到达底部区域，但底部不代表股价一定会上涨，所以这一时期会出现多次反弹现象。从 2017 年 5 月和 9 月的两次反弹行情中可以看出，由于这一时期庄家并无拉升意愿，市场往往人心涣散，做多气氛未能聚集，反弹结束后股价重新回到原点，而且成交量极不规则，经常出现脉冲放量现象，30 日均线渐渐走平。投资者认识到这种盘面后，就可以抓住机会逢高退出，或进行高抛低吸波段操作。

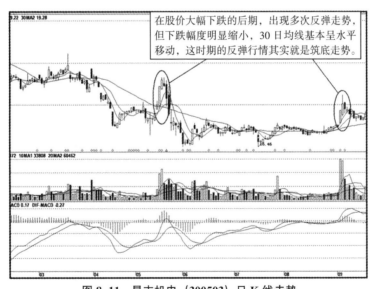

在股价大幅下跌的后期，出现多次反弹走势，但下跌幅度明显缩小，30 日均线基本呈水平移动，这时期的反弹行情其实就是筑底走势。

图 8-11　昊志机电（300503）日 K 线走势

# 第三节　反弹的五种基本方式

庄家成功地做一只股票，都需要掌握大数的流通筹码，这些筹码很难在高位一次

性出完，因此在下跌过程中就会出现一次或几次反弹行情。比较常见的反弹方式有以下几种：

## 一、强势反弹

这种方式就是股价经过大幅操作或快速拉升后，涨幅十分巨大，庄家在高位派发筹码，造成股价见顶回落。由于庄家没有在高位集中派发完毕，股价下跌一定幅度后，出现强劲的反弹走势，上涨势头不亚于主升段的攻势，上涨高度可能到达顶部附近，甚至微创新高，成交量也未见萎缩，严格地说这种强势反弹还属于头部区域。通常在下跌行情开始后，出现的第一波反弹行情都属于强势反弹性质。

庄家坐庄意图：通过强劲上攻势头，使散户产生强烈的追高欲望，从而协助庄家拉抬股价，促使庄家加快出货步伐。

散户克庄方法：持股者在股价反弹到前期高点附近，出现滞涨或收阴线时，卖出做空；持币者在股价深幅下跌后，出现放量上涨时，少量买进做多。

图8-12，金杯汽车（600609）：该股经过大幅下跌后，出现强势反弹走势。从图8-12中可以看出，股价前期出现快速上涨行情，见顶后形成倒"V"形反转走势，阶段跌幅超过60%，股价严重超跌，短期反弹要求强烈。

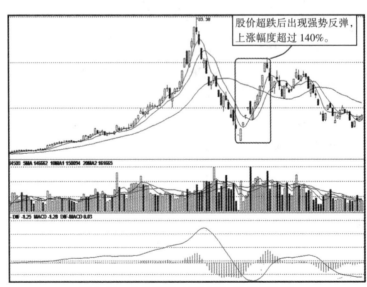

图 8-12　金杯汽车（600609）日 K 线走势

一般而言，出现倒"V"形反转形态，庄家很难一次性完成出货计划，这就意味着股价存在短期反弹的可能，因此投资者可以寻找技术支撑点短线介入。很快，该股出现强势反弹，上攻气势凶猛，成交量继续放大，最大反弹幅度超过140%，然后庄家继续在高位减仓。

图 8-13，思创医惠（300078）：该股大幅拉高后回落调整，当股价回落到 30 日均线附近，获得技术支撑后出现强势反弹，股价连拉 4 个涨停并创出反弹新高。之后，股价再次回落到 30 日均线附近时，出现修复性弱势反弹后，股价进入中期调整。

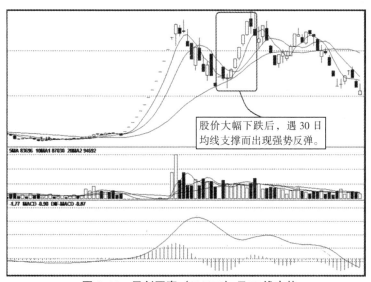

股价大幅下跌后，遇 30 日均线支撑而出现强势反弹。

**图 8-13　思创医惠（300078）日 K 线走势**

## 二、弱势反弹

弱势反弹也叫平台式反弹，平台反弹听起来不太好理解，其实是一种实实在在的反弹方式。这通常是庄家在高位没有顺利完成派发任务所形成的一种走势。股价出现一轮下跌后，维持小幅震荡爬高或形成平台走势，成交量明显萎缩，庄家在此继续实施出货计划，然后恢复下跌趋势。股价涨幅很小，甚至没有什么涨幅，其实它是以平台代替反弹走势，因此也叫下跌中继平台，或叫出货平台。此种形式多数出现在市场极度弱势之中，在回落的中后期出现的机会最多。

庄家坐庄意图：这是利用散户喜欢抢反弹心理所采取的一种操作方式。股价经过一轮下跌走势后，由于买盘的介入初步获得支撑，而这时庄家并没有全部完成派发任务，但又不想增加拉升成本，所以出现平台走势。这时散户以为庄家整理蓄势或酝酿反弹，而进场接走庄家的抛单。庄家将货出得差不多时，股价就出现向下破位走势。

散户克庄方法：先前在高位没有退出的散户，此时股价冲高时应离场。在股价接近均线，5 日、10 日、30 日三条均线黏合后，股价出现向下突破时，坚决斩仓离场。此阶段成交量的大幅萎缩，表明没有得到场外资金的关照，持币者不宜过早介入，非技术高手者不参与为好。

图 8-14，扬农化工（600486）：该股经过逐波上涨后，在高位形成盘头走势，庄家在此期间大幅减仓。2018 年 8 月 6 日，一根放量跌停大阴线向下击穿了头部盘区的支撑。股价突破后没有出现强势的反弹走势，基本以平台整理代替反弹，从而演变为下跌中继整理走势，很快股价再次向下破位。这其实也是股价突破后的弱势回抽走势，说明庄家出货坚决，在大量减仓后，股价再次选择向下破位。

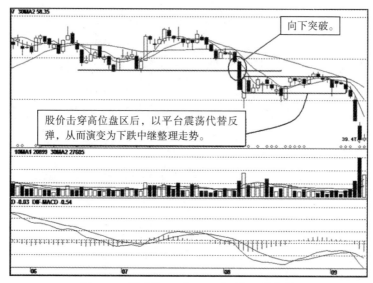

图 8-14　扬农化工（600486）日 K 线走势

图 8-15，鱼跃医疗（002223）：该股见顶后连续出现 3 个"一"字跌停，然后企稳形成小幅反弹，而反弹几乎没什么涨幅，仅仅是一次平台整理而已，以平台代替反弹。

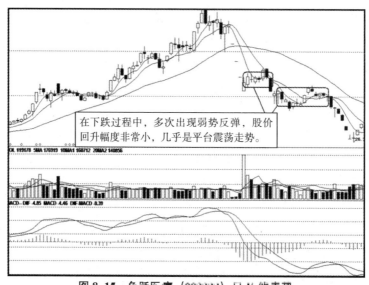

图 8-15　鱼跃医疗（002223）日 K 线走势

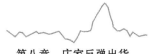

不久，股价又下跌一个台阶，再次形成以横盘代替反弹走势，显示盘面十分脆弱。接着，再次出现跳水下跌，说明庄家减仓坚决，短期股价难有起色。投资者不要参与弱势反弹操作为好。

### 三、快速反弹

股价在回落中突然快速放量反弹，像平地竖立的旗杆，但涨势仅维持两三天甚至仅上涨一天就结束，来得急、去得快，其后股价继续回落或沿原趋势下跌。快速反弹的时间周期特别短，反弹在几天内快速完成，成交量也呈突然放大的态势，反弹的幅度不会太大。这种反弹在跌势初期出现的机会较多，回落中途也偶尔出现，回落后期则不太可能出现。

这种方式也可能是新的短庄介入，通过短期建仓，掌握了少量的筹码，然后运用少量的资金炒一把就走，不需要讲究什么方法和技巧。这种方式也可能是受某种突发性利好消息的刺激，而引发"井喷式"反弹行情。

庄家坐庄意图：庄家在高位没有完成全部撤退任务，在股价下跌一定幅度后，突然放量向上腾空而起，散户以为新一轮行情产生而追涨买进，庄家自己则继续向外出货。若是新短庄则另有意图，即获取短期利润差额。

散户克庄方法：持股者在股价放量冲高回落，收阴线、长上影线、十字星时卖出。持币者可以在第一天放量拉高时少量跟进，若错过这个时机，则观望为好，因为毕竟是反弹行情，不做也罢。

图 8-16，春兰股份（600854）：该股从 16 元上方逐波下跌到 3 元附近，累计跌幅

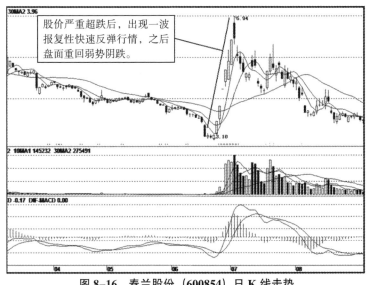

图 8-16 春兰股份（600854）日 K 线走势

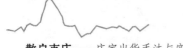

超过 80%，股价严重超跌，报复性反弹随时出现。2018 年 6 月 25 日，股价突然拔地而起，出现一波快速放量反弹行情，在 6 个交易日中出现 5 个涨停。反弹结束后，股价继续弱势阴跌，几乎抹去了全部涨幅，将追高者全线套牢。

图 8-17，中捷资源（002021）：该股受利好消息影响，连拉 7 个涨停板，由于高位获利盘大量涌出，股价出现 4 个跌停板，回落到 30 日均线附近。然后，股价企稳并出现快速强势反弹，连拉 4 个涨停板，股价回升到前期高价区，此时遇到获利盘和套牢盘双重抛压，股价再次出现暴跌，K 线构筑 M 头形态，之后股价进入弱势调整。

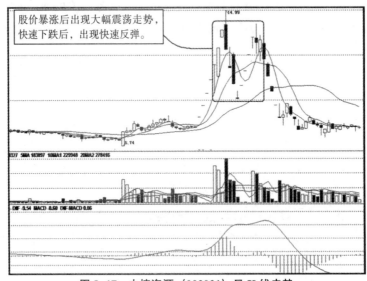

图 8-17　中捷资源（002021）日 K 线走势

## 四、慢速反弹

这种反弹方式就是股价回落一定幅度后，受场外资金影响，或庄家继续完成出货的需要，股价企稳后不断以小幅震荡的方式向上反弹，股价在一个近似的上升通道里运行，反弹角度不大，走势形成 25°~45°角的斜坡。反弹的总体幅度不大，但所需时间周期较长。与顶部巨大的成交量相比，这时成交量虽然有较大的减少，但仍然维持在一定的温和水平。在日 K 线图上，阴阳交替上升，小阴小阳为多，很少出现大阴大阳的现象。

庄家坐庄意图：由于庄家在高位没有全部撤退，当股价下跌一定幅度后，采取边反弹边出货的方法进行派发，慢速反弹持续时间长，出货时间充分，又不需要太大的拉升成本。

散户克庄方法：在股价出现大幅下跌后，可以用少量的资金做一些反弹行情，但利润要求不能太高，适可而止。在熊市时期，以悠闲的心态去炒股，养精蓄锐，保持良好的平常心等待牛市的到来。

图 8-18，世荣兆业（002016）：该股见顶后快速回落，经过一轮大跌行情后，空方"小憩"休整，形成两次弱势反弹行情。在反弹行情中，股价以小幅攀升的方式碎步上行，K 线以小阴小阳形式出现，股价回升角度不大，说明股价反弹力度有限。对于这种盘面走势，投资者应谨慎操作。

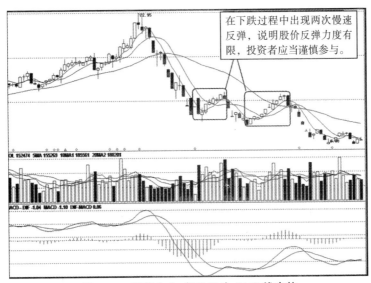

图 8-18　世荣兆业（002016）日 K 线走势

## 五、波段反弹

股价回落途中产生强劲反弹，形成一个波段反弹走势，多以旗形形态出现。波段形反弹大多发生在回落阶段初期，为庄家手中还有筹码没有派发完毕所致，反弹的幅度也较大，成交量也比其他类型的反弹要大，但相对于个股前期的顶部来说，成交量有所减少。庄家一旦完成剩余筹码派发，则其后就再不会有波段反弹走势，成交量也不会再次放大。在日 K 线图上，阴阳交替上行，有时出现大阴线或大阳线的现象。

庄家坐庄意图：在反弹中继续完成出货任务，如果庄家手中筹码所剩不多时，可以在低位进行回补，做波段差价。

散户克庄方法：这种反弹方式的波浪起伏比较明显，运行规律也有节奏，短线高手可以高抛低吸做差价。反弹行情完成三波走势以后，在股价放量冲高时出局，四波以后的反弹走势尽量不要参与操作。

图 8-19，云南旅游（002059）：该股就是波段式反弹走势的例子。股价经过大幅下跌后，止跌企稳并产生 B 浪反弹。在 B 浪反弹中，以 5 浪方式上涨，反弹结束进入 C 大浪调整。投资者应在 5 浪高点离场观望。

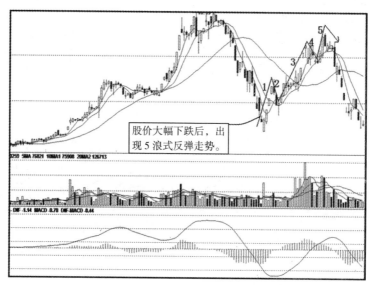

图 8-19　云南旅游（002059）日 K 线走势

上面介绍的几种反弹方式，是庄家坐庄过程中常用的运作手法。股市瞬息万变，反弹形式多种多样，但无论庄家采用什么样的操作方式，只要认真分析观察盘面迹象，就能领悟到庄家的坐庄意图，并找到较好的克庄方法。

# 第四节　反弹阶段的看盘技巧

## 一、反弹阶段的市场特点

（1）盘面压力重重。中国股民经过 20 多年的实盘磨炼，不像以前那么"幼稚"了，他们不断地总结积累与庄家斗智斗勇的策略。面对逐步走向成熟的股民，庄家也不好轻易对付了，如果操作不慎就成了散户们分享的羹饭。被套于盘中的庄家如同一条未死的蛇，看着一个一个出逃的散户，欲罢不能，有苦难言。盘面特点是每上一个价位都会遇到重重压力，而每下一个价位时又不需要太多的力量，就被轻易击穿。

（2）市场量能趋弱。在这阶段由于散户参与较少，成交量逐步萎缩，人气冷淡。有的庄家借利好或大盘上涨，居然放出一两天的巨量，以引起投资者的注意，但量价失真，随后又迅速缩量。有的庄家在盘中放量时大时小，尚缺乏可循规则。在日 K 线上多以大阴小阳、小阴小阳等形态出现，股价跌多涨少。在图表上，拉出长阴或连续多根阴线后，接着出现 1~2 根小阳线或阳十字，然后再度拉出长阴或多根阴线，如此放

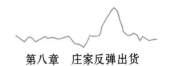

任股价下跌。

（3）市场风险增大。在股市中，吸引投资者的就是钱，只要有金可淘，就不顾一切地追进去，而庄家被套时正是投资者赚钱的危险时期。由于这阶段行情向淡，赚钱的机会大打折扣，不像市场火爆时那么容易了，尤其是大势十分清淡时，投资者如果买入一只庄家被套的股票就要小心了。因为在这样的股票中，庄家出逃是唯一的选择，即便反弹时其高度也是有限的，一般落后于大盘的涨幅，如果把握不好出入点，就会被折腾得死去活来。可见，看盘功底深的人可以"借刀杀人"，把握一波反弹行情的涨跌节奏，并不亚于做一波中级上涨行情，收益也是丰厚的；看盘功底浅的人往往聪明反被聪明误，很难把握买卖点，这样不仅难赚钱，不套进去也算是大幸了。

## 二、反弹时的技术特征

### 1. 均线系统

在均线系统中，5日、10日均线出现向上金叉，但30日均线一般仍处于下降趋势或走平后继续下降，中级以上调整后的反弹，则60日均线也处于下降。一般情况下，强势反弹时，5日或10日均线与30日均线形成金叉，但很快又出现死叉，30日均线维持向下；弱势反弹时，5日或10日均线贴近于30日均线后，调头下行，无法与30日均线形成金叉。

### 2. 指标特征

在技术指标体系中，RSI指标到了强势区后很快回落或未到强势区即出现回落，弱势再现。KDJ指标从高位回落形成死叉，J线到达弱势区，D线拐头向下，形成卖出信号。MACD指标中的DIF线与MACD线金叉后，快速死叉，或者DIF线拒绝与MACD线金叉，BAR红柱很快缩短或绿柱缩短后再度增长，有做空因素。DMI指标未能持续呈单一方向，买入信号不强。TRIX和DMA指标处于走平状态，做多信号不强烈，不可盲目跟进。

### 3. K线特征

反弹时的K线盘口现象：开盘，以平开或微幅高开为多见，也有大幅跳空高开的情况，交易时以较快的速度向上拉抬，给人留有上涨空间的想象，以减轻阻力。盘中，强庄股迅速拉高股价，直至封住涨停，或在涨停板附近盘旋，从中伺机出货；弱庄股随大盘的涨跌而动，很少出现大起大落。尾市，常搞"突袭"行为，快速拉高，多属弱庄所为。

在反弹阶段，K线阴阳相间，上下影线较长。常见的K线组合形态有射击之星、十字星、长十字、早晨之星、底部弃婴、锤头、曙光初现、身怀六甲、平底、好友反攻、红三兵、上升三部曲、戳入线等。

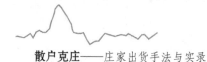

**4. 波浪特征**

反弹阶段在波浪理论中，属 B 浪调整形态。B 浪为下跌三浪中的调整浪，即对 A 浪下跌的反弹。B 浪反弹的力度一般较弱。因此抢 B 浪反弹者要特别小心，不可要求过高。当升达 A 浪跌幅 50% 左右时即行了结，否则将面临 C 浪的大幅下跌而深套其中，由此"牛市陷阱"也频频出现于 B 浪中。

B 浪反弹一般以三浪形式出现，投资者往往误认为多头行情尚未结束，并对后市还抱有幻想，但此时成交量不大，价量已呈背离，一般人经常把 5 浪与 B 浪弄混，而 B 浪反弹却是庄家最后的逃跑机会。

**5. 切线特征**

在前期的下跌过程中，可能形成一条明显的下降通道，股价的高点一个比一个低，低点一个比一个矮，从而形成一条下降趋势线或轨道线。当股价触及通道下轨线时，将遇到支撑而产生反弹，买入为宜；当碰及通道上轨线时，将遇到压力而产生回档，卖出为宜。

**6. 形态特征**

反弹阶段中常见的形态除了楔形、三角形和旗形等，还有 V 形、头肩形、圆弧形反弹形式。

（1）V 形反弹。股价快速下跌一段距离以后，再以相同的上涨角度快速反弹。V 形反弹的下跌和上涨的角度在图形上是对称的，但反弹幅度不一定对称。如果庄家筹码没有派发完毕，股价刚刚开始下跌时很容易出现 V 形反弹，强势反弹的幅度可能与下跌幅度大致相当；如果庄家已经出完货，就不能指望有较大的反弹幅度，一般情况下可能只有下跌幅度的一半左右，弱势反弹只有下跌幅度的 1/3 左右。

（2）头肩形反弹。在回落中，股价小幅反弹后进行整理，然后再次小幅反弹，在再次整理后股价转身下跌，走出小型的头肩形状。头肩形反弹所需的时间周期相对较长，两次反弹的幅度大致相等，下跌与反弹的图形也大致对称。这类反弹出现以后，后市下跌速度平缓，在没有出现大幅急速下跌以前，股价不太容易见底。

（3）圆弧形反弹。股价经过一段跌势以后，跌幅逐渐减小，其后开始上涨但初始涨幅不大，一段时间以后再加快上涨，因而形成圆弧形形状的反弹走势。圆弧形反弹的幅度较大，但时间周期较长，成交量也不会有太大，下跌与反弹的图形也大致对称。如果是小型圆弧反弹，则反弹的幅度就小，时间周期也不会很长。

**7. 分时图盘口**

（1）压盘。在股价处于反弹上涨时，卖档位置始终挂着大单压盘现象，显示抛盘很重，但股价又没有明显下跌，大笔成交也不多见，表明主动性抛盘不大，且成交又非常活跃，此时应值得分析。如果股价在底部涨幅不大的话，可能有继续动能，压盘只是一种假象。一旦卖单被吃掉或撤掉而股价上行，则是短线介入的好时机。

（2）托盘。当股价反弹到一定幅度后，在买档位置挂出大单托盘，股价无法继续下跌。但是，此时股价反弹无量，从成交明细看，若主动性抛盘较多，则有可能反弹渐近尾声，故散户小心为上。

（3）隐单。就是在买卖档位上看不见，而在成交明细表里却有显示。在交易时，通常委买委卖单出现在买卖档位上排列等候，但庄家有时为了隐蔽手法，未能在买卖档位中体现，却在成交瞬间出现在成交栏里，这就蕴藏着庄家诡秘。通常在股价不高时，出现大量主动性隐单买盘，股价不跌反涨，则后市看高一线，否则出现大量主动性隐单卖盘，股价不涨反跌，则后市看空。

（4）对敲。庄家用多个账户同时进出，人为地将股价拉高或打压，若股价在顶部多是为了掩护出货，若股价是在底部则多是为了激活人气。

（5）画图。庄家为了吸引投资者跟风，在分时走势中，刻意画出清晰的走势图形，呈现逐波上扬的走势，并力求让每一个投资者都能看得懂，当散户按照以上规律操作时，庄家却一改常态，改变原来的走势，使介入者个个被套牢其中，难怪有人感到纳闷，怎么一买入就变样了。

8. 量价关系

这阶段的成交量呈温和放大或突然放大态势，或时大时小，缺乏规律性，整体量能不如前期上涨时大，且持续时间不长。具体量价关系为：

（1）价涨量增。股价上升而成交量比平时增加，为买盘积极的表现，预示后市继续反弹，可适时跟进。

（2）价涨量平。股价上涨，但成交量却与前几日差不多，这反映庄家并未进场积极买货，由于这批人士很多是股价上升的动力来源，既然庄家未进场，涨势仍难以持久，预示反弹过后股价仍会再跌。

（3）价涨量缩。股价上升但成交量未能配合上升，反而减少，量价出现背离，此情况经常出现在反弹升势中，可能是庄家托高股价以便松绑，希望顺利将货源沽出。

（4）价跌量增。股价下跌而成交量放大，价量出现背离。若股价已累计下跌一段时间，或累计一个颇大跌幅（达50%以上），此时，价格突然急挫且成交量显著大增，视为最后解脱现象，沽盘全数涌现后，看好的一批买盘接货，从而令后市出现无阻力的反弹升势。

# 第五节 反弹阶段的庄家阴谋

## 一、持续拉高诱多

### 1. 持续拉高

在股价企稳后的反弹过程中，庄家为了继续出货或减仓，经常采用持续拔高的动作将股价拉高，以吸引散户入场接单。这种走势的盘面特征如下：

（1）股价出现连续上涨，中间很少有深幅回调，但每天的涨幅并不大。

（2）日K线往往带有长上下影线，分时走势中震荡较大。

（3）在上涨过程中，往往伴随着较大的成交量，对倒行为明显。

（4）在反弹时，盘面非常活跃，很少出现连续涨停现象。有时候拉出一两个涨停后，在高位持续放量推高，场面非常火爆。

（5）乖离率持续增大，短期技术指标出现超买。

图8-20，富煌钢构（002743）：该股经过一段时间的下跌调整后，2017年8月10日开始出现一波力度比较大的反弹行情，成交量大幅放大，先拉出三个涨停板，然后开板继续拔高股价，形成一股势不可当的场面。经小幅回落后，展开第二波持续拉高动作，盘中震荡幅度较大，且随着较大的成交量，庄家对倒出货迹象十分明显。反弹

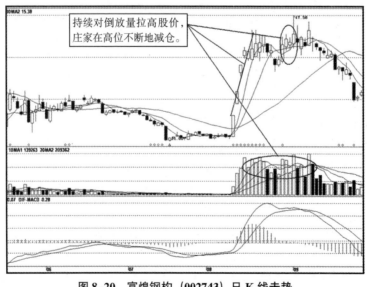

**图8-20 富煌钢构（002743）日K线走势**

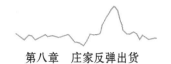

结束后股价陷入盘跌走势，几乎回到前期低点附近。

图 8-21，飞凯材料（300398）：该股企稳后从 2017 年 2 月 16 日开始出现一波持续拉高行情，虽然每天的涨幅都不是很大，但基本能够呈现放量上涨态势，中途没有出现明显的回调走势，也没有出现直接封于涨停的现象，大多带有长上下影线的 K 线。这种走势是一种典型的反弹表现，庄家采用持续拔高股价的手法，吸引散户参与，其庄家阴谋与富煌钢构（002743）相同。

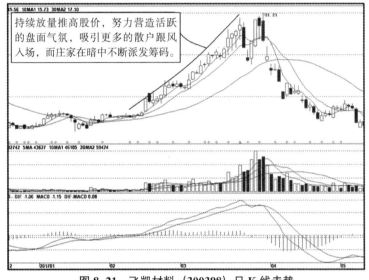

图 8-21　飞凯材料（300398）日 K 线走势

这种盘面的庄家阴谋在哪里呢？庄家在大幅震荡中，持续放量拔高股价，让散户产生庄家实力强大、股价上涨空间巨大的假象，以此诱导散户追高买入。这时有的散户就浮躁起来，认为股价马上会涨而担心自己买不到股票，因而不惜追高买入，而庄家在震荡过程中不断派发筹码，什么时候无人追高时，也就意味着反弹行情即将结束，而且这种走势一旦开始回调，短期内股价很难再次突破该反弹高点。那么，有的散户不禁要问，庄家为什么不直接以涨停的方式拉高股价呢？因为采用这种方式做盘的庄家也十分谨慎，如果直接拉涨停的话，万一散户在高点撤退，那么庄家自己就不好撤离了，因此事与愿违。庄家采用这种手法的好处就是可以见风使舵，根据市场跟风状况来决定上涨高度，具有很强的灵活性。

散户判断这类个股的方法：主要从量价匹配上进行分析研判。大多数反弹行情的量价关系都有失衡现象，一种是无量反弹，属于虚涨声势，另一种是放巨量反弹，而股价涨幅不十分明显。从该股盘面观察，属于第二种反弹性质，成交量出现明显放大，而股价只是小幅上涨，其盘面走势十分可疑，不符合正常行情启动的特征。这类个股

一旦滞涨回落，就是一个阶段性顶部，短期很少出现第二次上攻机会，可以根据 0.382
的黄金分割线进行判断。当股价回落到该位置时，阶段性头部确立，随后若是因 0.382
的黄金分割线的支撑作用而出现反弹时，应坚决卖出。

2. 连续多阳

在股市中，喜红厌绿，也许是多数人的条件反射。有时候庄家也会利用这种现象
进行做盘，在反弹过程中连续收出多根阳线，有时也是低开高走的假阳线，在 K 线图
中呈现一片绯红，煞是漂亮。好多散户看到"红盘"报收，心里就舒服，因而轻视了
对盘面的分析。这对庄家来说起到吸引外盘、稳定内盘的作用，其坐庄意图也就达到
了。这种现象大多出现在跌势中、后期的反弹行情中，在跌势初期的反弹行情中很少
出现。

这种走势的盘面特征与持续拔高走势相似，不同之处就是这种盘中连续收出阳线，
包括低开高走假阳线，七八根或十几根甚至二十来根阳线组合。每天的涨跌幅度均不
大，总体涨幅大多比持续拔高方式要小。

图 8-22，丹东科技（600844）：该股见顶后逐波走低，庄家在每一次反弹中实施减
仓计划，一路向下滚动操作，不断压低股价。回落时，股价遇到前期低点支撑而形成
一波反弹行情，在反弹过程中连续收出 13 根阳线，盘面一片火红。这种盘面现象绝非
偶然，而是庄家故意以"红盘"报收，来吸引散户参与，庄家在暗中减仓操作。直到
最后无人参与时，股价出现新的调整，散户在轻率中被套牢。

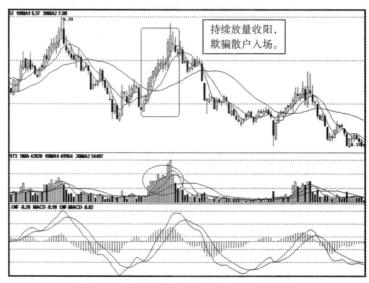

图 8-22 丹东科技（600844）日 K 线走势

从图 8-22 中可以看出，庄家故意做盘的迹象非常明显。无论当天是涨是跌，均以

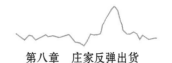

"红盘"报收，给散户以安全感，而有的散户认为 K 线收阳线，没有什么大的问题，哪怕是低开高走的假阳线，总觉得庄家有做多意愿，心里感到很踏实。因而麻痹了思想，放松了警惕，不知不觉中股价下跌了才恍然大悟，但此时已套，难做割舍决断。

因此，投资者在实盘中对连续收出的"红盘"要多个心眼。自古"红颜多祸水"，这可能就是一个美丽的陷阱。当股价收出下跌阴线时，就是一个阶段性头部，应果断离场。这类个股在下跌后期或低迷市场中经常出现，投资者不妨多加验证，感触定然良多。

图 8-23，汇通能源（600605）：该股经过大幅调整后，在底部形成企稳震荡走势，然后出现向上反弹走势。在反弹过程中连续收出多根阳线，成交量明显放大，红彤彤的盘面视觉效果非常好，吸引不少散户举目凝神，因笃定有人被骗入场，所以庄家的诡计就轻易得逞了。

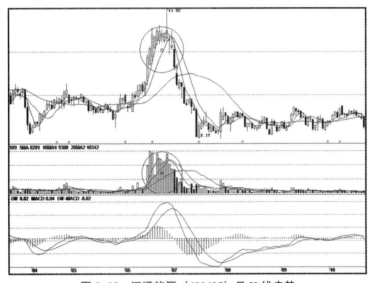

**图 8-23　汇通能源（600605）日 K 线走势**

从该股盘面分析，是一种典型的反弹走势。庄家故意做盘的迹象十分明显，连续报收"红盘"吸引人，这是反弹的疑点之一。疑点之二就是从成交量上也能看出端倪。在一般情况下，股价放量上涨是好事，但该股出现明显的量价失衡现象，成交量持续大幅放大，而股价只是小幅上涨，这就反映了庄家的对倒行为。疑点之三，6 月 28 日、29 日和 7 月 2 日这三天的走势非常诡异，第一天股价先是大幅冲高 8 个多点，突破了前几个交易日的整理走势，盘面走势十分强劲，大有一波加速上涨行情之势。此时就有不少散户跟进，随后股价渐渐向下回落，当天收出一根带长上影线的 K 线。第二天，大幅向下打压股价 6 个多点，但在盘中很快拉起，当天仍然报收"红盘"，收出一根带

长下影线的阳线，此时持股心理还算稳定。第三天再次大幅冲高回落，报收长上影线阳线。这三天的盘面走势，充分说明庄家在震荡中出货，从第四天开始股价真的下跌了。

## 二、异常阳线诱多

1. 异常阳线的 K 线特征

在股价下跌过程中，庄家为了出货或减仓目的，经常拉出一些不合乎常规的阳线，以吸引散户入场接单。这种走势的盘面特征如下：

（1）在盘面出现阳线之前毫无征兆，平地起惊雷。

（2）大多以大阳线形式出现，阳线实体较长，有时直接开涨停并封盘，当日涨幅较大。

（3）在阳线形成过程中，多数伴随着较大的成交量，对倒行为明显。

（4）持续时间较短，一两天就结束，很快回落到原处或更低。

2. 异常阳线大多出现在以下五种情况

（1）当股价远离均线系统时出现的反弹大阳线。

（2）大幅跳空低开形成的低开高走大阳线。

（3）伴随着异常放大或缩小的成交量而形成的大阳线。

（4）受利好消息刺激形成的大阳线（非实质性利好消息）。

（5）受大盘或板块联动出现的大阳线。

在以上五种情况下出现的大阳线，均属于异常波动，背后大多暗藏庄家阴谋。投资者宜逢高退出观望，等待企稳后重新介入。

图8-24，恒天天鹅（000687）：该股见顶后不断向下走跌，不久股价再次跌破前期低点支撑，预示股价将继续出现下跌走势。可是第二天一根大阳线拔地而起，突破了5日、10日和30日均线的压制。这时看多意识明显得以增强，有的散户因此介入做多。可是股价并没有因此企稳转强，随后出现一波快速杀跌行情，将追涨买入的散户全部套牢。

那么，如何看待这根大阳线呢？其实这是一根超跌后形成的异常阳线，后市不宜乐观。因为：第一，30日均线依然我行我素地下行，说明市场处于弱势状态之中；第二，股价受前期盘整区域的压力较大，很难成功脱离该区域；第三，成交量不能持续放大，前无依后无靠的"量柱"不可靠；第四，第二天股价低开低走，说明做多意愿不强，也反映股价上涨得不到市场的认可。

由此可见，这是一根异常反弹阳线，无论从哪个角度去讲也不是一根持续上涨阳线。投资者应逢高退出，等待企稳后重新介入，这样可以降低持仓成本。

图8-25，国栋建设（600321）：股价见顶回落后，形成长时间的震荡走势，经过反

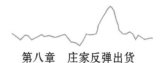

弹后再次下跌。突然，股价从涨停板价位开盘，然后打开涨停板形成震荡，最后重新封于涨停。那么这天的盘面有什么技术含义呢？从这天涨停的前后情况来看，似乎来得特别突然，没有任何上涨的征兆，涨停为天外飞来之物，所以不能持续上涨。

图 8-24　恒天天鹅（000687）日 K 线走势

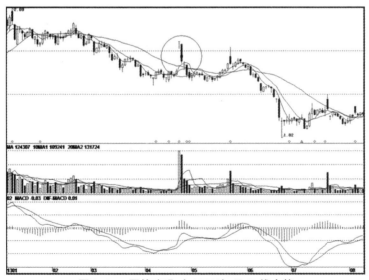

图 8-25　国栋建设（600321）日 K 线走势

该股涨停后为什么不能延续上涨行情呢？原因是：首先，股价处于下跌状态之中，30 日均线不断下行；其次，上方有一个成交密集区域，不可能一次性成功跨越；再次，成交量突然放大，又突然缩小，应当引起怀疑；最后，在涨停的第二天不但没有冲高

动作，反而出现低开低走的大阴线，更使人感到前一天股价上涨的虚假性。因此，这天股价上涨不可靠，为反弹行情的异常阳线，应逢高退出观望。

在这类个股中，确实是庄家骗你没商量。因为这样的大阳线或涨幅非常诱人，有不少散户会认为股价企稳上涨了，因而纷纷介入，不料被套其中。那么散户应该如何规避这样的陷阱呢？简单而有效的方法就是，分析它有没有充分的上涨理由。如果从多个角度去论证，都没有上涨理由的话，那么股价就不会涨得很高，散户也就不会在此选择买入。该股就是一个典型的例子，应该从中有所感悟。

### 三、高开低走诱多

在反弹行情的尾端经常出现大幅跳空高开现象，然后股价出现快速回落或单边震荡下滑，最终在最低点或次低点收盘，从而几乎把当天介入的散户全部套牢。当天的实际跌幅并不是很大，因此又能稳住原先的持股者，这样庄家就可以顺利出货了。这种情况除了受消息面影响外，就是庄家为了达到某种目的而故意跳空高开。通常出现在反弹阶段中的高开低走现象，大多是庄家出货或减仓所为。这种走势的盘面特征如下：

（1）当天高开幅度大于5%，有时以涨停价格开盘。

（2）K线大多不带有上影线，仅少数个股出现快速冲高回落动作。

（3）高开低走的大阴线实体大于3%时才具有分析意义。

在实盘操作中，股价出现了一波比较大的反弹行情。特别是连续拉出几根阳线后，收出高开低走的大阴线。这属于庄家减仓出货行为，意味着反弹结束，后市股价看跌。在当天的走势中成交量越大，说明庄家出货行为越明显。股价连续拉出数根阳线之后出现的高开低走大阴线，如果当天成交量异常放大，则庄家出货更加明显，这一形态出现后应坚决回避。

图8-26，康盛股份（002418）：该股上市以来逐波下跌，调整时间非常充分，然后企稳出现一波反弹走势。当股价反弹到前期高点附近时，庄家萌生退意。不久，股价从涨停板价位开盘，然后一路缓缓走低，当天以下跌1%收盘，从而形成一根大幅高开低走的大阴线，而且当天放出巨大的成交量，说明庄家利用高开后放量对倒出货。随后股价出现回落震荡走势。

那么，高开低走的庄家意图是什么呢？庄家动用少量的资金大幅跳空高开，首先给人以股价强势上涨的感觉，形成巨大的诱惑力，然后股价慢慢回落。这时有的散户认为股价从高位下跌这么大，有差价可做了，于是介入做多。这样股价一路下行，散户一路买入，庄家一路发货。最后庄家手的筹码不多了，散户在高位被套了。所以，投资者遇到这类个股时，短期不要介入，否则难以忍受震荡之苦。

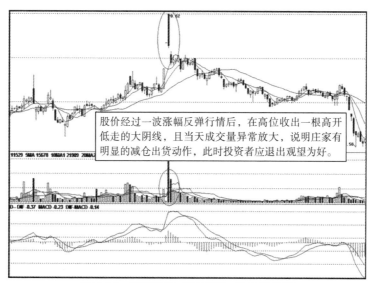

股价经过一波涨幅反弹行情后，在高位收出一根高开低走的大阴线，且当天成交量异常放大，说明庄家有明显的减仓出货动作，此时投资者应退出观望为好。

图 8-26 康盛股份（002418）日 K 线走势

在实盘操作中，经常在股价涨停之后的第二天，出现大幅高开低走的大阴线，当天伴随着巨大的成交量。这种形态大部分属于短线庄家出货或回调行为，后市股价看跌，投资者绝对不可以介入。

图 8-27，首钢股份（000959）：该股经过大幅下跌后企稳反弹，在反弹高点收出"一"字型涨停，次日从涨停板价位开盘后，股价缓缓向下走低。虽然当天仍有 2% 的涨幅，但却在高位收出一根大阴线。这根大阴线如同扣在头上的一顶铁锅，难见天日，更像一把"达摩克利斯之剑"，随时有下落的可能。因此给多头的上涨气势造成重创，

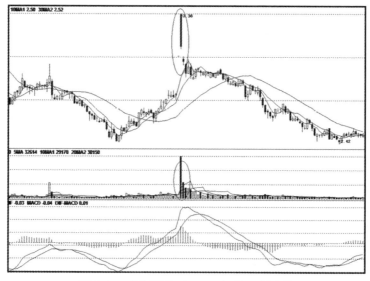

图 8-27 首钢股份（000959）日 K 线走势

阴线的次日股价跳空低开低走，收出一根下跌阴线，形成一个顶部"岛形"顶形态，随后股价渐行渐弱，创出了调整新低。所以，投资者遇到这类个股时，应当在高开低走大阴线的当天退出观望。

### 四、冲高回落诱多

在反弹行情中，一种常见手法就是冲高回落走势。这种手法与高开低走相似，庄家快速将股价大幅拉高，大多出现在开盘后的半个小时内，然后股价渐渐向下震荡走低。庄家在震荡回落过程中不断向外出货，在日线图上呈现一根带长上影线的K线，形成"流星"线形态。这种走势的盘面特征如下：

（1）短小的K线实体部分必须处于市场的最上端。

（2）K线的实体部分可以是阴线或阳线，其意义基本相同。

（3）K线的实体部分较短、上影线很长，而下影线很短或没有。

（4）上影线的长度应当至少为K线实体长度的2倍以上才有技术意义。

图8-28，圆通速递（600233）：股价见顶后出现快速下跌，然后企稳盘整，2017年2月28日出现反弹，股价拉至涨停，庄家在反弹过程中减仓。第二天，股价开盘后大幅拉高，当股价上涨到前期盘区附近时，遇到强大的抛压而回落，当日收出一根长上影线阴线。这根K线意味着反弹行情结束，次日低开低走，此后股价步入阴跌走势。

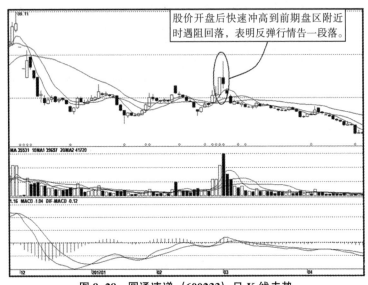

图 8-28　圆通速递（600233）日 K 线走势

投资者要是仔细观察该股盘面走势，就能看出其中的一些技术疑问。第一，当股价回调到30日均线附近时，无法获得有效企稳。通常洗盘整理的最大限度在30日均线附近，若30日均线失去支撑，那就说明不是洗盘，而是下跌走势了。第二，在长上

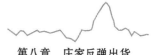

影线阴线之后，成交量快速大幅萎缩。这种现象如果是真正的回调洗盘，那倒是良好的盘面态势。但问题在于股价下探到 30 日均线附近时，不能出现放量企稳走势，这就更加让人对后市产生怀疑。第三，股价上涨遇到前期成交密集区域，该区域对股价上涨构成重大的压力。

从这些盘面迹象可以看出，当天股价在上冲过程中，庄家派发了大量的筹码，否则股价就不可能会出现如此之大的回落幅度。在实盘操作中，投资者遇到类似的个股时就要明白，只有在上档卖盘抛压沉重的情况下，才会收出长长的上影线。在这种现象之后，股价出现回落整理甚至是下跌的可能性就相当大，此时投资者应注意防范股价短期面临回落所带来的风险。

因此，在阶段性高点出现冲高回落时，要研究庄家是出货还是试盘或洗盘，股价上行是否遇到重要的阻力区，进而分析其上影线是在上攻时遇到阻力无功而返所致，还是庄家特意将图形制作成"流星"型顶部形态。若是前者情况，后市下跌概率较大，若是后者情况，则是庄家虚晃一枪，后市将迎来新的上涨行情，投资者不必为之受惊。

如果在股价上涨途中，出现长上影线阳线时，只要股价在第二天能够继续走强，那么后市股价将会继续向上运行。此时持股者可以继续持股，场外投资者可以在第二天适当介入做多。如果收出的上影线很长，且成交量非常巨大，这就标志着股价在上涨过程中受到了比较大的阻力，后市股价很有可能出现回落走势，此时投资者就不要轻易入场了。

有时候在弱势反弹行情中，也经常出现冲高回落走势，整个反弹过程以"闪电式"结束。下面这个例子就是弱势行情中的快速冲高回落走势。

图 8-29，动力源（600405）：股价见顶后逐波盘跌，盘面弱势特征明显。在下跌过程中出现若干次"闪电式"反弹走势，在日线图上收出长上影线的 K 线，随后股价继续下跌。其实从图 8-29 中可以看出，股价运行在下跌趋势之中，市场弱势特征十分明显，均线系统呈现空头发散，不断压制股价走低。这种市场环境下出现的长上影线 K 线，也是一次完整的反弹过程，只因行情太弱不能继续走高。因此每一次反弹行情，都是逢高减仓或出局的机会。

通过该股盘面分析，前面两根长上影线 K 线在上冲到 30 日均线附近时，遇到重大抛压而回落，留下了长长的上影线，第二天就出现了回落走势。投资者可以试想一下，如果股价运行到 30 日均线附近时，多方意志坚定，一鼓作气地把股价拉起，成功突破 30 日均线的压力，那么后面的走势或许会乐观一些。后面三根长上影线 K 线出现在横盘区域里，股价没有成功脱离盘区的约束，冲高回落反而强化了股价受盘区的困扰，同时也削弱了多头的士气。而且，股价也得不到成交量的积极支持，因此股价下跌也就在所难免。投资者遇到这种情况时，应回避股价短期出现回落的风险，可在股价冲

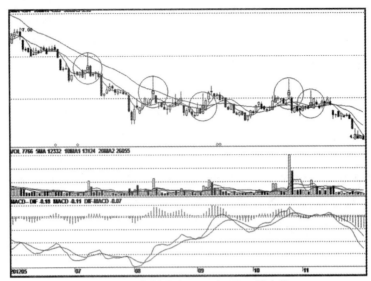

图 8-29 动力源（600405）日 K 线走势

高受阻时先卖出，等待股价企稳走强后再介入。

通过两个实例分析可以得出，在反弹过程中出现冲高回落时，如果盘面存在下列技术特征时，后市股价继续看跌。

（1）股价刚刚脱离头部不久，市场处于持续跌势中，累计跌幅不大，或者股价的下跌速度较快，并没有出现止跌放缓迹象，那么后市股价仍有一定的下跌空间。此时出现冲高回落时，后市股价继续看跌。

（2）市场弱势特征明显，均线系统呈现空头排列，30 日均线对股价下压较重。

（3）在反弹之前，成交量处于较大水平，说明做空动能仍然充足，后市仍有下跌动能。相反，在反弹之后却出现缩量现象，说明买盘欠积极，后高看空。

（4）在股价冲高回落之后的几天里，股价继续出现下跌，盘面弱势显现，说明这根带长上影线 K 线是典型的跌势中的回抽反弹动作，后市继续看跌。

## 五、突破阻力诱多

下跌过程中出现的反弹行情，在它的上面往往会有许多阻力。当股价反弹到阻力位附近时，通常会遇到较大的压力而出现回调走势。但在实盘中，庄家为了吸引散户积极跟风，故意向上突破阻力位，尽可能地消除散户对阻力位的顾忌。当散户纷纷介入之时，庄家不断向外派发，从而形成假突破走势。

图 8-30，千山药机（300216）：该股从高位不断向下走低，庄家在低位大量补仓，为了使盘中的散户安心持股，并吸引更多场外的散户买入接单，在 2017 年 3 月 7 日向上突破 30 日均线的压力，随后 30 日均线开始渐渐走平，疑似构筑 个非常扎实的底

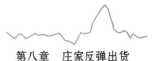

部。不少散户以为，大底已经出现，股价跌不下去了，因此纷纷"逢低"介入。可是，随后的走势并没有像想象的那样，庄家大幅减仓后股价再次向下破位，从而开启新一轮调整增势。这时不懂庄家意图的散户就轻易上当，被套其中。

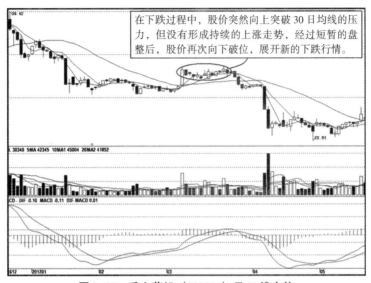

在下跌过程中，股价突然向上突破30日均线的压力，但没有形成持续的上涨走势，经过短暂的盘整后，股价再次向下破位，展开新的下跌行情。

图 8-30　千山药机（300216）日 K 线走势

该股处于弱势震荡过程中，没有形成强势上涨势头。股价上涨面临前期盘区压力，在弱势市场中的压力往往有被"放大"的效果，没有很强的力量很难突破。从图 8-30 中可以看出，在股价冲破 30 日均线，没有快速脱离突破位置，说明该位置依然对股价有牵制作用，也就是说未能将该位置成功转化为有效的支撑。久而久之，股价渐渐向下滑落，回落到 30 日均线之下，此时庄家阴谋基本暴露无遗，30 日均线又将成为下一次反弹的一个新压力位。

散户遇到这种盘面的操作方法，应在股价无力继续上涨时减仓，当股价重新回落到 30 日均线之下时清仓，不要心存侥幸。

在实盘操作中，能够被庄家用来制造假突破的地方很多，如均线假突破、形态假突破、前高假突破、盘区假突破和浪形假突破等。这些突破现象请投资者自行研判总结，在此不再赘述。

## 六、技术指标诱多

庄家手段几乎存在于每一大技术分析方法里。在技术指标领域里的虚假信号尤为突出，庄家经常会在一些散户常用的技术指标里设置技术陷阱，比如，均线系统的交叉、排列、发散信号，以及 MAVD、RSI、KDJ 等技术指标的交叉、背离、钝化和方向

性信号，时真时假，真假难分。这些虚假信号在反弹阶段里也非常多见，散户应认真分析技术指标里出现的每一个信号，避免中了庄家诡计。

图 8-31，飞天城信（300386）：股价见顶后大幅向下调整，然后在低位继续呈现阴跌走势。2017 年 2 月 20 日，当股价回调到前期低点附近时，得到技术支撑而向上反弹，在形态上有构筑双重底的迹象。很快 5 日均线转弯向上交叉 10 日均线，随后 5 日均线和 10 日均线缓慢上行，两线又与 30 日均线形成金叉，表示股价渐渐进入强势之中，因此是一个买入信号。可是，往后的股价走势并没有像大家想象的那么乐观，股价经过小幅盘升后，终因无力上攻而选择向下突破。5 日均线掉头向下死叉 10 日均线，不久再次死叉 30 日均线，30 日均线下行，均线系统形成空头排列，而这个死叉却是真正的死叉信号。从此股价出现新一轮跌势，将买入者个个套牢其中。

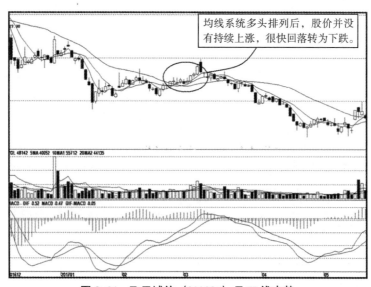

图 8-31　飞天城信（300386）日 K 线走势

从图 8-31 中可以看出，当 5 日均线与 10 日均线金叉时，股价处于 30 日均线之下，且 30 日均线呈下行趋势。根据金叉信号的可靠性鉴别方法"长期均线向下运行，短期均线在其下方金叉，买入信号较差"。可见该金叉信号的力度不强，属于弱势反弹性质。随后当 5 日均线和 10 日均线与 30 日均线再次形成金叉时，但 30 日均线呈下行趋势，根据黄金交叉与普通交叉的区别："一条均线上行，另一条均线下斜，为普通交叉。此时买入股票，风险很大"。可见该金叉信号的力度也不强，股价上涨值得怀疑，而且在整个反弹过程中，成交量没有出现明显的放大，说明做多热情不强。另外，股价反弹时上方遇到成交密集区域的压力，单凭温和的成交量难以向上突破。由此可见，该股的金叉信号技术含金量不高，往往是庄家设置的多头陷阱。

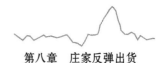

在实盘中，MACD 指标的金叉陷阱也非常多见。在图表上 DIF 线由下往上金叉 MACD 线时，显示市场逐步转强或回档结束，表明多方占有一定的优势，为买进信号。但在实际操作中，当 MACD 指标发出金叉后，股价并没有出现大幅上涨，而是出现小幅反弹后即告下跌，形成一个买入的金叉陷阱。

图 8-32，正海磁材（300224）：股价经过一段时间的下跌调整后，在 2017 年 1 月企稳反弹，此时缓缓下行的 MACD 指标也掉头向上，随后 DIF 线向上金叉 MACD 线。单从技术指标分析，后市股价将出现上涨走势，因此成为一个买入信号。可是 MACD 指标金叉后，股价只是有短暂的上涨行情。当股价反弹到前期头部附近时即遇到强大的阻力，股价再次步入下跌之路。金叉信号成为一个多头陷阱，凭此买入的股民将被套牢其中。

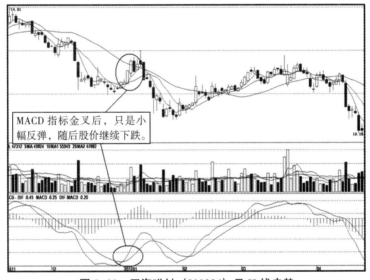

MACD 指标金叉后，只是小幅反弹，随后股价继续下跌。

图 8-32　正海磁材（300224）日 K 线走势

在该股走势中，在 DIF 线向上金叉 MACD 线时，MACD 线虽然也随之上行，但股价的上升力度不强，突破气势不够，上涨底气不足。股价受下行的 30 日均线压制明显，虽然一度冲过 30 日均线，看起来好像突破 30 日均线，但此时的 30 日均线依然不断下降，这就大大限制了股价的上涨高度，而且股价处于相对较高位置，受上方压力非常明显。这时成为假突破的概率比较高，随后股价再次步入调整走势。可见，此时MACD 指标出现的金叉信号成功率不高，大多是庄家为了拉高减仓而形成的多头陷阱，投资者应逢高离场。

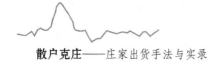

### 七、弱势反弹诱多

弱势反弹通常是庄家在高位没有顺利完成派发计划所形成的一种小幅回升或横盘走势。当股价经过一轮下跌行情后，出现小幅爬高或形成平台走势，成交量明显萎缩。庄家在此继续实施出货计划，然后恢复下跌趋势。因此股价涨幅很小，甚至没有什么涨幅，其实它是以平台代替反弹走势，所以也叫下跌中继平台。此种形式多数出现在市场极度弱势或庄家出货非常坚决时，在回落的中后期出现的机会最多。

图8-33，耀皮玻璃（600819）：股价见顶后大幅下跌，在下跌过程中历经多次反弹，每次反弹结束后均创新低。在跌势后期，股价却以微涨或平台的方式完成反弹，反弹结束后沿原趋势继续下跌。这表明市场十分疲软，做多气氛涣散，同时也说明庄家此时有继续减仓的一面，为下一轮行情做准备。散户应避免参与这阶段的反弹操作。

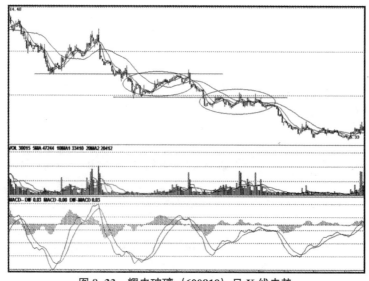

图8-33　耀皮玻璃（600819）日K线走势

引起反弹的因素有很多，如获利保本而反弹、技术支撑而反弹、消息作用而反弹和股价超跌而反弹等，而该股就是因股价超跌而引起的弱势反弹。从图8-33中可以看出，股价处于下跌趋势之中，成交量十分低迷，股价受下降趋势线压制非常明显。这时出现的回升仅仅是一次弱势反弹而已，反弹结束后股价仍将继续下跌。

这就是庄家利用散户喜欢抢反弹的心理所采取的一种操盘方式。股价经过持续的下跌走势后，由于买盘的介入而初步获得支撑，但这时庄家并没有全部完成派发任务，且又不想增加拉升成本，所以出现平台走势。这时散户以为庄家整理蓄势或酝酿反弹，而进场接走庄家的抛单。庄家将货出得差不多时，股价就出现向下破位走势。

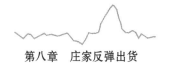

散户遇到这种走势时，应在股价冲高时离场。在股价接近均线，5日、10日、30日三条均线黏合后，出现向下发散或股价向下突破时，应坚决斩仓离场。持币者不宜过早介入，非技术高手者不参与为好。

那么，散户应如何判断反弹行情的强弱呢？

（1）是否有基本面的支持。如果有基本面的潜在利好支持，那么反弹力度和空间一般较大。否则，反弹仅仅只是庄家的一种自救行为而已，力度和空间都不会很大。

（2）对下降趋势扭转的大小、级别需要作出准确的判断。如果是较长趋势、大周期趋势的扭转，则反弹的力度较强、空间较大。否则，应降低反弹力度和空间的预期。

（3）反弹时的位置。从浪形结构上分析，如果前面的循环浪形已告终结，目前是否正好展开新的一轮循环的1浪推动或3浪推动？如果是，则反弹力度较强、空间较大。如果市场运行在循环浪形的A浪或C浪延长之中，或者反弹已在第5浪上，那么反弹力度和空间的预测需要持谨慎、保守的态度。

（4）观察反弹过程中的价量配合情况，这是一个非常重要的指标。如果成交量能持续有效放大，表明有场外新增资金介入，对行情的延续和纵深发展极为有利，反弹力度较大，反弹空间可以看高一线。否则，如果量能持续减少，应持谨慎、保守的态度。

（5）观察市场是否酝酿新热点，而且是否对市场人气具有较强影响力和号召力的持续性领涨板块涌现。如果有，反弹力度和空间则会大一些；如果仅仅是短暂热点，那么对反弹力度和空间分析要保守地进行预测。如果个股处于热点之中，甚至是领涨龙头股，则反弹力度和空间会大一些；如果不在热点之中，属于跟随股，则反弹的力度要小得多。

（6）观察市场中是否涌现出有赚钱效应的龙头股品种。反弹行情的延续和纵深发展，需要市场不断培育出数个涨幅巨大的龙头品种，以此来激发、领涨人气。如果有，则反弹的力度和空间将会增大；如果没有赚钱效应的龙头品种，反弹的力度和空间将会受制约，应持保守、谨慎的态度。

（7）注意观察反弹中板块轮动的节奏。如果热点板块比较集中，而且持续性较长，则反弹的力度和空间就会大一些。如果热点切换过快，板块轮动频繁，或后续热点不能及时跟上，那么反弹力度和空间就会大大受限。

（8）反弹时的技术状态。如果反弹是从大周期技术低点开始反弹，则反弹的力度和空间将大一些。否则，力度较弱，反弹空间较小。

### 八、B浪后期诱多

在波浪理论中，B浪是股价见顶回落后的第一次反弹，一般以三浪或单浪形式出现。投资者往往误以为多头行情尚未结束，并对后市还抱有幻想。不少人经常把第5

浪与 B 浪弄混，而 B 浪反弹却是庄家高位出货的最好机会。因此庄家经常在这个阶段里向上拉高股价，保持强势而活跃盘面，目的是让投资者误以为上涨行情还没有结束，因而纷纷介入遭受套牢。

图 8-34，宁波富达（600724）：股价经过 A 浪调整后，开始 B 浪反弹走势（图 8-34 中圆圈处）。在 B 浪反弹后期，不断地向上拉出上涨大阳线，形成强势上攻势头。这时，有的投资者误以为股价上涨没有结束，后市还将有一波上涨行情，因此纷纷买入做多。可是，股价到达第 5 浪高点附近时，遇到强大的阻力而回落，此后股价进入 C 浪调整，不断创出新的低点。从图 8-34 中可以看出，股价到达前期高点附近时，遇到强大的阻力，这期间出现的大阳线都是庄家为了出货而拉出的诱多信号，因此投资者对这种大阳线不宜追高买入。

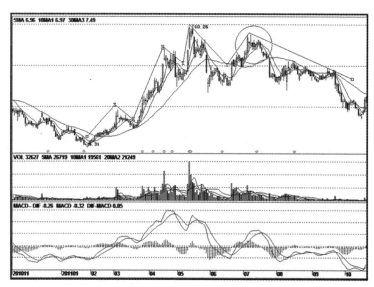

**图 8-34　宁波富达（600724）日 K 线走势**

该股的走势图很明显地呈现出波浪的发展过程。这里要分析一下大阳线出现在 B 浪中的欺骗性，先不说后面的 A、B、C 这三浪，通过前面的 5 浪知道，以后的波浪就是以下跌走势为主的下跌 3 浪。通过这样的先行判断，投资者就形成了一个概念，即大阳线出现后不能盲目追涨入市。那么，这里的 B 浪为什么具有欺骗性呢？观察图 8-34 中 B 浪的详细走势图，可以发现这个问题的答案。

B 浪的 K 线走势，可以说是极具规律性的。缓慢地将股价拉高，K 线阴阳交错，成交量温和放大，形成上涨的假势头，股价到达前期高位附近时便向下打压股价。从这些有规律的运行，很容易被误判为是庄家有意识地推升股价，同时还有成交量的配合（小幅放量）。如果这样判断的话，就会掉入庄家的陷阱之中。特别是在图 8-34 中

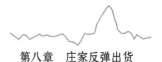

是最容易受骗入场的地方，就是这些上涨大阳线，以为回调结束，因而选择入场做多，不料已经坠入陷阱，后果严重。

由此看来，在 B 浪后期出现的大阳线是庄家设置的一个多头陷阱。投资者要清醒地发现它，理智地回避它，否则在之后的 C 浪下跌中将造成巨大的经济损失。

通过这个实例分析，在实盘操作中投资者遇到 B 浪后期出现的大阳线时，可从以下五方面进行把握：

（1）通过对前面波浪浪形的分析，可以宏观判断这是 B 浪的反弹行情。在绝大多数情况下，B 浪的反弹只能是作为出逃的机会，不能抱有太大的入场期望。

（2）B 浪前面的 K 线走势不是庄家的建仓行为，相反是庄家的出货手段。庄家在缓慢的推高中派发筹码，又在小阴下跌中派发筹码，因此会出现成交量的单日放大现象。

（3）成交量总的变化不大，但与之前上升时的量能相比，有明显缩小。

（4）股价接近前面的高位区间，即到达 A 浪的起点附近时，立即抛空操作。在 B 浪的顶部区间之内出售手中的筹码，这样才能有效地回避 C 浪出现的大幅度下跌。

（5）如果 A 浪调整呈现 3 浪下跌，后市下跌力度较弱，接下去的 B 浪反弹会上升到 A 浪的起点或创新高。若 A 浪是 5 浪下跌走势，表明庄家对后市看淡，B 浪反弹高度仅能到 A 浪跌幅的 0.382、0.5 或 0.618 倍，后市 C 浪比较弱。A 浪下跌的形态往往是研判后市强弱的重要特征。

## 九、成交量诱多

### 1. 单日放量

在实盘操作中，"放量上涨"或"放量突破"已经成为不少投资者的操盘经典，因此庄家就顺应大众心理进行做盘。为了吸引更多的散户参与，突然在盘中制造剧烈放大的成交量，在日 K 线图上形成一根天量柱状线。散户看到股价放量上涨，就耐不住寂寞而纷纷入场，可是第二天就开始大幅缩量，随后股价渐渐下跌。因此，单日放量的大阳线，尤其是反弹行情中出现的单日放量现象，更具有欺骗性，投资者应观望为好。

图 8-35，云铝股份（000807）：该股在震荡过程中，股价大起大落，2016 年 11 月 11 日股价出现涨停，次日股价放量拉高，可是成交量并没有持续放大，反而萎缩到之前的状态，一根孤零零的巨量柱状线如鹤立鸡群。独木难成林，随后股价渐渐向下回落，出现一波盘跌行情。

从图 8-35 中可以看出，这是一根单日放量大阳线，来去匆匆，非常突然。这种现象在盘面上有两个特征：一是来时毫无征兆，去时悄无声息，投资者无法从成交量上进行把握；二是大阳线当天的成交量非常巨大，这一天的成交量创下了近期的巨量，换手率高达 17.75%。这么大的量说明了什么？说明有大量的资金在买入，也有大量的

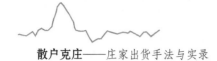

图 8-35　云铝股份（000807）日 K 线走势

资金在卖出。买入的很显然就是受股价上涨所吸引，而卖出的则是庄家。可以想象，如果庄家在这个位置是建仓，那么后期的上涨行情就大了，但是如果是出货，巨量过后必然缩量。从当前的股价分析得出，这种走势并不是庄家在建仓。所以，量能的性质不是巨资介入，而是有资金外逃。在主流资金外逃的时候，千万不能入场操作。根据成交量的变化，就可以轻松地回避市场风险了。因此，对这种盘面中的大阳线，投资者应观望为好。

一般而言，真正上涨行情中的成交量呈现温和的、持续的放量过程，而不是一两天的脉冲式放量，这种现象多数是庄家对倒出货所致，而且在该股中出现的大阳线带有长长的上影线，说明上方压力较大，加强了后市的后跌意义。因此，投资者在实盘操作中，遇到这种情形时应观察第二天或几天里的成交量变化。如果随后出现持续放量，可能有一段短期上涨行情产生，如果第二天立即缩量，就应另觅他股了。

图 8-36，航发控制（000738）：股价经过一段时间的盘跌后，2017 年 4 月 11 日在毫无征兆的盘面中突然放出巨大的成交量，当天收出一根放量上涨大阳线。单从这天的盘面看，强势特征十分明显，可以作为转强信号看待。可是，第二天股价低开低走以阴线收盘，成交量出现大幅萎缩，说明股价的上涨具有虚假性。随后股价快滑落，当天追高介入的投资者被全线套牢。

该股出现这根放量大阳线后，为什么股价不涨反跌呢？根本原因在于成交量方面。股价仅在突破的当天放出巨大的天量，然后快速大幅缩量。这种没有持续性的间歇性放量，表明场外资金十分谨慎，跟风意愿不强。因此股价上涨缺乏内在动力，行情很难持续下去，股价向上突破只是庄家欺骗散户的一种出货行为，是庄家对倒放量所致。

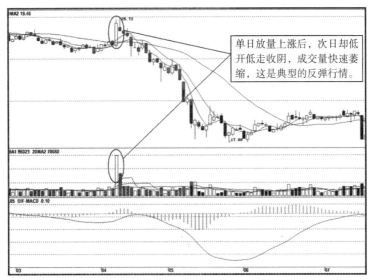

单日放量上涨后，次日却低开低走收阴，成交量快速萎缩，这是典型的反弹行情。

图 8-36 航发控制（000738）日 K 线走势

因此，投资者在实盘操作中，遇到单日放量大阳线突破某一技术位置时，之后如果出现快速缩量的现象，要小心突破失败。

通过上述两个实例的分析，散户在实盘操作中遇到这种情形时，应把握以下技术要点：

（1）股价突然放出巨大的天量时，要分析放量的原因。是多头介入的量，还是庄家对倒的量？或是受某种消息影响所致？若是庄家对倒放量，散户不宜入场；若是受消息影响而放量，还要对消息作出理性的分析；若是多方放量买入，激进的投资者可以在当天跟进，稳健的投资者可以等待回调时介入。

（2）界定成交量的大小，可以参考两方面的要素：一是可以与近期盘面常态情况下的成交量大小进行对比，大于 30 日成交均量二倍以上的就属于巨量；二是从换手率上进行分析，单日换手率大于 20% 就属于巨量。

（3）股价突然放量后，应关注第二天或随后几天里的成交量变化情况。如果随后出现快速萎缩现象，那么这天的放量属于庄家对倒的可能性较大，投资者不宜介入；如果随后出现持续放量，可能是多头入场的量，短期股价可能会有一个冲高动作，投资者可以适当参与。

（4）结合股价所处的位置。如果高位出现单日放量大阳线，多为庄家拉高出货；如果出现在低位，可能是庄家拉高建仓或拉升前的试盘行为。

2. 缩量反弹

股价上涨要有成交量，这几乎已成为每个投资者的共识，换言之，股价上涨没有成交量配合是不可靠的。但实盘操作中，经常出现不带量的大阳线，投资者对这些应

当警惕。

图8-37，鑫科材料（600255）：股价经过一波反弹行情后渐渐回落，两次收出超过5个点的大阳线。这两根大阳线之后股价均没有出现持续的上涨行情，这是为什么呢？

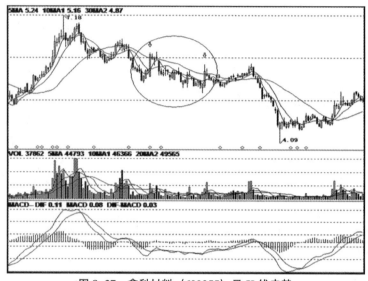

图8-37　鑫科材料（600255）日K线走势

从图8-37中可以看出，这两根大阳线得不到成交量的积极配合，属于无量上涨现象，为虚张声势而已。这是庄家利用少量的资金拉出大阳线，达到自己出货的目的，而且该股处于下降通道之中，盘面十分脆弱，均线系统呈空头排列，股价反弹到30日均线附近时，遇到强大的阻力。因此无量空涨的大阳线是一种典型的弱势反弹现象，这是庄家动用少量资金拉出实体大阳线，来欺骗那些经验不足的投资者的一种坐庄手段。

图8-38，益民集团（600824）：在股价下跌过程中，不时地出现一些小幅反弹，反弹结束后股价均出现下跌走势，不久在盘中收出一根上涨大阳线。这根大阳线之后股价并没有出现止跌现象，股价继续出现盘跌走势。从图8-38中可以看出，这根大阳线同样得不到成交量的积极配合，仅仅在当天的反弹中出现小幅放量现象，随后立即快速萎缩。这表明场外资金十分谨慎，跟风意愿不强。因此股价上涨缺乏内在动力，行情很难持续上涨，只是虚张声势而已。

在实盘操作中，遇到股价无量空涨时，如果随后几天里也没有出现补量的话，不应盲目乐观。通过上述两个实例分析，在实盘操作中遇到这种情形时，应把握以下技术要点：

（1）在股价上涨之前，市场成交量本身就处于低迷状态，此时若出现等量上涨，预

**图 8-38　益民集团（600824）日 K 线走势**

示股价有见底迹象，投资者可以关注随后几个交易日的量能变化。

（2）在股价上涨之前，市场成交量本身就处于放大状态，此时若出现缩量上涨，反映市场做多热情有所退却，后续能量不继，股价存在回调的可能，此时投资者应择高退出为宜。

（3）在股价出现缩量上涨之后，应关注随后几个交易日里的成交量变化情况。若有补量出现，后市可以继续看涨，若仍处于低迷状态或进一步缩量，后市不宜盲目乐观。

（4）在庄家高度控盘的情况下，出现缩量上涨时，股价仍可看高一线。这时可以从坐庄意图、持仓成本、股价位置、市场气势等因素进行综合分析。

（5）股价开盘后快速拉至涨停且封盘不动，这时形成的缩量大阳线，后市继续看涨，这是股价封盘后惜售所致。

3. 放量不涨

股价经过充分调整后，如果在低位成交量持续放大，表明有场外资金介入，后市理应看好，故在实盘中有"低位放量会涨"之说，是投资者介入的最佳时机。因此，庄家正利用投资者的这种思维定式，在下跌途中对敲放量，造成低位放量吸货的假象，当投资者纷纷介入后，走势却向下突破，股价再下一个台阶。

图 8-39，天业通联（002459）：该股上市后一路下跌，股价从 28.35 元下探到 7.25 元时企稳反弹。经过短暂的反弹后形成盘整走势，成交量出现明显的萎缩。不久，成交量持续大幅放出，股价出现向上涨升。此时出现持续大幅放量，被散户认定为阶段性底部，更是迷惑了不少的投资者（也有股评竭力推荐）。可是，股价并没有真正见底，反弹结束后再创新低，成交量也开始萎缩。此后，盘面上一路调整一路下跌，散

户一路追进一路被套。

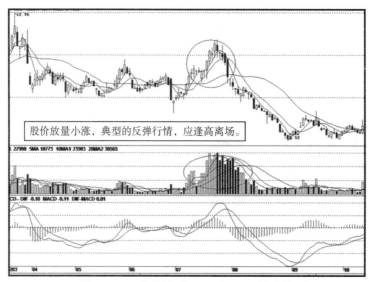

**图 8-39　天业通联（002459）日 K 线走势**

其实，这类个股的盘面比较好判断，只要分析一下量价关系就会发现其中的疑点，也就是量与价形成明显的矛盾，即量大而价小涨或微涨，这就有问题了。盘中出现如此大的"堆量"，而股价只是小幅上涨，明显不成比例，属于典型量价失衡现象，这就是庄家对倒出货或减仓行为。投资者只要弄清楚这个问题，那么你的看盘水平就提高了很多。

在实盘中还有一种值得注意的现象，就是逆势放量，也就是逆大势而行，大势上涨它不涨，大势下跌它不跌。通常，个股走势在多数时间里是随大势而行的，只有在某一段时间里庄家为了坐庄自身利益，走出与大盘相逆的独立行情。在大盘上涨或下跌时，它闻而不动构筑平台整理，某一天或某一段时间在大势放量下跌，个股纷纷翻绿下行之时，而该股逆势飘红，放量强势上涨，可谓"万绿丛中一点红"，很是吸引众人眼球。这时候，许多投资者认为，该股敢于逆势上涨，一定有潜在的利好题材，或者有大量新资金注入其中，于是大胆跟进。不料该股往往只有短暂或一两天的行情，随后反而加速下跌或陷入盘整走势，致使许多在逆势放量上涨时跟进的散户被套牢其中。

图 8-40，华斯股份（002494）：2017 年 4 月 14 日开始，两市大盘出现一波快速下跌行情。市场一度形成恐慌性情绪，多数个股出现大幅下跌走势，而该股在此期间却"一枝独秀"逆市上涨，成交量持续放大，走出独立上涨行情，成为当时市场的闪亮热点。不少散户看到该股的表现后，认为庄家做多坚决，因而纷纷加入其中。可是，5 月

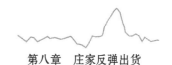

11 日以后当大盘真正见底回升时，该股只是小幅跟风上涨，不久转为下走势，使散户中了庄家的骗局。此后该股陷入漫长的盘整走势之中。

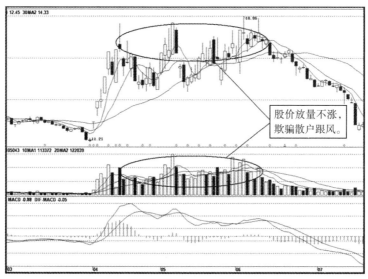

图 8-40　华斯股份（002494）日 K 线走势

从该股走势图中可以看出，股价看似突破了前期高点，但美中不足的是盘面值得怀疑，股价在盘中大起大落，震荡幅度较大，表明庄家没有掌控整个局面，且此时的心情也很焦虑。在成交量方面更是值得深思，出现如此的"堆量"而股价走势却不凌厉，这反映出了什么？这种手段的目的就是吸引散户的目光，造成股价放量上涨的虚假繁荣盘面。这时可以用"放量不涨"来定论，因此值得警惕。

# 第六节　反弹阶段的时间与空间

## 一、反弹时间

反弹的持续时间不长，远远短于一轮涨升行情。一般强势反弹所需时间在 1 个月左右，快速反弹 1~2 周，弱势反弹 3~5 天可能就结束。在反弹方式上，快速反弹的时间在 7 天左右，波段反弹的时间在 5~10 天，慢速反弹的时间可能在 15 天以上。此外，出货初期的反弹长于出货后期的反弹，且与庄家出货量有关，庄家出货量小则反弹期长，反之则短。

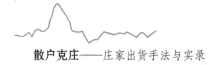

## 二、反弹空间

反弹空间就是庄家反弹所达到的大致幅度，反弹的幅度远小于下跌幅度，高位多数不高于顶部的最高价。股价可能发生反弹的位置大致为股价原先上涨的 0.809、0.618、0.5、0.382、0.191 等位置，越是往前反弹发生的概率和幅度越大，反弹的力度也越强。通常反弹可能到达的位置，大致为前期股价下跌幅度的 0.809、0.618、0.5、0.382、0.191 倍时，又恢复原来的下跌趋势，越是往后反弹到达位置的概率就越小，反弹的力度也越弱。

图 8-41，佳士科技（300193）：股价见顶后快速下跌，经过一波急跌后企稳反弹，反弹时间为 5 个交易日，反弹幅度为 30%左右，反弹到达的位置为下跌幅度的 0.5 左右。然后下跌到前期低点附近，出现第二次弱势反弹，但第二次反弹力度明显不如第一次强劲，反弹时间为 6 个交易日，反弹幅度只有 17%左右，反弹到达的位置为第二波下跌的 0.618 左右，然后恢复下跌走势。

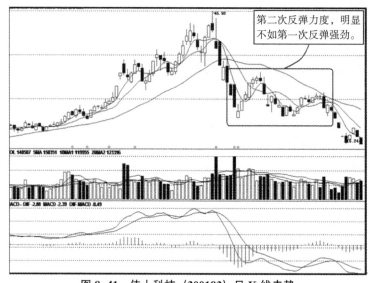

图 8-41　佳士科技（300193）日 K 线走势

# 第七节　如何判断反弹力度的强弱

大家知道，抢反弹的风险很大，不少投资者就败在抢反弹上面。因此，如何有效控制风险，制定恰当的操作策略，就必须对反弹的力度作出准确的判断。具体可以从

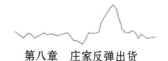

以下几个方面进行分析研判：

（1）是否有政策面和消息面的支持。如果有政策面和消息面的潜在利好配合支持，那么反弹力度和空间一般较大。否则，反弹仅仅只是庄家的一种自救行为而已，力度和空间都不会很大。

（2）对下降趋势扭转的大小、级别需要作出准确的判断。如果是较长趋势、大周期趋势的扭转，则反弹的力度较强、空间较大。否则，应降低反弹力度和空间的预期。

（3）反弹时的位置。从浪形结构上分析，如果前面的循环浪形已告终结，目前是否正展开新的一轮循环的 1 浪推动或 3 浪推动？如果是，则反弹力度较强、空间较大。如果大盘仍运行在循环浪形的 A 浪或 C 浪延长之中，或者反弹已在第 5 浪上，那么反弹力度和空间的预测需要持谨慎、保守的态度。

（4）观察反弹过程中的价量配合情况，这是一个非常重要的指标。如果成交量能持续有效放大，表明有场外新增资金介入，对行情的延续和纵深发展极为有利，反弹力度较大，反弹空间可以看高一线。否则，如果量能持续减少，应持谨慎、保守的态度。

（5）观察市场是否酝酿有热点产生，而且是否对指数和市场人气具有较强影响力和号召力的持续性领涨板块涌现。如果有，反弹力度和空间则会大些，如果仅仅是短暂热点，那么对反弹力度和空间分析要保守地进行预测。如果个股处于热点之中，甚至是领涨龙头股，则反弹力度和空间会大些，如果不在热点之中，则反弹的力度要小得多。

（6）观察市场中是否涌现出有赚钱效应的龙头股品种。反弹行情的延续和纵深发展，需要市场不断培育出数个涨幅巨大的龙头品种，以此来激发、领涨人气。如果有则反弹的力度和空间将会增大，如果没有赚钱效应的龙头品种，反弹的力度和空间将会受制约，应持保守、谨慎的态度。

（7）注意观察反弹中板块轮动的节奏。如果热点板块比较集中，而且持续性较长，则大盘反弹的力度和空间就会大些。如果热点切换过快，板块轮动频繁，或后续热点不能及时跟上，那么，反弹力度和空间就会大大受限。

（8）反弹时的技术状态。如果反弹是从大周期技术低点开始的，则反弹的力度和空间将大些。否则力度较弱，反弹空间较小。

（9）反弹的次数。一般来说，第一次反弹力度最强，越是往后反弹到达位置的概率就越小，反弹的力度也越弱，直到市场出现转势。

# 第八节　反弹阶段的操作策略

## 一、散户常见错误

（1）买入过早。股价见顶后下跌，但由于受牛市思维影响，没等价格下跌多少便抢先"逢低"买进，可是股价并未止跌而继续下滑，当阶段性底部出现时，却无资金补仓而套牢在上，犯了过早买入的错误。

（2）买入过晚。股价见顶后大幅下挫，市场空头气氛浓厚，使散户魂魄不定。当股价出现阶段性底部并向上反弹时，受大跌惊慌的散户还不敢接单买进，直到受涨势的诱惑而追高买入，可是这时反弹已渐尾声，这时又犯了过晚买入的错误。

（3）卖出过早。散户朋友经过牛熊颠簸后，也学了不少经验，懂得赶底了。可是，股价刚刚出现小幅的向上反弹，但由于受前期下跌时的恐慌影响，见好就收，可股价还在上升，结果只抓了一撮牛毛，这时犯了卖出过早的错误。

（4）卖出过晚。股价经过深跌后，出现了大幅反弹的走势，股价节节拔高，图形甚是漂亮。由于反弹与反转的底部形态极其相似，容易产生将反弹当成反转，故而纷纷介入做多，可谁知反弹很快见顶回落并再创新低，这时又犯了卖出过晚的错误。

## 二、分析反弹性质

反弹行情的不确定因素相对较多，市场行情变化较快，在参与反弹行情时一定要认清反弹性质，确定反弹的种类，测算反弹行情的未来发展趋势和上升力度，并据此采用适当的投资方式、把握介入尺度。主要通过以下四方面分析反弹性质：

（1）看成交量是否有效放大。从走势上分析反弹行情的性质，不仅要观察日 K 线，更要注意盘中的变化。有时候股指在全天的大部分时间内表现平平，仅仅依靠尾盘的拉升才勉强上升几点，这种反弹虽然外表走势强劲，但本身的基础并不牢靠，往往会引发更大的下跌。

（2）从个股方面也可以识别反弹行情的真实有效性。其中，均价指标是几乎所有分析软件中最常见的指标，也是最容易被忽视的指标。投资者分析行情涨跌时，总是喜欢用收盘价的高低作为衡量标准。但现实走势中，常常会出现尾盘突然拉升或跳水的走势。这种尾盘异动使收盘价处于异常的高或低位置，从而影响投资者对行情的研判。均价指标则在一定程度上消除了这种误判，如果股指出现反弹，但是大多数个股的均价不涨反跌时，投资者就应该保持高度警惕。

（3）在不同的市场背景下，启动不同的热点板块，对反弹行情所起的作用是不同的。如果在市场外围资金充沛、股市向好的背景下，启动板块数量少、流通盘小、缺乏号召力的小市值投机类股票，往往会给行情造成一定不利因素，而在市场萧条、外围资金匮乏、市场内资金存在严重供给不足的情况下，启动大型蓝筹股板块，将使资金面临沉重压力，反弹行情往往会迅速夭折。

（4）值得注意的是，指标股滞涨，带动反弹的领涨板块及个股开始见顶而大盘又切换不到新的热点，股指跌破 20 日均线在随后一至两天内不回抽，成交量创反弹以来天量，指数却徘徊不前，那多半是反弹接近尾声的征兆。

### 三、抢反弹的若干事项

（1）反弹的形式是复杂多变的，不能以固定思维固守反弹的定式，更不要说介入反弹的风险远远大于介入吸货、整理、拉升的时候。

（2）不少朋友喜欢抢反弹，但介入反弹没有一定的功夫不行，那就需要知道反弹可能发生的大致位置和反弹的大致幅度以及懂得掌握退出反弹的时机。

（3）介入反弹不能有"牛向思维"，不能太贪，更不能死守，否则就得"葬身"反弹。

（4）在可能出现反弹的位置上，反弹不一定就会发生的，只是可能发生，也可能只是走势暂时企稳（实质是为继续下跌而蓄势），股价构筑一个小的平台后继续下跌。

（5）介入反弹赚钱的概率较小而赔钱概率较大，因此我们没有必要把过多的精力投入反弹的研究之中。另外，对反弹的指导思想应该以避免风险为主，以赚小钱为辅，千万不能把介入反弹当作炒股赚大钱的主要目标，那样就本末倒置了。

（6）指标股与强势股兼做。这种方法较为稳妥，它至少可以赚到市场的平均利润。投资者可采取将资金一分为二地放在指标股与强势股上，而且指标股与强势股均应选择反弹凌厉的领涨股，这些股通常是庄家资金所关注的对象，应做到综合平衡。

### 四、抢反弹的若干原则

（1）快进快出原则。动作迟缓者，不适合抢反弹。
（2）获利就跑原则。不能寄予太高的获利要求。
（3）止盈止损原则。无论盈亏，都应设立止盈、止损的价位。
（4）轻仓介入原则。介入反弹不可重仓出击，轻仓为宜。
（5）时机把握原则。遇到大市刚刚开始反转，个股刚刚开始暴跌，个股长期阴跌不止等情形时就不应该介入抢反弹；相反，大市或者个股下跌幅度已经十分巨大又暴跌

时或者又出利空时，则是考虑介入反弹的时机。同样，应该在反弹结束时把握好果断出局的机会。看不明白时，有股票应该减仓，没有股票应该观望。

## 五、抢反弹的若干条件

反弹是股市趋势中的一种常见现象，一次强劲的反弹丝毫不亚于一波次中级或者短多行情，而且具有极高的盈利概率。因此，每一位职业证券投资人均应学会逆向思维，不仅股市上涨可以获利，同样，充分利用股市暴跌后形成的反弹机会，也可以赚取丰厚的利润。但应具备以下条件，才能成功抢反弹。

（1）有的放矢。一波强劲的反弹行情通常由一、两个主流板块领涨或采用板块轮涨的形式。与此同时，反弹过程中个股的反弹力度参差不齐。投资者应锻炼自己的辨别能力，即在股市下跌中准确地判断出未来反弹强劲的板块与个股，从而择机建仓。

（2）果断退场。反弹行情不同于反转行情，它只是市场对一种趋势的过分反应的技术修正。一旦这种修正完成，股指仍会沿着原有的下跌趋势运行。因此，投资者应懂得节制，切莫被突然赚到的利润冲昏了头脑，过分恋战，以致到手的利润再次被市场吞噬。

## 六、抢反弹的操作定律

（1）转化定律。反弹未必能演化为反转，但反转却一定由反弹演化而来。但是，一轮跌市行情中能转化为反转的反弹只有一次，其余多次反弹都将引发更大的跌势。为了搏一次反转的机会而抢反弹的投资者常常因此被套牢在下跌途中的半山腰间，所以千万不能把反弹行情当作反转行情来做。

（2）时机定律。买进时机要耐心等、卖出时机不宜等。抢反弹的操作和上涨行情中的操作不同，上涨行情中一般要等待涨势结束时，股价已经停止上涨并回落时才卖出，但是在反弹行情中的卖出不宜等待涨势将尽的时候，抢反弹操作中要强调及早卖出，一般在有所盈利以后就要果断获利了结。

（3）决策定律。投资决策以策略为主，以预测为辅。反弹行情的趋势发展往往不明显，行情发展的变数较大，预测的难度较大，所以，参与反弹行情要以策略为主，以预测为辅，当投资策略与投资预测相违背时，则依据策略做出买卖决定，而不能依赖预测的结果。

（4）弹性定律。股市下跌如皮球下落，跌得越猛，反弹越快；跌得越深，反弹越高；缓缓阴跌中的反弹往往有气无力，缺乏参与的价值，可操作性不强；而暴跌中的报复性反弹和超跌反弹，则因为具有一定的反弹获利空间，因而具有一定的参与价值和可操作性。

（5）资金定律。存量资金是成功抢反弹之首要条件，投资者应培育自己的一种职业素养，当行情见顶时，果断出局，为自己储备好充足的资金，一旦反弹机会出现，则迅速出击。

## 七、哪些个股可以抢反弹

（1）前期明星股。一波多头行情通常是由数只强势股领涨的。但在跌市中，有些个股的庄家或是由于严重被套，出不了货，或是手中的筹码尚未派发干净，因此反弹行情一经形成，该类个股即开始作秀。

（2）大盘指标股。股市下跌时，指标股往往成为空头庄家率先打压股指的工具。随着大盘指数不断下挫，空方势力渐成强弩之末。此时多头开始准备反击，拉抬指标股遂成为庄家烘托人气带动大盘反弹的有效手段，故适时选择指标股建仓，可使投资者迅速取得立竿见影的效果。当然，各个指标股的反弹表现也不尽相同，那些绝对价位低、流通盘适中、业绩稳定的个股效果可能更好。

（3）严重超跌股。尤其是严重超跌股的绩优股与新股、次新股。某些绩优股虽然股性不甚活跃，然而本身却质地优良。一旦反弹局面出现，这类因股价下跌投资价值凸显的个股很快又会反弹回其合理的价值中枢区域，而一些跌市中上市的新股、次新股，由于上市时恰逢股市低迷而定位不高，上方更无套牢盘，则很容易成为庄家的选择对象。

（4）活跃小盘股。流通盘偏小使庄家控盘相对容易，反弹时向上拉升自然比较省力，而股性活跃的个股，盘中的庄家更不会放弃反弹良机，借势振荡，以博取差价。

（5）近期强势股。有时一轮跌市看似接近尾声之时，但却突然加速下滑，这往往有庄家人为打压的因素在内。某些具有潜在题材的个股往往成为抢反弹的首选目标。随着股市下跌，机构采取暗度陈仓的手法，悄悄收集筹码。大盘反转后，此类个股通常能走出极具爆发力的行情。

## 八、反弹阶段的自身规律

在反弹阶段中，也有其自身规律，找准这个规律有助于减少风险，增加收益。

（1）如果是顺势股票，并且涨跌幅度与大盘区别不是过大，大部分股票都会随大盘波动而反弹（只是程度不同而已），具有与大盘走势相似的特点。如果是逆势股，或者涨跌幅度明显大大超过大盘，则个股可能走出相对独立的反弹走势。

（2）在一般情况下，回落初始阶段，股价反弹次数多、反弹力度大，其后的次数少、力度小，到最后甚至不再反弹（这时候股价倒有可能快要见底）。在特殊情况下，回落阶段初期股价暴跌或者连续阴跌，反弹次数少、力度小或没有反弹，则回落阶段后期反弹的次数多、力度也大。

（3）庄家如果在顶部已经将筹码派发完毕，股价一般不可能很快见底，像样的反弹也不会有；如果没有充分地派发完毕，可能有较大幅度的反弹，而且反弹的力度可能会很大。

（4）股价下跌速度快、角度陡，反弹则快、时间短（问题股或者涨幅十分巨大的股票，刚刚暴跌时除外）；股价下跌速度慢、角度缓，反弹则慢、时间长。

（5）适时抢反弹是一个比较复杂的技术性问题，理论上讲，大盘走势一旦形成一条下降通道，每一次股指快速跌破该通道下轨即可被视为进场的时机，而股指无量上冲该通道上轨之时，则应获利了结。此外，政策面暖风频吹，技术上各项指标如 RSI、KDJ 等显示严重超卖，成交量连创地量，新股发行节奏明显减缓，股指跌至整数大关或历史上的重要点位等因素，也是判断股市将要反弹的重要参考依据。

（6）反弹可能发生的和可能到达的大致位置，具体都需要依据股价前期头部走势、庄家剩余筹码状况、市场人气、反弹位置、反弹力度、反弹次数、大势状况、股价回落走势等情况综合判断。

## 九、反弹阶段的换股技巧

换股是一种主动性的解套策略，运用得当的话，可以有效降低成本，增加解套的机会。一旦操作失误，也会陷入"两边挨巴掌"的窘境，所以投资者在换股时要非常慎重。那么，换股有什么具体方法，应该遵循什么原则呢？

（1）以"强"换"弱"。当一只股票已完成主升浪，庄家基本出完货，其上攻能量就会散尽，即使高位横盘，也只是强弩之末，上涨的空间较小。这时候，投资者就不如选择正处于庄家吸筹期的相对"弱势"股。

（2）以"弱"换"弱"。就是将手中被庄家彻底抛弃的弱势股，调换成新庄家资金进场的弱势股。因为前者在弱市中就像自由落体，底不可测，即使大盘走强，也往往反弹乏力，在整个行情中不会有出色的表现；后者由于有新的庄家资金进场，尽管暂时表现一般，但终会有见底转强的时候。

（3）以"强"换"强"。有些股票经过快速拉升后，即将或者已经进入高位盘整，有的仅靠惯性上涨，投资者追涨的热情明显不高，盘面出现放量滞涨的迹象。这时候投资者应该及时将其换成刚启动即将进入快速拉升的强势股。

# 第九节　反弹与反转、回抽、反攻的区别

## 一、反弹与反转的区别

股价经过充分调整或大幅下跌，必然会出现反转行情。所谓反转，是指股价探明重要底部后，出现强劲的上涨行情，并创出前期高点或历史最高点。在一轮反转行情中，其收益是非常丰厚的。因此，庄家便在反转行情的初期，耍弄种种手法，使盘面变得更为离奇复杂，不少散户将反转当成反弹对待，在"起轿"前就"下轿"，一轮涨升行情就这样白白地随风而去，炒股的悲伤莫过于此。

由于反弹行情和反转行情有本质的不同，对投资者而言将关系到操作方向的选择。在反弹行情中，投资者主要侧重于及时减轻仓位，盘活资金，而在反转行情中，投资者则要及时调整持仓结构，在必要时可能还需要追高介入。因此，在股指出现上涨时，对反弹还是反转的判断是需要面对的一个问题。

在多数情况下，反弹行情与反转行情虽然初期貌似相同，但如果细心观察会发现两者其实截然不同，也就是说，反弹一般不会演化为反转，反转行情在出现时就与反弹行情有明显的区别。

（1）判断是反弹还是反转，首先要看政策面是否出现变化。因为这是制约股市趋势的最重要因素。当政策面转暖，基本面向好时，市场环境的宽松会使反转行情比较容易形成，而在缺乏来自政策面、基本面支持时的股价上扬多数还是反弹。

（2）比较在此次股价上扬之前大盘调整的时间跨度。一般而言，一次明显的中期调整所需要的时间不可能在一两个月内就能完成，多数情况下，从中级调整开始到下一次反转出现的时间周期都至少要经历四个月以上的时间跨度。这一点来看，如果股价出现的上涨时间距离明显的顶部较近，很有可能是一次反弹行情。但如果市场已经连续调整四个月以上，此时出现的上涨才有可能是反转。实际上，即使短时间内股价调整幅度较深，探明了底部区域，但由于调整的时间还不充分，在底部出现的上涨行情还会出现反复，所以绝大多数情况下仍属于反弹。

（3）看成交量的变化。反转行情通常都随着成交量的放大，这种放大不是指单个交易日的成交金额明显增加，而是要求连续几个交易日的成交金额都需要达到并稳定在一定水平之上。一般的反弹行情虽然都有交易量的放大，但却不能持久，三四个交易日后量能便会出现萎缩。这一点是反弹与反转在技术分析上的明显差异。主要原因是

在反转行情中，一方面买卖双方不断换手，另一方面增量资金又源源不断地进场交易。但在反弹行情中却不一样，卖方在出掉手中的股票后，一般会保持观望，而买方在看到没有后续的接盘时会迅速转向杀跌出局，等待下一次的机会。由于没有增量资金的积极介入，因而反弹行情中成交量缺乏持续放大的基础。

（4）投资者还可以从市场热点方面来判断行情是反弹还是反转。反弹行情一般是在技术面出现严重的超卖，或下跌过急时出现的短暂恢复性行情，由于是在技术上对过急的行情进行一定的修正，因而此时热点多集中在超跌股中。同时还可能出现多个热点或热点转换过频过快的现象而导致行情的过早夭折；而反转行情却一般是在严重超跌，投资者基本上没有获利空间时产生的。热点大多具有一定市场号召力和资金凝聚力，具有向纵深发展的动能和可持续上涨的潜力，使行情具备良好的持续性，这也是反转与反弹之间一个明显的不同。

（5）看股价的下跌幅度，股价下跌幅度不大的，可能是反弹；下跌幅度超过50%的，回落见底才有可能。此外，还要结合价值确定，如果价格定位仍然偏高，又没有可以视股价已经见底的其他充足理由，那就应当先视为反弹对待。再者，要看前期的炒作程度，前期炒作过度的，反弹的可能性往往大于见底的可能性。

（6）看股价的盘面走势，除非下跌周期很长且跌幅极大，股价形成V形反转且走势特别强劲时底部可以成立，在正常情况下，股价构筑底部需要很长的时间，期间股价可能多次反复探底，因此股价一次见底的可能性不大。在对股价见底没有把握的前提下，一般都应该先以反弹对待。

（7）股价震荡走势或者形态给人感觉非常好的，位置不在绝对底部而成交量突然放大许多的，一般不太可能是庄家吸货（庄家要么隐蔽吸货，要么低位持续放量拉升吸货）。同样的走势成交量极度萎缩的，也不可能是庄家吸货，股价温和放量震荡滞涨才可能是庄家在吸货，在这种情况下也应先以反弹对待。

（8）看股价前期位置。股价前期涨幅巨大、位置过高、成交量又很大的，则反弹的可能就很大。股价前期涨幅较小的，股价位置又不算高的，则回调后继续上涨的可能就大。

（9）看庄家有无充分派发筹码。看庄家有没有将筹码充分地派发完毕，如果已经充分派发完毕的，则只能是反弹而不可能是回调整理后的新一轮的继续上涨。如果庄家没有将筹码充分地派发完毕，重新经过吸货整理的，可能是反转。

（10）看股价反抽的走势。在股价回落幅度超过1/3、1/2、2/3附近如果放量滞涨，或者走势凝重滞呆，成交量萎缩，则反弹的可能就大。如果股价在这些位置虽然有震荡但很快就突破上行的，则是新一轮的上涨。

### 二、反弹与回抽的区别

回抽是指行情呈趋势运行或突破盘局后不久，股价返回到某一价位的逆势现象。回抽结束后，股价恢复到原来的市道之中，继续朝原方向运行。庄家在坐庄过程中，经常运用回抽手法，如在高位出货、突破盘局、回落洗盘、企稳反弹、行情反转等阶段。在实盘中，底部区域或顶部区域的回抽确认倒是容易辨认（均以回抽对待为佳），确认回抽的难点在于中部区域，此阶段投资者在研判时容易出错，因为可以上涨回抽，也可以下跌回抽，如果误将回抽当洗盘结束，或误将回抽当反弹结束，或误将回抽当下跌，或误将回抽当上涨等，都容易出错。因此正确认识和把握回抽的要领，对于判断行情的真假是至关重要的。这里分析一下反弹与回抽的区别：

（1）回抽的持续时间相对较短，一般在 5 个交易日左右即可完成，如果时间过长，可能就不是回抽，要提防演变为趋势。

（2）在上涨突破后的回抽时，一般成交量大幅萎缩，上涨无力，下跌不猛，回抽结束后成交量会再度放大。但在下跌突破后的回抽时，一般成交量保持在中等水平，因为庄家要出货，只要有接盘存在，庄家就会悉数发货，回抽结束后成交量也会再度放大，有时会缩量下跌。

（3）一般来说，回抽的幅度通常是上涨或下跌幅度的 1/3~1/2，然后又恢复原来的市道之中。如果股价返回到起涨点或起跌点，甚至超越起涨点或起跌点而创出新低或新高，这可能不是回抽，要小心行情的转势。

（4）无论是向上或向下回抽，一般以 30 日移动平均线作为极限位置。如果 30 日均线有效被击穿，表明回抽无效，即假回抽。若是 30 日均线走平或拐头，表明行情已经转势，应尽快采取行动。

（5）回抽结束后，股价会迅速脱离回抽区域，无论向上或向下其气势均较凶猛，行云流水，势如破竹，在日 K 线上大多出现一阳包二阴或一阴包二阳的 K 线组合走势，在分时图上呈单边上扬或下跌之势。如果股价在回抽时，胶着时间过长，气势不足，走势拖泥带水，表明假回抽的可能性极大。

### 三、反弹与反攻的区别

经常可以看到，当股价攀升到达启动价格的一倍左右时，股价发生大幅度震荡，大量的获利盘汹涌而出，日 K 线伴随巨大的成交量，收出一根大阴线。此时，K 线组合清楚地表明，空方已积累了强大的能量，多方的攻击能力已近衰竭。不久，多方发起反攻，在巨量的推动下股价再度走强，而且一般都创出新高点。随后的几个交易日股价却接连下挫，显示多方已回天无力，主升浪过后的上涨只不过是多方势力的最后

一搏，回光返照而已，股价将面临较长时间的调整，这就是反攻。如此反复数次，参与者就会昏头转向，通过几次来回反攻，庄家就可以趁机派发筹码。反攻与震荡有相似之处，但反攻的速度比震荡快，反攻幅度也比震荡大，一般超过20%甚至超过30%。其主要特征为：

（1）可以分为短期反攻和波段反攻。在股价见顶并回落一定幅度后，所产生的持续时间较短、反攻幅度较小的走势，就叫短期反攻。反攻的时间一般为1~3日，幅度也只有5%左右，主要以修复过快下跌后的技术形态。在股价见顶并回落一定幅度后，所产生的持续时间较长、反攻幅度较大的走势，就叫波段反攻。反攻的时间可能达到1~4周，甚至更长，幅度也可能达到20%~30%，甚至更大，有时可能会改变短期均线技术指标，或构筑一些常见技术形态。无论是短期反攻还是波段反攻，其共同之处就是当反攻结束后，股价将步入下跌走势。

（2）反攻的持续时间不长，远远短于一轮涨升行情。一般强势反攻所需时间在1个月左右，快速强势反攻1~2周，弱势反攻1~3天可能就结束。同时，出货初期的反攻期长于出货后期，幅度也大于后期，且与庄家出货量有关，庄家出货量小则反攻期长，反之则短。

（3）成交量方面，每一次反攻时的成交量，都不及前一次大，越是往后成交量越小，呈逐波缩量态势，且与庄家出货量有关，庄家出货量小则成交量可能大一些，反之则小。

（4）反攻行情一般会突破前期高点，但力度一次比一次减弱，股价的高点也逐渐趋向平淡，而反弹行情一般不会创出新高，其高点一个比一个低，低点也一个比一个矮，呈逐波向上态势。

（5）反攻的位置不同。反攻往往出现在中、高位，而反弹多数出现在中、低位。

# 附言　感悟庄家

读完了《跟庄出击——庄家建仓手法与实录》《与庄共舞——庄家拉升手法与实录》和《散户克庄——庄家出货手法与实录》之后，大家对庄家的运作逻辑必定会有更深层次的了解和掌握，当然庄家的坐庄手法还有很多，关于庄家还有好多话要说，在此略作肤浅点滴感悟，权当收笔随想。

## 感悟一　庄家的盘口战术

股市如战场，也需要讲究战术，对于资金庞大的庄家来说更是如此。庄家在操盘过程中，为了达到相应的操盘目的，就会利用各种各样的战术，如伪装战术、折磨战术、诱多战术等。对于这场较量的双方，仅仅使用一些战术还是不够的。

这时就需要"骗术"，也就是利用散户所熟悉的一些技术理论进行欺骗。比如，建仓时利用一些难看的图形，让散户交出筹码；出货时则制造一些有利的图形，让散户心甘情愿接盘等。

庄家所有的"表演"，都是围绕着盘口进行的。庄家经常利用委托单异常、盘口异动等方式制造骗术，让那些整天盯盘的散户上当受骗，以达到自己操盘的目的。在前面讲了庄家常用的几种盘口骗术。

这里主要对庄家的这些常用战术作些介绍。在各种战术里面，庄家最常用的战术主要包括伪装战术、闪电战术、折磨战术以及信息战术等。

### 一、庄家的伪装战术

伪装是庄家操盘的一种必备技能，也是坐庄的一种天性。庄家为了达到吸引市场关注，引导散户卖出或跟进，误导投资者作出错误的买卖行为，凭借强大的实力，通过种种"伪装"手段，向市场展示一系列的假象。

#### 1. 建仓时的伪装

在建仓阶段，一些庄家会对股价肆意砸盘，这期间庄家往往不计成本，甚至有时盘中已经几乎没有获利筹码，可是股价也能大幅跳水。此外，庄家为了达到在较低价位骗筹建仓的目的，还会配合炮制出的种种利空消息或传言，彻底摧毁投资者的心理防线，使投资者最终选择割肉离场。

#### 2. 出货时的伪装

在出货阶段，市场中会流传着各种有关该股的利多消息和传言，上市公司的业绩也往往会同步大幅飙升，各种各样的消息、概念、题材花环纷纷戴在这种股票身上，各种传播媒体也不失时机地纷纷予以点评，有关该股的投资价值分析报告也层出不穷，股价也常常会因此突然大涨，或一涨再涨，使持股的投资者迟迟不愿卖出，甚至还大举买入，而庄家就是在这些耀眼的光芒中销声匿迹的，高位买入的投资者若不及时止损，只能乖乖站岗。

#### 3. 实力庄家的伪装

实力强大、资金雄厚的庄家，常常会采用低调的方法，为的就是能掩盖其战略意图。他们选股时会尽量选择流通盘较大的、适宜大资金进出的个股，成交量保持温和放大，股价的拉升采用慢牛式的缓步抬高，涨幅榜上几乎看不到这些个股的名字，在龙虎榜上也看不到庄家的身影。但是，经过一段时间后，投资者会突然发现这种股票的价格已经上升许多。

#### 4. 培养惯性思维的伪装

为了达到误导和欺骗投资者的目的，庄家通过控制股价的走势，使投资者形成一定的思维定式。比如在弱市时，庄家就会在某一价格区间内做箱体运动，以表现其抗跌的特性。这样，当投资者发现这个规律时就会形成思维定式，每次股价再次降到箱底时，就会吸引更多的投资者加入抄底的行列。当庄家发现有大量投资者在箱体抄底时，就会趁机将筹码兑现给投资者，股价也会一反常态地破位阴跌下去，庄家因此可以顺利地出逃。反之，在上升行情中，这种方法也同样适用。

这是庄家通过市场和盘面的运行，对散户进行"洗脑"，在市场中立起一块"样板"，让散户按葫芦画瓢，按"样板"操作。散户铁定了心，在心理上形成一个固定的思维模式：股票就是这样做的。

### 二、庄家的闪电战术

闪电战术是一种快速坐庄模式，多为短线游资所为。由于坐庄资金常常将个股以最快的速度拉到涨停板，再通过边拉边出的手法出货，整个坐庄周期如闪电般快速，操作行为比较凶悍，盘面走势比较极端。

　　这种快速坐庄模式所经历的时间过程很短，一般只有 1~2 周的时间，甚至更短。庄家将建仓、洗盘、拉升、出货等所有的操盘手段几乎放在同一时间内完成，采用边拉边出的手法，迅速地完成整个坐庄过程。当投资者有所醒悟时，庄家早已不知去向。

　　这类庄家的坐庄过程有以下几个特点：

　　（1）这种坐庄模式中庄家出货后，股价往往暂时下跌不深，更多的时候是缩量横盘整理。在持续一段时间后，股价才逐渐加速下滑。这是因为这种边拉边出的快速建仓、快速出货的方式，往往不能在短期内彻底将货出干净，庄家会利用残余的筹码，暂时将股价维持在某一水平，待完全出清存货后，才放任股价沉没下去。

　　（2）这种坐庄模式最明显的识别特征，就是成交量在短期内过度地急剧放大，使投资者认为是庄家建仓，于是纷纷追高买入。可是，一旦持有后，却发现股价突然沉寂下来，给人感觉像是在进行洗盘，这时庄家很可能已经完成大部分的出货计划。其实，这类庄家多采用边拉边出的出货手法，在建仓的同时即开始出货，只不过股价在低位时，庄家是大进小出，当股价拉到高位时，庄家是少进多出。用少量资金在早盘时高开，或在尾盘时急速拉升，维持股价表面的虚假繁荣，在盘中交易时趁机大肆出货。

　　（3）炒作的个股往往要伴随着某种利好，或者是具有某种题材或热点板块。若是没有利好题材或热点板块效应刺激的话，很难吸引投资者跟风追涨，庄家的短庄也难免要做成中长线的庄了。只有在消息、概念、题材的配合下，才能吸引市场资金热情追捧，庄家才能从容全身而退，快速、漂亮地完成坐庄全过程。

　　通过以上分析，我们可以知道，短期放量过于巨大的个股，其股价上涨往往一步到位，强势行情的持续时间较短，投资者在参与时一定要注意采用"慢进快出"的投资原则。在初期放量，股价已经出现加快上涨迹象时介入，而在庄股急剧放量和快速拉高的过程中卖出。其中最关键的是，要提高操作的速度，来回避短线的风险，而不要去计较盈利的多少。

### 三、庄家的折磨战术

　　当庄家选中一只业绩较好、具有投资价值的个股，而这只股票又同时被其他投资者看好时，庄家往往不会采用打压的方式进行建仓，因为这样做就很有可能让别的庄家占了便宜。这时，庄家一般会采用"折磨战术"，将股价横盘在某一价格区间内，或使股价处于长时间的缓慢阴跌中，即使大盘上涨，该股也不会跟随上涨。这样会使买进该股的投资者无法获利，用时间消耗投资者的持股热情，使投资者在疲惫不堪中最终选择放弃。

　　庄家的折磨战术主要有阴跌和横盘两种表现形式，有时庄家也会将两种方式综合起来加以运用。庄家使用该战术的研判要点有以下几点：

（1）采用这类战术的个股通常具有一定的投资价值，有的甚至价格已经严重背离其价值。因为，这类个股往往容易吸引散户投资者的注意力，给庄家建仓造成一定的障碍。

（2）当庄家采用阴跌方式时，股价调整幅度未必有多大，但所有买入的投资者几乎不能获利，而且每天的市值处于不断削减中，使投资者的持股信心不断受到影响，这样加重持股者心理压力。

（3）采用横盘方式时，股价静如止水般的沉寂。当大盘上涨时，该股不会随着同步上涨，当大盘下跌时，该股也跌幅不大，股价始终在某一极小价格区间内窄幅波动，使投资者缺乏炒作空间，而且在横盘即将结束时，往往会有一个假的跳水动作。

（4）当庄家使用折磨战术时，盘整的时间跨度较长。庄家往往通过长时间的调整摧毁投资者的持股意志，使投资者持股信心趋于崩溃，最终选择低价抛售。

## 四、庄家的信息战术

庄家设置陷阱最常用的手段之一就是消息发布。庄家往往会散布各类真真假假的消息，以便迷惑广大投资者，达到掩护自己真实意图的目的。与此同时，很多散户投资者往往就是依靠消息进行炒股的，殊不知，真正有价值的消息庄家是不会轻易泄密的，这样的环境也为庄家利用消息设置陷阱提供了市场。下面从建仓、拉升和出货这几个阶段来进行简要分析。

### 1. 建仓阶段

在建仓吸筹阶段，庄家的目的是在尽量短的时间、以尽量低的价格，拿到足够多的筹码。庄家在暗中进行吸纳筹码的时候，通常会保持绝对的沉默，并且会不时通过各种途径发布一些对个股不利的消息（如业绩亏损、财务状况恶化、经营环境变坏、原材料涨价、自然灾害等），这些消息足以导致持股人果断减仓甚至恐慌性抛售。这时，庄家便可顺利地在尽量短的时间内拿到足够多的廉价筹码。这类利空消息的主要特点是突发性、公开性。其实有关消息往往有真有伪，特别是业绩亏损、经营环境恶化等方面，容易形成庄家与上市公司联手造假的行为，如利润隐瞒、虚报亏损或者是夸大经营环境的恶化事实与程度等。同样的道理，在洗盘或震仓时，庄家也经常会利用利空消息设置空头陷阱，让中小散户纷纷落入其陷阱之内。

### 2. 拉升阶段

庄家在底部获得足够的廉价筹码以后，就要开始进入拉升阶段了。这时，庄家往往更希望借助外在的市场力量来实现其推高的意图，以防止所控筹码在计划外随机增加太多以及随之而来的成本上升。准备拉升股价的时候，得到上市公司的配合，有节制、有保留地公布一些利好消息；有业内人士的点评、媒体方面的传播，从气氛上造势；还有咨询机构的所谓投资调研分析报告等。通常情况下，不会正面鼓吹炒作对象，

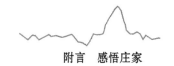

而是采用迂回战术，介绍目标股所在行业、地域、板块、概念等炒作题材，以达到唤起市场气氛的目的，使目标股开始引人注目，并配合庄家的画图手法，从技术上造势，千方百计地引起市场的关注。

3. 出货阶段

庄家的最终目的是出货套现。在拉升过程中，会有公司公布重大利好消息，媒体、网络平台有意无意做出强势的判断，引发市场的追捧。这个时候，庄家的"故事"往往会以重磅炸弹的方式闪亮登场，随之而来的便是铺天盖地的宣传攻势。比如，重大题材的披露，往往会对投资者形成极为强大的视觉冲击力，并使相当多数的人足以相信其仍然存在巨大的上涨空间和成长潜力，从而大胆加仓买入，庄家则趁机大规模派货，实现"胜利大逃亡"。

庄家往往是绞尽脑筋，使尽浑身解数，有计划、有步骤、有目的地处处设陷阱、布圈套，采取时真时假、虚虚实实的手段，来诱惑广大散户，为的就是使自己能够顺利建仓、拉升、出货，最终成功获得预期利润。

4. 如何应对信息战

对于市场上每天公布的信息，广大散户投资者一定要擦亮眼睛，学会辨别真伪，不让一些假消息蒙蔽自己的眼睛。具体来说，投资者可以从股价所处的阶段、是否是权威媒体发布等方面去加以考虑。比如，要看股票处在庄家操盘哪个位置，是建仓吸筹阶段、拉升阶段，还是出货阶段。若无法判断庄股阶段，也可以根据股价所处相对位置进行判断，看股价是处于低位、中位还是高位。若股价已大幅拉高，八成就是为了配合庄家出货而散布的假消息，在判断时可以参照成交量的变化以及股价在各个位置的形态变化。若股价处于底部，极有可能是庄家保密不严走漏了风声。另外，对于一些源于基本面的消息，可以在权威的新闻媒体上得以证实。

# 感悟二　让自己做一个旁观者

## 一、羊群与狼

关于散户和庄家的定位，如同大草原上的羊群和狼，散户就是羊群，而庄家就是狼。在股市里有70%的散户是赔钱的，这些钱流入了少数人的口袋里，也就是说，散户所赔的钱既没消失，也没挥发，而是转移，它转移到少数人口袋里去了。

这就是狼吃羊的故事。在草原中，羊看到狼会跑，为什么？怕狼把自己吃了。但

在股市里却不一样，大部分人买股票喜欢买有庄股，说有庄家在股价拉起来就凶，会涨得快，最好是强庄。其实，这是散户自我定位上的错误，你本来是羊，吃草就行了，这个草就是找个业绩良好的股票，在合适的价格下把它买来，然后每年等着分红送股来升值。

但是大部分散户不这样，总想跟着狼后面吃点残羹剩饭，这哪有不亏钱的道理？所以，草原上的羊群大部分保留着，而股市中的散户大部分都被吃掉了。所以，利润总是离他们远去，亏损却总是形影不离。

在股市中，对于某些交易者来说，就是要分清楚能做或者不能做，简单到始终如一地、机械地执行既定的交易策略与交易计划。对他们来说，最难的就是对于人性弱点的克服。

资本市场的诱惑之处在于给你一种幻觉：你只要抓住其中的波动，就能带来丰厚的利润，而这种波动在事后看来，往往是容易把握的；很多"秘籍"的作者也往往掌握人们贪婪、忽视风险的特点，将所谓的"规律"总结给你，让你看着"秘籍"招招在理，用起来统统废话，更加有趣的是，你往往会认为自己没有领悟"精髓"，最后在歧途上越走越远，在沼泽中越陷越深。

"秘籍"的最大危害在于给你一种固定死板的交易方法，让你觉得市场理所应当按照这种模式发展的必然性，而忽视了市场以及交易的本质属性——或然性。

做对了让你沾沾自喜，忘乎所以，做错了就破口大骂，不能坦然面对和接受亏损的现实，不肯承认市场的正确性和权威性，进而将自己推入万劫不复的境地。

人们往往错误地认为，一定要战胜市场，战胜"庄家"，才能在市场中生存和获利。殊不知，所谓的市场或者庄家其实是一种合力，个人的渺小无法抗拒整个合力的强大，只有看清楚了合力的方向，并顺应合力的方向，才是交易者的生存之道。

只有看清楚了自己，才能量力而行，知道自己能看清什么不能看清什么，能做什么不能做什么，所以最大的难题之一在于看清自己。

人性的弱点在于贪婪和恐惧，这恰恰是人性的必然性，可惜往往人们愿意把这个当作或然性，不愿意去正视自己的弱点。从心理学角度来说，出于自我保护的潜意识，人们往往会把责任推卸给外部因素，而不是去认识和面对自己的人性弱点，所以最大的难题之二在于人性。

交易中的难在于自身修养的提高，易在于外在形式的简单，相当多的交易者如果不能认识到自身的缺陷，就会在日后的交易上集中体现，而且你越希望回避什么，就越会发生什么，这也是墨菲法则的体现。

### 二、庄家与散户

洞悉庄家坐庄的几个阶段，认识庄家的操作过程，对散户了解庄家意图，掌握盘面动态，从而决定自己的行动，以免被套，意义十分重大。

庄家的炒作是这样一个过程：先选定某只股票，经过试盘后再大量进货，进行洗盘，将股价拉升，最后出货，是典型的低进高出。

（1）在庄家选股阶段，任何庄家都不会随便选择一只股票作为操作对象。在购买某只股票之前，庄家必然要进行周密细致的策划和分析，从宏观经济环境、微观个体以及社会关系等几个方面进行综合考察。因为股市的发展，无时无刻不受整个宏观经济环境的影响。作为庄家，一般是在宏观经济运行已经到达最低点又有回升迹象之时进庄的。这时的股市经过一个漫长的大熊市，已经跌到了最低点，风险已经完全释放，往后只会上涨，没有再下跌的能量。

进庄时机的选择，还必须考虑到与各个方面的关系协调。由于庄家资金规模庞大，进出股市相当不方便，需要和相关机构保持良好的关系，这样在操作过程中才会一路畅通，没有障碍。任何一个方面的失误，都有可能导致整个操作的失败，给庄家带来巨大的损失。

庄家选中某只股票，必须对该上市公司进行全面的调查，包括董事会、总经理以及经营情况，尽量取得该上市公司的默许甚至配合，防止在炒作过程中发生意外情况。

庄家选中某只股票进行炒作，还必须找个理由，让公众觉得的确吸引自己，应该买这只股票。这个理由真假无所谓，关键在于能够被炒热，有大量的散户乐意相信和追随，比如"雄安新区"、西部大开发等。

庄家把这些素材挖掘出来，进行加工和放大，极力鼓吹这些因素对上市公司的正面影响，预示该上市公司美好的前景，让公众相信其股票肯定会一直涨上去。

庄家到底要不要炒作某只股票，还要进行试盘。试盘就是庄家对这种股票进行试探性进货，测试当前行情的走势趋向，目前抛压的轻重，以及浮动筹码的多少，并为以后压价进货做准备。

（2）在庄家进货阶段，庄家在经过充分的策划后，选定某只股票，便开始进货。进货有两个要点：其一是尽量压低股票价格；其二是尽量隐蔽其进货意图。

为了压低价格，庄家常常先设法使股价跌破重要技术支撑线，引起技术派散户的恐慌，引诱散户抛货而减少损失，形成股价进一步下跌的趋势，同时利用各种途径，传播利空消息，进一步动摇广大散户的持股信心。

为防止散户识破庄家进货而秘密跟进，庄家不得不隐藏其进货意图。由于庄家炒作需要控制大部分的股票，庄家又不想让散户一下子发现成交量的显著变化，于是吸

货过程中往往需要很长时间。这段时间不时传来利空的消息，好像股价随时都可能再往下跌。

有时候由于某些原因，迫使庄家短期内完成进货行为。这时候庄家一方面拉高价位，另一方面又控制价格，使其涨幅不大。股价小范围上升诱使获利者急忙出货，也吸引了被套牢甚久的散户连忙将持股抛出。这样，庄家在稍高的价位上大量收购筹码，达到了快速建仓的目的。当然，庄家拉升股价进货是有风险的，只有在迫不得已时或者很自信时才偶尔用之。如果可能的话，他们更喜欢悄悄行事，不被察觉。

（3）在庄家洗盘阶段，所谓洗盘就是庄家动用各种手段，尽量粉碎散户的持股信心，迫使散户在不可忍受的情况下挥剑斩仓，抛出存货，仓皇逃离，从而减小自己拉升股价的成本，同时也获得一些利差。

为了一举击碎持股散户的持股信心，庄家一般会使用比较凶狠的手段。一般情况下，庄家采用震荡洗盘法，就好像为了清理瓶壁上的附着物，往瓶里注水，然后上下震荡。大幅度的上下震荡，高出低进，造成散户心理上的巨大压力，迫使散户在担惊受怕之时抛出手中股票。反复震荡几次，使散户手中的浮动筹码减少。

有时候庄家采用跳楼式向下打压，股价仿佛从高楼上往下急速坠落，令散户们绝望地认为再不抛货，就必定粉身碎骨，一败涂地。经过几次清洗之后，股价基本上稳定下来，一批看好后市的人进入了持股者行列，而且大家持股的成本均已提高，不愿轻易出货，庄家已无后顾之忧，可以放心地进入拉升股价阶段。

（4）在庄家拉升阶段，经过洗盘之后，庄家便开始大幅度地拉升股价。庄家拉升股价主要运用两件法宝：其一，制造良好的技术形态；其二，利用各种传媒宣传作用。

庄家根据技术分析散户的爱好，努力制造良好的技术形态，有计划地控制每日的收盘价，调整散户关注的各种技术指标，比如 K 线、均线，以及其他常用技术指标等。这些经过庄家"加工"的技术指标会误导技术派散户，降低散户的警惕，为庄家操作服务。

在整个拉升过程中，庄家还会不遗余力地运用各种传媒、网络平台，散布利多消息，吸引散户跟进。庄家一方面到处散布种种利多传闻，另一方面俨然以专家的姿态，指出股价将会涨到某某高档价位，而且这中间有广阔的获利机会，足以使紧跟的散户一夜之间变成巨富。实际上，庄家究竟要将股价拉到多高，完全取决于股市的行情。

如果市场人气十足，反应很好，庄家预测价位还可以拉高，极有可能在达到原来预定价位后，再喊出一个更美好更诱人的高价目标。相反，当庄家感到市场冷淡、人气不足时，就会果断地逃跑，绝不会撑到最后。

（5）在庄家出货阶段，经过较长时间的操作之后，终于进入操作中最关键、最困难的一环——出货。

为了顺利出货，庄家可以根据市场情况选择出货方法。通常的出货方法有两种：一是在拉升到预定高价位后，庄家为了麻痹跟进者，在高价位上反复升降，制造震荡，慢慢出货，让散户误认为庄家只是在蓄势整理，故而时间也长。二是庄家在拉升股价到预定价位后，再次巨幅高开，趁散户全面跟进之时出货。这种出货方式要求市场人气很旺，交易火爆。在操作前，庄家要先发布突发性重大利多消息，刺激散户放胆吃进。这种方式庄家一般只需几天时间就可以完成出货。

不管庄家采用何种方式出货，只要达到了出货的目的，庄家就如愿以偿地赚到了巨额金钱。老股民都知道，多数时候，股票里都有庄家，通常是庄家吃肉，散户割肉，而要达到这个目的，庄家就要使尽各种手段欺骗散户，让其高买低卖。

新股民几乎都要经历反复被骗、割肉的痛苦历程，才能有所感悟。好在有不计其数的散户"先烈"，用血的教训留给后来的散户。如果能吸取教训，或许可以少走弯路。

骗盘手段一：向上假突破。假突破可谓是市场中出现频率最高的骗盘手段，没有之一。假突破也被称作骗线，通常出现在突破关键阻力、支撑位的时候。

突破前高的时候，看起来向上空间打开，这时候会引发大量的买单，但是行情并没有快速上行，而是在此处停滞甚至快速回落，那么就危险了。一旦假突破成立，那么在突破位置买入的筹码，也就被套在高位。

骗盘手段二：向下假突破。股价直接跌破前期重要支撑位，趋势走坏，大量卖单涌现，但是价格并没有继续快速下跌，而是停滞不前甚至回升，这时候假突破的可能就较大了。直到一根阳线快速向上拉过前低点，并继续快速上行时，假突破确立，跌破位置卖出的筹码被庄家低价买进。

## 三、眼光与耐心

尽管庄家有骗人手段，但是散户可以做到提前防范，并作出应对方案，就可以减少被套或恐慌，提高成功率。投资股市有没有绝招秘籍之类的东西？如果有，那就是：眼光+耐心=财富。

眼光，多数人都有；耐心，多数人都没有。眼光可以教，也可以学；耐心只可自修、自悟。眼光可以借别人的，耐心只能是用自己的。保住本金比赚钱重要，保住利润比利润最大化重要，不经历不会明白这句有多重要。

在股市中，投资和投机都很辛苦，但每个人的结果往往不一样。很多人说，我做不了价值长线，太慢了。但同样在股市待了多年，只是结果不同而已。

牛股是几年的牛，不会几天、几个月涨完的。方向不要错误，方向错误离目标只会越来越远。淡定的持有，需求深入的了解，不了解怎么能淡定持有。熊市重质，只

有质地好的股票，才能穿越熊市。

在短期内股票可能随市场的波动涨涨跌跌，反复无常，但在一个长时间段里，股价必然会趋向上市公司的本身价值。股价涨跌的本质是公司本身的价值，寻找具有强大竞争优势的公司。竞争优势可以用来保护企业的利益免受侵害，你的利益也就有了保障。

在股市只有长期做优质公司股票的，才会有长期稳定收益。长期投资优质成长性好的公司，赚钱是必然的，亏钱是偶然的。短线投资那些乱七八糟的公司，赚钱是偶然的，亏钱是必然的。失败不是成功之母，从失败中学到东西，反省才会走向成功。散户在股市犯错不可怕，每个人都会犯错，这是很正常的事。可怕的是重复错误，只要不重复错误，赚钱是早晚的事。重复错误，赚钱根本没机会。多数散户是重复错误，犯相同的错。无法改错，结果真的很惨。

大众投资者有个误区，喜欢找市场原因，不喜欢找自身因素。其实，不是市场怎么了，而是自己怎么了。思考清楚自己，自然就明白了市场。

修练自己的眼光，提高眼界心境。境不同，景不同。近看波涛汹涌，远看风平浪静。尽量让自己的眼光看得更远一些，主客意识要为客观规律让路，才会更理性。

什么人能在股市赚钱，那就是明白人，所以做个明白人很重要。什么是明白人？知道自己能做什么，知道自己不能做什么，知道自己该做什么，知道自己不该做什么，这就是明白人。

多数人活一辈子，都不一定能活明白。客观理性看人、看事物、看人生、看股市。在股市中简单赚钱的人是明白人，生活中也会是明白人。

读懂简单的人，才会简单；读懂快乐的人，才会快乐；读懂幸福的人，才会幸福。读懂股市就不会被它困扰。要快快乐乐炒股，要会享受生活，不要把自己每天搞得都紧张兮兮的，以看戏的心态看待持有的股票，很多时候应该把自己当成局外人。古话说：当局者迷，旁观者清。请让自己做一个旁观者吧！

# 后 记

　　"散户克庄赢家"系列紧扣庄家坐庄流程这一主线，重点透析盘面现象，捕捉庄家痕迹，讲述盘面背后的庄家运作逻辑和坐庄意图，向大家传授一套识庄、跟庄、克庄的实盘技巧，最终成为股市实战赢家。

　　股市千变万化，庄家诡计多端。书中讲解的实盘经验、操盘方法、克庄技巧，结合即时行情认真分析、活学妙用。在实践中不断积累经验，探索规律，感悟股性，逐步形成一套适合于自己的识庄、跟庄、克庄技法，这样才能在瞬息万变的股市中成为克庄赢家。

　　作为著者，深知要感谢太多给予帮助的人，有太多的人可以分享这"散户克庄赢家"系列丛书出版的荣誉。没有广大读者朋友的普遍认可，就没有这套丛书的生存市场，更不会使这些技术得以推广，所以第一个要感谢的是读者朋友的支持。在此还要感谢经济管理出版社的大力支持，更要感谢本书策划人、责任编辑勇生先生，他对此书提出了许多专业性的修改意见，并亲自动手斧正，他的幕后支持让我深为感激。在此书付梓之际，致以最衷心的谢意！

　　在成书过程中，得到了不少专家、学者的精心指导，使之有一个恰当的定位，能够更加满足投资者的愿望，也更加贴近盘面实际。书中内容虽然表达了作者个人的观点和见解，但也包括了他人的一些研究成果、实盘经验。这些材料在理论和实践中都具有很高的创造性，是十分珍贵的。所以要感谢他们，如果没有他们与大家共同分享其专业知识和理念，也就无法达到现在的研究水平。在此对这些专业人士致以最衷心的感谢，感谢他们如此慷慨地与大家分享专业知识。

　　股市变幻莫测，牵涉内容广泛。尽管竭尽全力，尽量减少书中错误，但百密一疏，书中疏忽之处，在所难免。敬请广大读者不吝斧正，并多提宝贵意见，以便在今后再版时进一步改进和提高。愿本书为广大朋友在实盘跟庄操作中带来一点启示、创造一份财富。如是，本人将深感欣慰。

麻道明

于中国·楠溪江畔